Klaus Dörner

Helfensbedürftig

Paranus Verlag

1986 gründete Klaus Dörner mit seinem Team in Gütersloh den Verlag Jakob van Hoddis, in dessen Büchern sich stets folgende Sätze fanden: »*Der Verlag will mit seinem Namen Jakob van Hoddis an einen Menschen erinnern, der als expressionistischer Dichter, als Jude und als psychisch Kranker von den Nationalsozialisten als minderwertig abgestempelt, verfolgt und ermordet wurde. Wir wollen unser Gedächtnis für ihn und alle seine Leidensgefährten wachhalten.*«

Der PARANUS-Verlag der Brücke Neumünster fühlt sich dem Gründungs-anliegen des Verlages Jakob van Hoddis verpflichtet und möchte mit seiner Edition Jakob van Hoddis dessen Tradition gerne fortsetzen.

Klaus Dörner, Jg. 1933, Prof. Dr. med. Dr. phil., war von 1980 bis 1996 Leitender Arzt an der Westfälischen Klinik Gütersloh. Er verfasste das Standardwerk »Bürger und Irre« und zusammen mit Ursula Plog das meistverkaufte Psychiatrie-Lehrbuch »Irren ist menschlich«. Zahlreiche Veröffentlichungen folgten: das mehrfach aufgelegte Werk »Tödliches Mitleid – Zur Sozialen Frage der Unerträglichkeit des Lebens«, der Bericht über die Entlassung der Gütersloher Langzeitpatienten unter dem Titel »Ende der Veranstaltung«, »Der gute Arzt – Lehrbuch der ärztlichen Grundhaltung« sowie zuletzt »Leben und sterben, wo ich hingehöre – Dritter Sozialraum und neues Hilfesystem«, worauf die-ses Buch inhaltlich aufbaut.

Klaus Dörner

Helfensbedürftig

Heimfrei ins Dienstleitungsjahrhundert

Edition
Jakob
van
Hoddis

Der PARANUS-Verlag ist integrierter Bestandteil der gemeinnützigen
Brücke Neumünster gGmbH.
An Redaktion, Herstellung, Werbung und Vertrieb unserer Bücher und
Zeitschriften sind alle Betriebsangehörigen – Lektoren, Teilnehmerinnen
und Teilnehmer der Einrichtung, Setzerinnen, Drucker und Betreuende –
gemeinschaftlich beteiligt.
Wir danken herzlich allen Menschen und Institutionen, die im Förderkreis
PARANUS-Verlag unsere Arbeit unterstützen.

Bibliografische Information Der Deutschen Nationalbibliothek
Die Deutsche Nationalbibliothek verzeichnet diese Publikation in der
Deutschen Nationalbibliografie; detaillierte bibliografische Daten sind im
Internet über http://dnb.d-nb.de abrufbar.

© 2012 Paranus Verlag der Brücke Neumünster gGmbH
Postfach 1264, 24502 Neumünster
Telefon (04321) 2004-500, Telefax (04321) 2004-411
www.paranus.de

2. Auflage 2012

Koordination und Lektorat: Hartwig Hansen, Hamburg
Umschlaggestaltung: druckwerk der Brücke Neumünster gGmbH
unter Verwendung verschiedener Bildmotive von Günter Neupel, München,
der sich von dem Paul Klee-Bild »Angelus Novus« inspirieren ließ.
Siehe dazu die Erläuterungen des Autors auf den Seiten 8 und 24f.
Druck und Bindung: druckwerk der Brücke Neumünster gGmbH

ISBN 978-3-940636-18-8

Inhalt

Gebrauchsanweisung

Das Wort »helfensbedürftig«, das es in der deutschen Sprache eigentlich gar nicht gibt, ist mir beim Schreiben meiner letzten Bücher fast versehentlich aus der Feder gerutscht, hat mir aber inzwischen die meisten positiven Zuschriften von Leserinnen und Lesern eingetragen. Deshalb will ich es diesem Buch voranstellen – natürlich mit der ironischen Brechung, dass ich mit meinem gesund-egoistischen, natürlichen Willen dieses Bedürfnis gar nicht – oder nur widerwillig – wollen kann. Höchstens im Selbstgespräch würde ich einräumen: »Naja, vielleicht brauche ich das Bedürfnis zu helfen ein kleines bisschen doch, wenn es bloß nicht zu viel ist. Außerdem liest man doch täglich in der Zeitung, dass die Menschen immer mehr nur an sich denken; und hat nicht bis vor Kurzem der Party-Joke: ›Du hast ja ein Helfersyndrom‹ gezündet? Dieser witzigen Paradoxie versuche ich, mit dem sachlicheren Untertitel dieses Buches auf die Spur zu kommen.

Denn inzwischen gibt es hinreichend empirisch gesicherte Gründe dafür, dass heute – im Unterschied zu früher – ein bis zwei Drittel der Bevölkerung dazu neigen, einen Teil ihrer so schönen freien Zeit als »soziale Zeit« für fremde Andere zu verausgaben und dass es so zu einer Art neuer Bürgerhilfebewegung gekommen ist, für die »Leben und sterben, wo ich hingehöre« ein Handbuch geworden ist.
In den letzten dreißig Jahren sind so viele neue ambulante Hilfeformen für die Inklusion integrationsbedürftiger Bürger – nicht zuletzt im »Bürger-Profi-Mix« – erprobt worden, dass wir heute vor zwei ganz anderen Fragen stehen, die die Fragen dieses Buches sein sollen. Da ist einmal die Frage, wie man die unendlich vielen gelungenen Beispiele für neue Hilfeformen sammelt, kritisch bewertet und schließlich so verallgemeinert, dass daraus eine neue und zukunftsfähige Hilfekultur für alle wird. Dazu braucht man aber jetzt nicht mehr nur die Bürger- und Profihelfer an der Basis, sondern jetzt muss man auch die Verantwortlichen und Machthaber in den verschiedenen gesellschaftlichen Hierarchien – von der Kommune über die Wirtschaft bis zur Bundespolitik – ins Boot holen, was mein Anliegen mit diesem Buch ist.

Um das zu erreichen, empfiehlt es sich aber zum anderen, besser verstehen zu lernen, wie es zu einem so tiefgehenden Verhaltenswandels eines größeren Teils der Bürger – von der gesund-egoistischen Selbstbestimmung allein hin zu einem Engagement auch für fremde Andere – hat kommen können, weil eine solche Veränderung geradezu epochalen Tiefgang haben muss. Dazu müssen wir uns aber eines historischen Denkens erinnern, das über die letzte Legislaturperiode und auch über Hitler hinausgeht, vielmehr die Unterschiede zwischen (100-jährigen) Epochen herausarbeitet. Und das ist die andere Absicht dieses Buches: Ich möchte nämlich die auch für mich neue Hypothese testen, ob wir uns nicht vielleicht seit Kurzem in einem Umbruch zwischen zwei Epochen befinden: Von der 150-jährigen Epoche der Industriegesellschaft zu einer anderen Epoche, für die man naturgemäß noch keinen Namen wissen kann und die ich daher (als Arbeitshypothese) Dienstleistungsgesellschaft nenne, was zunächst mal banal klingt, aber nicht banal bleiben muss.

Ein Unterschied zwischen den Epochen liegt schon mal auf der Hand: In der Industriegesellschaft haben wir die Menschen zur Hilfe gebracht, in der Dienstleistungsgesellschaft bringen wir die Hilfe zu den Menschen, wobei die Gründe hierfür noch herauszuarbeiten sind. Etwas tiefer gehend mag schon sein, dass wir im Umgang mit Leben und Sterben der Menschen in der Industrieepoche vorwiegend auf die »Aktivitäten des Alltags« geachtet haben, während es im Dienstleistungsjahrhundert wohl mehr auch um die »Passivitäten des Alltags« geht, wofür dieses vermutlich auch die besseren Voraussetzungen bietet.[1] Und dass das passive Erleben der anderen Dinge und Menschen schon die Kindheit ausmacht, hat mit atemberaubender Intensität der Philosoph Walter Benjamin gezeigt.[2] Von hier aus ist es nicht weit bis zu Benjamins Interpretation eines Bildes von Paul Klee, in dem dieser einen Engel in Abwehrhaltung gegen einen Sturm gemalt hat; Benjamin: »Das, was wir Fortschritt nennen, ist dieser Sturm.« Damit symbolisiert Benjamin, dass wir die vergangene

---

1   Paul Timmermanns u. Harald Haynert: Phänomenologie des Vertrauens, in: Gerhard Höver u. a. (Hg.): Sterbebegleitung: Vertrauenssache, Verlag Königshausen u. Neumann 2011
2   Berliner Kindheit um 1900, Frankfurt: Suhrkamp 2010

Industrieepoche nicht einfach mit Fortschritt (davon gab es natürlich – bleibend-segensreich – jede Menge) gleichsetzen dürfen: vielmehr müssen wir heute auch deren Schattenseiten und menschheitsgeschichtlichen Perversionen wahrnehmen. Und dazu gehört zweifellos die systematische Ausgrenzung von Menschen in Institutionen.
Zur Abwehr dieses Fortschritt-Sturms sind wir zu schwach und brauchen daher – so Benjamin – den Klee-Engel, insbesondere im
Unterschied zu einer nächsten Epoche. Das Titelbild dieses Buches
zeigt eine Abwandlung dieses bedeutungsschweren Klee-Engels
durch den Münchner Künstler Günter Neupel, wie er – in der
Rahmung dargestellt – die Inklusion aller Bürger eines Sozialraums
bewacht. Ich verdanke den Hinweis auf diesen Zusammenhang dem
tollen kleinen Taschenbuch-Bestseller »Empört Euch!« von Stéphane
Hessel.[3]

Die Verzahnung meiner beiden Hauptanliegen mag es glaubhafter
machen, dass wir in der Tat in absehbarer Zeit so weit sein können,
wenn wir bloß wollen, dass alle Menschen mit Handicaps bis hin zur
Demenz, ihrem Wunsch folgend, in eigenen vier Wänden oder
zumindest in der Vertrautheit ihres Stadtviertels bzw. Dorfes leben
und sterben. Da ich aber trotz alledem mehr Praktiker als
Theoretiker bin, habe ich alle Stufen meiner Gedankenführung mit
möglichst vielen praktischen Beispielen (mit Adresse) garniert und
dadurch anregend gemacht, soweit sie mir auf meinen vielen
Vortrags- und Beratungsreisen, mit Vorliebe an die bürgerschaftliche
Basis, bekannt wurden.

In der Gliederung finden Sie nach dieser Gebrauchsanweisung
zunächst einen Kurzbericht über den gegenwärtigen Entwicklungs-
stand der Bürgerhilfebewegung (I.) und danach eine ausführliche
Aufbereitung meiner Gedanken zum gegenwärtigen Epochen-
umbruch von der Industrie- zur Dienstleistungsgesellschaft (II.).
Danach wird es dann wieder praktischer (III.), wenn ich alle jeweils
Betroffenen, die Basis-Profis und -Bürger und die jeweils
Verantwortlichen darauf anspreche, was sie auf dem Weg der
Verallgemeinerung der vielen bewährten Einzelbeispiele mit wem zu

---

3   Stéphane Hessel: Empört Euch!, Berlin: Ullstein 2011

tun haben. Das erfolgt in konzentrischen Kreisen in zehn Kapiteln –
vom Konkreten zum Allgemeinen: 1. Selbsthilfe, 2. Familienhilfe,
3. Sozialraum- und Nachbarschaftshilfe, 4. kirchliche Gemeindehilfe,
5. Bildungsmedien, 6. Kommunale Initiativen, 7. Beiträge der
Wirtschaft, 8. die Rolle der Verantwortlichen für Gesundheit und
Soziales; 9. folgen die Verantwortlichen für die Heime, deren
Schlüsselstellung für ein zukunftsfähiges Hilfesystem entscheidend
ist, weshalb, wenn ich ihnen nicht einleuchte, das Buch im
Wesentlichen für die Katz war; und ich lande 10. bei den politisch
Verantwortlichen und beim Gesetzgeber, die zu ihrer
Verallgemeinerungs-Bedeutung für eine neue, tragfähige Hilfekultur
erst in Zukunft finden müssen.

Zur Lektüre ist einiges gewöhnungsbedürftig: So müssen Sie einmal
mit einigen Wiederholungen rechnen, von denen ich hoffe, dass es
sich dabei nur um mir besonders wichtige Gedanken handelt; im
Übrigen stütze ich mich dabei auf die Erkenntnisse der
Neurobiologen, für die gelungenes Lernen vor allem über
Wiederholungen erfolgt. Außerdem soll sich jedes Kapitel notfalls –
schon wegen der verschiedenartigen Ansprechpartner – auch einzeln
lesen lassen.

Zum anderen habe ich bewusst für die jeweiligen praktischen
Situationen Beispiele aus allen möglichen diagnostischen Bereichen
versammelt, um damit didaktisch bewusst zu machen, dass eine
zukunftsfähige Hilfekultur heute mehr sozialraum-zentriert zu sein
hat als früher spezialistisch und diagnose-zentriert. Dies auch noch
mal als ein kleines Beispiel dafür, dass wir alle dazu neigen, während
eines Epochenumbruchs in Begriffen der vergangenen Epoche (hier
Industriegesellschaft) zu denken, weil wir nur diese Begriffe gelernt
haben und die Begriffe der erst kommenden Epoche noch nicht kennen können – eine Quelle dramatischer und vielfältiger Denkfehler!

Zum Schluss möchte ich dieses Buch zwei Hamburger Schwestern
widmen, denen ich viel zu verdanken habe und die gemeinsam fast
200 Jahre alt sind - sozusagen in »Generations-Solidarität«:
Da ist einmal Dorothea Buck (94 Jahre), die wegen ihrer Psychosen
in der NS-Zeit, in Bethel/Bielefeld durchaus mit Überzeugung der

Verantwortlichen, zwangssterilisiert wurde, lebenslang unter der Sprachlosigkeit der Psychiatrie-Profis gelitten hat, gleichwohl später Bildhauerin wurde und in den letzten Jahrzehnten sowohl den »Bund der ›Euthanasie‹-Geschädigten und Zwangssterilisierten« als auch den »Bundesverband Psychiatrie-Erfahrener« mit gegründet hat – bis heute eine Symbolfigur der Hoffnungen psychisch Kranker.

Und da ist zum anderen ihre mit 92 Jahren jüngere Schwester, Dr. Anne Fischer, selbst Pädagogin (»Situationspädagogik«), die in lebenslanger Treue das bedeutende philosophische und pädagogische Erbe ihres früh verstorbenen Ehemannes Franz, etwa durch Gründung der »Franz Fischer Gesellschaft«, pflegt, wohnhaft in Norderstedt bei Hamburg, wo sie bis heute sozialpolitisch aktiv ist. Ihr verdanke ich die poetisch dichteste Beschreibung der Situation des Alters: »Weil ›gehören‹ von ›hören‹ kommt, gilt für mich: Ich gehöre in meine Wohnung, weil ich jetzt, wo meine Freunde fast alle gestorben sind, die Stimmen der Dinge in meiner Wohnung höre; denn jetzt sind sie meine Freunde.«[4]

Beide Schwestern gehören zu den klarsichtigsten Menschen, die ich kennenlernen durfte.

---

4 Klaus Dörner: Das Dritte in der zwischenmenschlichen Beziehung, in: Franz Fischer-Jahrbuch 16 »Situationspädagogik«, Leipzig: Universitätsverlag 2011

I. Entwicklungsstand der Bürgerhilfebewegung

Das schon erwähnte Buch »Leben und sterben, wo ich hingehöre« richtet sich zwar auch an die diversen Profigruppen, ist aber vor allem eine Handreichung zur Gesellschaftsveränderung für die Bürger. Insbesondere die vielen konkreten Praxisbeispiele, wo man welche neuen Inklusionsinitiativen abgucken oder abwandeln kann, haben zu meiner Freude zu zahlreichen Anstößen geführt. Inzwischen gibt es eine weitere und, wie ich finde, gelungene Beispielsammlung von Dorette Deutsch[5]. Ich werde später noch von anderen neuen modell-verdächtigen Beispielen erzählen.

Jetzt aber erst mal eine Art Zwischenbilanz, wie weit wir bisher in unseren Köpfen (im Bewusstsein) und mit unseren Taten gekommen sind:

Wir können inzwischen von folgenden hinreichend gesicherten Fakten ausgehen, auch wenn sie erst nur zum Teil zu unserem praxisrelevanten Bewusstsein gehören:
1. Wir wachsen in eine Gesellschaft hinein mit dem größten Hilfebedarf der Menschheitsgeschichte, bedingt durch den ständigen Zuwachs an Alterspflegebedürftigen/Dementen, an körperlich chronisch Kranken, aber auch an »Neo-Psychisch-Kranken«, womit die früher nicht krankheitswertigen »Befindlichkeitsstörungen« gemeint sind, die jedoch kürzlich sogar die Herz-Kreislauf-Krankheiten hinsichtlich der Krankenhaushäufigkeit vom ersten Tabellenplatz verdrängt haben.[6] Parallel ist die Zahl der anerkannten Schwerbehinderten auf 7 Millionen und die Zahl der gesetzlich Betreuten auf 1,3 Millionen gestiegen. All das führt dazu, dass wir mit dem Profi-Hilfe-System der Industriegesellschaft nicht mehr auskommen, sondern – schon rein quantitativ – auch die Bürger wieder zum Helfen brauchen.

5   Lebensträume kennen kein Alter, Neue Ideen für das Zusammenwohnen in der Zukunft, Frankfurt: Krüger 2007
6   Hierzu ausführlich: Klaus Dörner: Helfende Berufe im Markt-Doping, Neumünster: Paranus 2008

2. Erschwerend kommt hinzu, dass die Bürger seit 1980 zunehmend die Profi-Hilfeformen der Industriegesellschaft, also Institutionalisierung, Spezialisierung und Monokultur, ablehnen und stattdessen die generationsgemischte und integrierte Lebensweise in der eigenen Wohnung oder in der Vertrautheit des eigenen Viertels bevorzugen – bis zum Sterben. Da im Unterschied zur Institution die Integration dauerhaft nicht von Profis, sondern nur von Bürgern als Nachbarn realisiert werden kann, brauchen wir die Bürger künftig nicht nur aus quantitativen, sondern auch aus qualitativen Gründen.

3. Was nun das Sterben selbst angeht, erinnern sich die Bürger zunehmend, dass sie nicht nur dem Grundbedürfnis nach Selbstbestimmung (als dominanter Norm der Industriegesellschaft) folgen wollen, sondern auch das komplementäre Grundbedürfnis nach »Bedeutung für Andere« haben.

4. Inzwischen haben die Demografen errechnet, dass es sich bei dem Prozess der Alterung und der zeitgleichen »Unterjüngung« (Kaufmann) um eine globale Bewegung der Gesellschaftsmodernisierung handelt, der in Stufen erst Europa und die USA, dann Osteuropa, Asien, Südamerika und zum Schluss auch Afrika umfassen wird.[7] Das Land mit dem zukunftsfähigsten Hilfesystem hätte also über lange Zeit einen guten Exportartikel.

5. Das Faktum, das uns vielleicht noch am wenigsten handlungsleitend bewusst ist, ist das dritte Lebensalter, wohl weil dies uns aus der Perspektive unserer Industriegesellschaft-Tradition noch am fremdesten ist. Denn während das vierte Lebensalter uns zumindest in Einzelfällen seit Methusalem bekannt ist und nur seine gegenwärtige explosionsartige Vermehrung uns irritiert, ist eigentlich nur das dritte Lebensalter als solches für uns menschheitsgeschichtlich neu: Wer kann das schon denken oder gar seinem Lebensplan zugrunde legen, dass er nach dem Ende seiner Berufszeit vom 65. bis zum 80. Lebensjahr typischerweise 15 Jahre lang für eine zweite Karriere zur Verfügung hat?

---

[7]   vgl. Ursula Staudinger u. a. (Hg.): Was ist Alter(n)?, Berlin: Springer 2008, hier vor allem die Beiträge von Franz-Xaver Kaufmann und Jürgen Kocka.

Wir werden noch Zeit brauchen, bis das für uns normal ist. Nicht umsonst sind die Mindener Bürger, die ihr drittes Lebensalter den Mitbürgern im vierten Lebensalter widmen, noch ein – wenn auch schulbuchmäßiger – Sonderfall.[8]

6. Aus ähnlichen Gründen fremd ist uns der Gedanke, dass Altern und Sterben das Einzige ist, das von selbst auf uns zukommt, wozu ich nichts beitragen muss, dass es also neben der uns vertrauten »Krankheit« auch noch so etwas wie »Schicksal« geben könne.[9] Deshalb frappiert es uns, wenn wir von dem amerikanischen Demenz-Experten Peter J. Whitehouse lernen, dass es eigentlich eine Marketingstrategie der Mediziner war, Demenz als (Alzheimer-) Krankheit zu definieren, während wir nach dem heutigen Wissensstand eigentlich nur sagen können, dass Demenz eine der möglichen normalen Wege sei, alt zu werden.[10]

Das 7. Faktum, von dem wir als empirisch hinreichend gesichert ausgehen können, ist zugleich auch schon die erste und grundlegende Reaktion von uns allen, insbesondere den Bürgern, aber auch den Profis, wie wir versuchen, die vorstehenden sechs Fakten, von denen wir so kalt erwischt sind, zu beantworten. Wie Sie sich denken können, meine ich damit das Faktum, dass es ziemlich genau seit 1980 eine Bürgerhilfe- oder Nachbarschaftsbewegung gibt, dass wir Bürger in der Breite seit Ende der Industriegesellschaft anfangen, uns nicht mehr nur um unsere gesund-egoistischen Eigeninteressen zu kümmern – das weiterhin auch! –, sondern zudem beginnen, uns auch wieder mehr für den Hilfebedarf fremder Anderer zu öffnen, helfensbedürftig zu werden. Ich weiß: das ist unserer Denktradition der Industriegesellschaft so entgegengesetzt, dass wir es nur für sozialromantischen Kitsch halten, es jedenfalls nicht glauben können, auch wenn es sich dabei um das am besten empirisch gesicherte Faktum handelt. Hier noch mal eine Auswahl der neuen Ausdrucksformen dieser Bürgerhilfebewegung (wobei natürlich meist auch

8   Klaus Dörner: Leben und sterben, wo ich hingehöre, Neumünster: Paranus 2007, S. 90, Informationen über Anna-Luise-Altendorf-Stiftung, Geschäftführer Claus Lemcke, Goethestraße 42, 32427 Minden, www.alten-dorf.de

9   So etwa der Philosoph und Rabbilehrer Emmanuel Levinas, in: Jenseits des Seins oder anders als Sein geschieht, Freiburg: Alber 1992, zum Beispiel S. 124

10 Peter J. Whitehouse, Daniel George: Mythos Alzheimer, Bern: Huber 2009

Profis daran beteiligt sind); dabei ist es weiterhin faszinierend, dass fast alle diese Mentalitäts- und Verhaltensänderungen um 1980 überzufällig einsetzen, was für einen tiefer gehenden Epochenumbruch, ein kulturelles Erdbeben spricht. Hier eine Auswahl:

1. Zunahme der Freiwilligen ganz allgemein, insgesamt mehr Männer als Frauen; zu denken gibt, dass die Bürger im Rentenalter, die doch eigentlich die meiste Zeit hätten, erst später das Durchschnittsniveau von ca. 37% erreichen, als ob sie mehr Zeit gebraucht hätten, um sich vom Rentner-Bild der Industriegesellschaft frei zu machen; seither engagieren sie sich zunehmend gerade für Mitbürger im vierten Lebensalter, von denen heute jede zweite Frau und jeder dritte Mann an Demenz sterben.[11]

2. Zunahme der Nachbarschaftsvereine – meist mit einem Leistungsspektrum von kostenlosen bis zu bezahlten Tätigkeiten.

3. Beginn der Hospizbewegung (heute 80.000 Aktive), wobei sorgfältig zu beobachten ist, dass die inzwischen erfolgte »Nachrüstung« der Mediziner mit der Palliativmedizin einerseits das Gründungsideal der Hospiz-Bürger realisieren hilft, fast jeden Sterbenden ohne Rücksicht auf seine Krankheitsschwere in den eigenen vier Wänden im Sterben zu begleiten, was aber andererseits auch die Gefahr der »Medizinisierung« der Hospizbewegung mit sich bringt, indem Palliativ-Profis sich eine Fachkompetenz fürs Sterben zusprechen, die es nicht geben kann.[12]

4. Die neue Sterbebegleitungskultur in der eigenen Wohnung durch die Aids-Hilfe.

5. Zunahme der Aufmerksamkeit für die Situation der Sterbenden – sowohl ambulant als auch in Institutionen (Kliniken, Heime).[13]

---

11 epd sozial, 49/2010
12 Hierzu zum Beispiel Reimer Gronemeyer: Sterben in Deutschland, Wie wir dem Tod wieder einen Platz in unserem Leben einräumen können, Frankfurt: Fischer 2007. Unlängst wurde mir bekannt, dass wohl das erste Hospiz in Deutschland schon 1974 in Marburg entstanden ist, ausgehend vom dortigen Tumorzentrum: Jutta Hellweg u. a.: Kooperationsstrukturen zwischen Krankenhäusern und Hospizdiensten, 1999, HAGE, Postfach 1369, 35003 Marburg
13 Etwa Jan Wojnar: Die Welt der Demenzkranken, Leben im Augenblick, Hannover: Vincentz Network 2007

6. Wiederbelebung der mittelalterlichen Institution der Bürger-
stiftung; selbst in der heutigen schwierigen Finanzsituation werden
statistisch jeden Tag in Deutschland noch mehr als drei Bürger-
stiftungen gegründet – im Übrigen fast ebenso viele in Polen.
7. Ebenfalls seit 1980 sind ca. 2000 Projekte des generationsübergreifenden Siedelns entstanden, organisiert im »Forum für gemeinschaftliches Wohnen«, Brehmstraße 1A, 30173 Hannover; diese
Größenordnung ändert schon die Tradition des Wohnens in
Deutschland.
8. Ähnliches gilt für die zeitgleich entstandene Teilbewegung der
»sozialraum-bezogenen ambulant-betreuten Wohnpflegegruppen
oder -gemeinschaften«, von denen es zurzeit etwa 1000 gibt. Sie dienen dem Leben und Sterben insbesondere alleinstehender Dementer
oder anders Pflegebedürftiger in der Vertrautheit ihres Viertels und
werden – wenn richtig organisiert – als zu führende Haushalte betrieben und sind insofern Arbeitsgemeinschaften, bestehend aus
Pflegebedürftigen, Pflegefachkräften, vollzeitbeschäftigten anderen
Nachbarn (als »Integrationsexperten«) sowie ehrenamtlichen
Bürgern. Da eine Gruppe von sechs bis acht Pflegebedürftigen die
Pflegevollversorgung von 2000 Einwohnern, bei richtiger Planung,
garantiert, sorgen hier Nachbarn für (weitgehend) »heimfreie
Zonen« – in Dörfern (zum Beispiel Eichstetten/Breisgau), in
Kleinstädten (zum Beispiel Ettenheim) und in einzelnen Stadtvierteln
von Großstädten (zum Beispiel Bielefeld). Die inzwischen zunehmen-
den Kooperationen mit Wohnungsbaugesellschaften eröffnen die
Perspektive der Verallgemeinerungsfähigkeit einer (weitgehend)
heimfreien Versorgung.[14]

---

14 Der Bielefelder Verein »Alt und Jung« hat inzwischen einen eigenen
   Geschäftsbereich für die Beratungswünsche solcher Profihelfer oder auch
   Bürgerhelfer, die den Pflegebedarf ihres Sozialraums mit ambulanten Mitteln versorgen wollen. Da allein die ca. 70 ambulanten Wohnpflegegruppen in der
   Bielefelder Gegend sich fast alle voneinander unterscheiden, wird man hier für alle
   lokalen Bedingungen leicht fündig; eine bessere Beratung dürfte kaum zu finden
   sein. Adresse: Verein »Alt und Jung«, Huchzermeier Straße 1, 33611 Bielefeld,
   www.altundjung.org. Am besten über Theresia Brechmann. Man ist auch dann
   hier an der richtigen Adresse, wenn man sich eine hundertprozentig »heimfreie
   Zone« noch nicht zutraut.

9. Inzwischen ist auch die Gast- oder Pflegefamilie eine erprobte ambulante Alternative – nicht mehr nur für behinderte, sondern auch für alterspflegebedürftige/demente Singles, die alle eine Sehnsucht nach familiärem Anschluss haben. Im Raum Ravensburg, wo man – wie in Bonn – schon 1980 damit angefangen hat, gibt es 500 solcher Pflegeverhältnisse, die – bei professioneller Begleitung – zu 90% schon mit der ersten Vermittlung stabil sind. Jetzt wirbt sogar das Landwirtschaftsministerium Schleswig-Holstein für diesen Weg, schon weil er – ohne Nachteile – sich nebenbei auch für den wirtschaftlichen Existenzerhalt landwirtschaftlicher Betriebe bewährt hat.[15]

10. Schließlich haben Sie seit ein paar Jahren zumindest in Württemberg sogar die Chance, dass Ihnen zum Beispiel als dementem Single die notwendige Hilfe und Pflege selbst dann in Ihre Wohnung gebracht wird, wenn Sie 24 Stunden dauert – und zwar nicht von polnischen, sondern von deutschen Frauen: Nach diesem Schwäbischen-Tandem-Modell zieht jemand für vierzehn Tage in Ihre Wohnung ein und lässt sich danach von einer Freundin oder Kollegin ablösen. Dieser Weg, der nun auch schon einige hundertmal begangen ist, ist im Notfall sozialhilfefähig.[16]

Schon diese zehn Beispiele für Initiativen zur Inklusion der Alterspflegebedürftigen und Dementen, damit aber auch des Sterbens und des Todes, zeigen, dass die Bürgerhelferbewegung in fast alle Bereiche der Gesellschaft ausstrahlt, sie bewegt und anteilig verändert. Daher wäre es merkwürdig, wenn diese Ausstrahlung nicht auch die Inklusion psychisch Kranker und Behinderter begünstigen würde. Und in der Tat: Während die eigentliche Behinderten-Reformzeit in den 70er-Jahren gewissermaßen zu früh stattgefunden und daher die Zahl der Behindertenheimplätze nur noch vergrößert

---

15 Beratungswünsche können Sie zum Beispiel richten an: Arkade e. V., Gartenstraße 3, 88212 Ravensburg, www.arkade-ev.de
16 Vermittlung, Organisation und Fortbildung erfolgen für alle interessierten Diakonie- und Caritasstationen über eine Stiftung, an die Sie auch Ihre Informations- und Beratungswünsche richten können; Adresse: Stiftung »Innovation und Pflege«, Obere Vorstadt 16, 71063 Sindelfingen, www.stiftung-innovation-pflege.de

hat, finden wir seit 1980 an vielen Orten zum Teil spektakuläre Prozesse des Abbaus von Institutionen und der Ambulantisierung professioneller und bürgerschaftlicher Betreuung und Begleitung – so etwa in Bremen/Blankenburg, in Gütersloh[17], Mönchengladbach und Hamburg, wo alle Träger von Behindertenheimen die Ersetzung von einem Drittel ihrer Heimplätze durch ambulant betreutes Wohnen in den diversen Sozialräumen innerhalb von fünf Jahren vereinbart und auch ganz gut verwirklicht haben. Nach der Wende erfolgten ähnliche Prozesse zum Beispiel in Rostock, Erfurt, Chemnitz und Schloss Hoym.

Die Ausstrahlung dieser epochalen Bewegung ging aber nicht nur in die Breite, sondern offenbar auch in die Tiefe historisch-kultureller Verhaltensmuster. Jedenfalls kann ich nur so den Umstand interpretieren, dass die Suizidzahlen in der Industriegesellschaft über 150 Jahre ständig zugenommen haben, jedoch seit 1980 bis heute wahrhaft dramatisch um 50% abgestürzt sind: »Es ist unmodern geworden, sich zwecks Problemlösungen umzubringen.« Vielleicht kann man die Tatsache ähnlich deuten, dass ebenfalls seit 1980 bei den Jugendlichen (12 bis 25 Jahre) der Konsum schädlicher Mengen an Alkohol auch um 50% gesunken ist, was hinter dem medienwirksamen »Koma-Saufen« einer kleinen Untergruppe leicht in Vergessenheit gerät, was aber ebenfalls rückläufig ist.[18]

Auf die Frage nach den Motiven des bürgerschaftlichen Engagements, die ich auf meinen Reisen, also während meiner Feldforschung, immer wieder stelle, höre ich am häufigsten, dass man das selbst nicht so genau wisse und dass das jedenfalls mit Moral nicht so viel zu tun habe. Eher hänge das wohl damit zusammen, dass man einmal die zunehmende freie Zeit von einem bestimmten Grad an (nicht 100%ig) nur für sich und seine Selbstbestimmung nutzen könne, sondern in einem bestimmten Maß für fremde Andere nutzen müsse (»Jeder Mensch braucht seine Tagesdosis an Bedeutung für Andere«), schon um für den Rest der dann noch übrigen freien Zeit wieder selbstbestimmungs-genussfähig

17 Klaus Dörner: Ende der Veranstaltung, Neumünster: Paranus 2001
18 epd sozial, 6/2011

zu sein. Zum anderen und ähnlich: Früher (in der Industrie-gesellschaft) sei eigentlich nur die Überlastung gesundheitsschädigend gewesen, heute jedoch auch die Unterlastung – und zwar körperlich wie psychosozial; daher habe man heute sich nicht mehr immer nur um Entlastung, sondern vielmehr um Auslastung zu kümmern, wenn man gesund sein wolle. Und zum Dritten: Früher (Industriegesellschaft) gab es nur wenige Ehrenamtliche, die es sich leisten konnten, kostenlos tätig zu sein. Heute jedoch brauche man Bürger auch aus anderen Bevölkerungsschichten, die sich das eben nicht leisten können; daher schließe sich Engagement für Andere und die Honorierung solchen Tuns zwar manchmal, jedoch nicht mehr immer aus, und zwar immer dann, wenn das Tun sich einer Dienstleistung nähere. Auch insofern werden die früher mal klaren Unterschiede zwischen den beiden Teilsystemen der Profihelfer und der Bürgerhelfer geringer, was sich im Übrigen auch schon darin objektiviert hat, dass es seit 1980 eine fast flächendeckende Kultur der Selbsthilfegruppen für alle relevanten Erkrankungen gibt.

Abschließend mag nach dieser meiner Schilderung des heutigen Entwicklungsstandes eines zukunftsfähigen Hilfesystems verständlicher sein, dass Bürger und Profis von unten her so viele neue Wege und Formen des Helfens in den letzten dreißig Jahren »erfunden« haben, dass es nun darum geht, diese neuen Elemente zu verallgemeinern und allen Bürgern zugänglich zu machen, weshalb wir künftig umgekehrt nun auch der erforderlichen Weichenstellungen »von oben« bedürfen; daher gleichen die meisten Folgekapitel dem berühmten »Marsch durch die Institutionen«. Das ist aber um so aussichtsreicher, je mehr alle Beteiligten sich darüber klar werden, dass ein die Gesamtgesellschaft veränderndes neues Hilfesystem und damit eine Inklusionsgesellschaft allein von den Alterspflegebedürftigen und Dementen ebenso wenig durchzusetzen ist, wie zuvor von den psychisch Kranken und Behinderten. Vielmehr hat das nur Chancen, wenn diesem neuen Begehren zeitgleich auf einer allgemeineren Ebene und in historischer Perspektive ein Epochenumbruch entgegenkommt. Das ist der Grund, warum ich im nächsten Kapitel zunächst meine Hypothese testen will – und es kann natürlich nur eine Hypothese sein –, dass wir uns dazu beglückwünschen können, heute nicht nur im Wandel, sondern durchaus im Umbruch zwischen zwei Epochen zu leben.

II. Der schwere Abschied von der Faszination der Industriegesellschaft

Hier also will ich das zusammentragen, was dafür spricht, dass wir wirklich in einem menschheitsgeschichtlichen Epochenumbruch von der Industrie- zur Dienstleistungsgesellschaft stehen, wofür die Jahre um 1980 am ehesten geeignet scheinen. Natürlich ist mir klar, dass die Irrtumswahrscheinlichkeit für meine Hypothese groß ist: wie viele haben schon anhand einiger bedeutsamer Ereignisse von einem solchen epochalen Wandel schwadroniert. Auch müssten, sollte an meiner Vermutung etwas dran sein, mehr oder weniger sämtliche Bereiche der Gesellschaft davon erfasst und in Bewegung geraten sein, womit sich die restlichen Kapitel dieses Buches beschäftigen.

Und da schließlich die möglicherweise vergehende Epoche der Industriegesellschaft immerhin zwei Weltkriege umfasst hat, beginne ich mit zwei Zitaten, die die Breite des Spannungsfeldes symbolisieren sollen.

Da ist auf der einen Seite einer der prophetischsten Menschen des 20. Jahrhunderts, Harry Graf Kessler, der in seinen Tagebüchern[19] als Zeitzeuge die kleine deutsche Revolution von 1918/19 kommentiert: »Unsere Umwälzung ist leider nicht von einer bis zur Übermacht gewachsenen Gesinnung hervorgerufen, sondern der alte Staat ist zusammengebröckelt, weil er etwas zu verlogen und ausgehöhlt war, um dem äußeren Ansturm zu widerstehen. Ohne Krieg hätte er noch lange fortgewurstelt. Das Schrecklichste wäre, wenn diese ganzen Verwüstungen und Leiden nicht die Geburtswehen einer neuen Zeit wären, weil nichts da wäre, was geboren sein will; wenn man schließlich nur kitten müsste. Das Gefühl, dass es so kommen könnte, die Angst vor diesem Ende, ist, was die Besten der Spartakisten antreibt. Die alte Sozialdemokratie will rein materielle Veränderungen, gerechtere und bessere Verteilung und Organisation, nichts ideell Neues. Dieses dagegen schwebt den Schwärmern weiter links vor und nur dieses lohnte in der Tat die ungeheuren Blutströme des Weltkrieges.«

---

19   Harry Graf Kessler: Tagebücher 1918 bis 1937, Frankfurt: Insel 1996, S. 104

Und da ist auf der anderen Seite der Zukunftsforscher Horst Opaschowski[20], der seine Gegenwartsanalyse so zusammenfasst: »Die Nach-68er-Generationen und ihre Wertorientierungen können die Einstellung der Jugend von heute zum Leben nur noch unzureichend beschreiben. ... Die junge Generation will in einer ausgeglichenen Balance zwischen Leistungs-, Genuss- und Sozialorientierung leben. ... Bemerkenswert hoch ist aber der Wunsch ausgeprägt, Anderen helfen zu wollen. Mehr als alle Kriegs- und Nachkriegsgenerationen zuvor will sie das Gleichgewicht von materiellem Wohlstand und sozialem Wohlergehen wiederfinden.«

Soweit also die Symbolik, und jetzt geht es um die mehr oder weniger empirischen Belege.

1. Unsere Dienstleistungsgesellschaft revolutioniert (nicht nur) den Arbeitsmarkt

Zunächst hatte ja – wie allgemein bekannt – die technische Anwendung wissenschaftlicher Erkenntnisse sowie die Kapitalisierung der Finanzierung die Landwirtschaft (1. Sektor) derart revolutioniert, dass es zu einer schier unendlichen Steigerung der Produktivität kommen konnte, nicht ohne dass gleichzeitig die Zahl der Arbeitsplätze im Agrarsektor bis heute auf wenige Prozent zusammengeschrumpft ist. Die Anwendung dieser Prinzipien auf die Güterproduktion (2. Sektor) und damit die eigentliche Industrialisierung begann in Deutschland erst um 1830 und führte zu einer ähnlichen Produktivitätssteigerung. Dies war auch notwendig; denn die wachsende Bevölkerung, insbesondere in den urbanen Ballungszentren, konnte nur noch durch serielle Massenproduktion mit lebenswichtigen Gütern versorgt werden. Insofern konnte Adam Smith seine urliberale Theorie, dass der Egoismus der Einzelnen das Gemeinwohl fördert, mit Recht eine Moralphilosophie nennen. Die Eigenarten dieses Industriesystems wurden, zunächst in Europa und

---

20 Horst Opaschowski: WIR! Warum ICHLINGE keine Zukunft mehr haben, Hamburg: Murmann 2010, S. 188

den USA, zunehmend gesellschaftsprägend.[21] Dies galt nicht nur für die betriebswirtschaftliche Rationalität wie die Integration der Arbeiter in hierarchisch organisierte und möglichst autarke Großbetriebe, Standardisierung, Arbeitsteiligkeit und Spezialisierung der Produktionsabläufe, sondern auch für das Tages- und Lebenszeitregime, das zur gesellschaftlichen Norm wurde oder die Aufteilung der Geschlechtsrollen mit dem Mann als Haupternährer und der Frau als Familiezentrum, die radikaler war als in allen früheren Epochen. Die Normen des industriellen Systems der Erwerbsarbeit wurden immer bestimmender auch für die übrige Lebenswelt der Menschen, die – angesichts der großen materiellen Segnungen – zunehmend lernten, dies als einen Prozess unendlichen Fortschritts zu begrüßen.

Erst mit Beginn des 20. Jahrhunderts stieß dieses klassische Industrie-Regime, teils aufgrund seiner eigenen Dynamik, zunehmend an seine Grenzen: Der Markt erzwang immer kürzere Innovationszyklen, verlangte größere Spezialisierung, Professionalisierung, auch Temposteigerung und Leistungsverdichtung, sodass sich allmählich Netzwerke kleinerer Betriebseinheiten, Auslagerung von Teilfunktionen bis hin zur Verselbstständigung von Spezialisten als effizienter erwiesen als die möglichst großen, daher auch schwerfälligen Fabriken. Zunehmend galt und gilt »small is beautiful«. Das rigide Stechuhr-Zeitregime wich dem Erfordernis größtmöglicher zeitlicher Flexibilität. Wegen der Notwendigkeit höherer Bildung der Mitarbeiter musste das duale Bildungssystem immer öfter zum Beispiel durch Fachhochschulabschlüsse ersetzt werden. Die Alterung der Gesellschaft, das Streben nach Doppelerwerb beider Eltern einer Familie und die Frauenemanzipationsbewegung zwangen die Unternehmer immer mehr, neben der Leistungsfähigkeit der Mitarbeiter auch deren Lebensweltbedürfnisse anzuerkennen und zu berücksichtigen. Und schließlich war – wie schon beim Übergang von der Agrar- zur Industrie-Gesellschaft – die erforderliche

---

21 Im Folgenden stütze ich mich vor allem auf Martin Baethge: Abschied vom Industrialismus, in: Baethge/Wilkens: Die große Hoffnung für das 21. Jahrhundert?, Opladen: Leske + Budrich 2001, bes. S. 23-44

Produktivitätssteigerung nur um den Preis eines rapiden Abbaus von Arbeitsplätzen zu haben, wozu schon die ständige Automatisierung von immer mehr Arbeitsprozessen sorgte. Aus all diesen Gründen befindet sich die Zahl der Industrie-Arbeitsplätze seit Jahrzehnten im freien Fall.

Wollte man aber nun die damit verbundene Massenarbeitslosigkeit nicht einfach hinnehmen, brauchte man einen neuen, bisher noch unbekannten Arbeitsmarkt, und dies konte nur der Dienstleistungsbereich (3. Sektor) sein, weshalb man auch von der »Tertialisierung« des Arbeitsmarktes spricht. Dabei muss man unterscheiden zwischen den Dienstleistungen um die Industrie herum (zum Beispiel Forschung, Wissenschaft, Vertrieb) und den persönlichen oder Lebenswelt-Dienstleistungen (zum Beispiel Gesundheit, Soziales, Freizeit, Tourismus, Handel, Banken).

Spätestens seit den 1980er-Jahren befinden sich zumindest in Europa und den USA die mit Abstand meisten Arbeitsplätze im Dienstleistungsbereich. Dabei ist es für die Gesellschaftsentwicklung wohl noch bedeutsamer, dass die meisten neuen Arbeitsplätze für Frauen geeigneter sind. Die Erwerbsquote der Frauen steigt steil an, während die der Männer stagniert oder sinkt. Der zukunftsträchtige Dienstleistungsbereich entwickelt sich, trotz noch anhaltender Ungerechtigkeit hinsichtlich der Entlohnung und der Führungspositionen, zu einer Domäne der Frauen, was fast alle tradierten Rollen und zwischenmenschlichen Beziehungen in der übrigen Lebenswelt der Menschen mittel- und langfristig durcheinanderwirbelt. Hierzu Baethge: »Vielleicht gehört es zu einer humanen Dienstleistungsgesellschaft, nicht die ganze Alltagskultur der Erwerbsquote zu überantworten und sich Bezirke zu bewahren, die nicht in den Status von Lohnarbeit überführt werden. ... In dem Maße, in dem an die Stelle der relativ dauerhaften und hierarchischen Betriebs- und Arbeitsstrukturen labile Organisationsformen vernetzter und/oder virtueller Unternehmen und flexiblere Formen von Berufstätigkeit treten, sind Neunormierungen von Arbeitszeit und Beschäftigungsverhältnissen, neue Regulationen der sozialen Sicherheit und der Qualifizierung ... und eine gesellschaftliche Neudefinition des Normalarbeitsverhältnisses, die allen Formen von

Teilzeitbeschäftigung die gleichen beruflichen Entfaltungschancen einräumt wie Vollzeitbeschäftigten, unumgänglich.«[22]

Was Deutschland angeht, so gelten wir bekanntlich in allen politischen und wirtschaftlichen Entwicklungen aus guten Gründen als »verspätete Nation« (H. Plessner). Da wir auch – im Vergleich mit anderen Ländern – in die Industriegesellschaft »verspätet« eingestiegen sind, haben wir dazu geneigt, diese Zeit aufholen zu wollen, haben daher die Industrialisierung besonders radikal durchgeführt und waren daher besonders fasziniert von den atemberaubenden Erfolgen dieses Fortschritts. Das führte offensichtlich dazu, dass wir nun auch besonders hartnäckig an der doch so erfolgreichen und bewährten Tradition des »Industrialismus« festhalten. Deshalb hinken wir jetzt wohl auch hinsichtlich der Ausschöpfung des Potenzials der Dienstleistungsgesellschaft eher etwas hinterher, weshalb man uns nun auch zuschreibt, eine »Dienstleistungs-Wüste« zu sein.

Hartmut Häußermann[23] möchte diese »Verspätung« freilich auch als eine Chance begreifen, Fehler einiger anderer Länder bei der Entwicklung der Dienstleistungsgesellschaft gar nicht erst zu machen, indem wir den Kern des Problems besser erkennen und entsprechend handeln. So gibt er zu bedenken, dass in den USA die marktförmige Durchsetzung der Dienstleistungsgesellschaft zu vielen äußerst prekären Arbeitsplätzen gerade für Frauen geführt hat, während die eher staatliche Durchsetzung der Dienstleistungsgesellschaft in Schweden ein Übermaß an Standardisierung und Bürokratisierung der Dienstleistungs-Arbeitsplätze gebracht habe: »Insofern wäre der Rückstand der Bundesrepublik vielleicht doch eine Chance, nämlich dafür, den Weg in die restlose warenförmig bzw. bürokratisch organisierte Gesellschaft eben nicht bis ans Ende zu gehen. Das hieße, einen bestimmten Anteil von Arbeit und Bedürfnisbefriedigung weiterhin oder sogar vermehrt informell in den sozialen Netzen von Verwandtschaft, Freundschaft und Nachbarschaft zu organisieren.

---

22 Baethge, a.a.O., S. 42f.
23 Hartmut Häußermann, Walter Siebel: Dienstleistungsgesellschaften, Frankfurt: Suhrkamp 1995, S. 197f.

... Um diese schmale ›Chance der Verspätung‹ zu nutzen, müsste die bundesrepublikanische Gesellschaft einen sehr weiten Sprung in eine andere Moderne tun, einen Sprung in eine Moderne jenseits der geschlechtsspezifischen Arbeitsteilung, der beruflichen Karriere-orientierung und des Konkurrenzsystems – also jenseits der heute vorherrschenden Identitäten –, in einem Wertewandel, der eine Gleichverteilung von formeller und informeller Arbeit zwischen den Geschlechtern erst möglich machte. Es wäre damit auch ein Sprung in eine Moderne jenseits der ökonomischen Effektivität der Leistungssteigerung durch Konkurrenz.«

2. Die Perversion des Fortschritts der Industriegesellschaft

Ihre Befürchtung ist berechtigt: dieser Abschnitt ist ein Gipfel infa-mer Bösartigkeit! Natürlich können meine Überlegungen falsch sein; dann lassen sie sich leicht widerlegen. Oder aber Sie lassen sich beim Lesen von dem Verdacht aus dem letzten Abschnitt leiten, dass wir, obwohl wir unwiderlegbar schon in der Dienstleistungsgesellschaft leben, im Denken und Fühlen noch so von den Fortschritten der Industriegesellschaft fasziniert sind, dass wir ihr Licht lieben, aber für ihre Schattenseiten noch blind sind: Denn zum Beispiel die billige Massenproduktion lebenswichtiger Güter für alle, die soziale Sicherung für alle und insbesondere die atemberaubenden Erfolge der Medizin, die immer mehr Krankheiten heilen kann und uns mit Recht von der Möglichkeit einer leidensfreien Gesellschaft träumen lässt – all das ist ebenso unbestreitbar und begeistert uns mehr. Und wären mir nicht meine Reflexion der NS-Zeit und meine beruflichen Erfahrungen dazwischengekommen, dass wir einem nennenswerten Teil unserer Gesellschaft in Behindertenheimen, auch in Altenpflege-heimen, lebenslänglich ihre Freiheit und Teilhabe ohne Notwendig-keit vorenthalten, dann hätte ich vor hundert oder auch vor fünfzig Jahren mit Überzeugung und Begeisterung genauso gefühlt und gedacht und selbstverständlich auch entsprechend gehandelt.

Daher gestatte ich mir, auch hier mit einem symbolischen Bild zu beginnen: Es handelt sich um den schon erwähnten »Engel« von Paul Klee (1920), in variierter Weise dargestellt auf dem Buch-Titel. Der

Philosoph Walter Benjamin sah in den gehobenen Armen dieses Engels (kurz bevor er selbst nach gescheiterter Flucht über die französisch-spanische Grenze sich das Leben nahm) die Abwehrhaltung gegen einen Sturm; er schrieb: »Das, was wir Fortschritt nennen, ist dieser Sturm.«[24]

Nun haben zwar alle Gesellschaften der Menschheitsgeschichte sich beeilt, den Unterschied von Armen und Reichen moralisch zu skandalisieren; aber keine Gesellschaft (auch nicht die sozialistischen) haben alles unternommen, um diesen Unterschied aufzuheben, obwohl wir schon lange wissen, dass Arme an fast allen ernsthaften Krankheiten häufiger leiden und entsprechend früher sterben. Im Gegenteil – die Neuzeit begann u. a. auch mit dem Paukenschlag, dass alle europäischen Länder zeitgleich (um 1520 herum) versuchten, ihre Armen von ihren Reichen rigoros zu trennen und durch Institutionalisierung unsichtbar zu machen.

Es blieb aber der beginnenden Industrialisierung vorbehalten, solche modernen Trennungsoperationen auf immer mehr Lebensformen auszuweiten und vor allem systematisch durchzusetzen. So erzwang die Auslagerung der Güterproduktion aus den Handwerksstuben in die Fabriken die Trennung der Arbeits- von der Lebenswelt und damit eine viel rigidere Geschlechtertrennung als je zuvor. Das dem entsprechende industrielle Menschenbild der einseitigen Leistungsbewertung – ein Mensch ist umso weniger Mensch, je leistungsminderwertiger er ist – führte nach demselben Trennungsmotiv konsequent zur Etablierung flächendeckender Institutionssysteme für psychisch Kranke, Körperbehinderte, geistig Behinderte und in dem Maße, wie diese allmählich zunahmen, auch für Alterspflegebedürftige, Sieche und Demente. Ausgrenzungskriterium für diese Menschen, die ja immerhin Familie, Freunde, Nachbarschaft, ihr Wohnviertel, ihre kirchengemeindliche und kommunale Zugehörigkeit, ihre Freiheit ebenso wie ihre Bedeutung für Andere verloren, waren das Maß ihrer Leistungsminderwertigkeit und ihres Störpotenzials.

24 Bild und Kommentar habe ich dem erstaunlichen Taschenbuch-Bestseller des 93-jährigen Stèphane Hessel »Empört euch!«, a.a.O. entnommen.

In Form von Trägerschaften für diese neuen Institutionen machten sich die Kirchen um die Durchsetzung dieses neuen Austreibungsprogramms verdient, weil sie von dieser Sünde mit Recht den Wiedergewinn verloren gegangenen Einflusses erhofften – wenn auch langfristig zu ihrem Schaden, wie wir noch sehen werden. Damit sind wir auch schon bei dem durchaus gemischten Motivationsbündel für diese im Ergebnis barbarische Trennungsoperation. Von den Kirchen wurden die Betroffenen gern als »unsere Schutzbefohlenen« bezeichnet. Wie immer sind solche Begriffe – wie später auch die »Schutzhaft« – doppeldeutig nutzbar. Öffentlich konnte man damit meinen, dass man die Schwächsten vor der immer kälter und egoistischer werdenden Gesellschaft schütze, während unausgesprochen die umgekehrte Schutzrichtung dem reibungslosen Funktionieren der Produktionsbetriebe »ohne Sand im Getriebe« förderlich war. Vor allem aber war die Fortschrittsbegeisterung des Glaubens an die technische Umsetzung neuer wissenschaftlicher Erkenntnis so allgemein, dass man weithin davon überzeugt war, die fabrik-analoge Übertragung der Bearbeitung von Sachen auf die Bearbeitung von Menschen würde eine analoge Produktivitätssteigerung garantieren, zumal man sich ja nicht für die Menschen interessierte, sondern für deren Krankheit oder Behinderung und insofern Menschen mit Sachen verwechselte, egal, ob man auf den Fortschritt der Medizin oder der Pädagogik setzte.

Nirgends wird die gesellschaftsnormierende Kraft der Industriegesellschaft deutlicher als hier; daher der Glaube an die fabrik-ähnliche Größe der Institution, an ihre vertikal-hierarchische Organisation oder an ihre Abgeschlossenheit nach außen. Selbst die imponierende ästhetische Machtausstrahlung der Verwaltungsgebäude der Fabriken und der sozialen Institutionen waren oft zum Verwechseln ähnlich. Der Segen wissenschaftlicher Rationalität, die ja langfristig die leidensfreie Gesellschaft ermöglichen sollte, konnte sich keinesfalls im ambulanten Setting chaotischer, laienhafter und oft auch schädigender oder schadenverursachender Familienangehöriger entfalten, sondern nur im stationären Setting, wo ungestört der geschlossene Raum für kontrollierte Beobachtung, Bildung von Vergleichsgruppen und für das Experiment den sich entwickelnden Spezialisten zur Verfügung stand, egal, wie viel Zeit die an sich menschheitsgeschichtlich garantierte Heilung brauchen würde. Zu unserem Schaden haben wir bis heute lieber vergessen, wo wir herkommen: die Professionalisierung, Rationalisierung und auch die erstmalige Entlohnung des Helfens ist ebenso wie seine Institutionalisierung ein lupenreines Produkt der Industrialisierung der Arbeit. Anders ausgedrückt: Fortschritt bedeutete für alle helfenden Berufe, die ja damals erst in den Institutionen entstanden sind, stets »stationär vor ambulant« und nie umgekehrt »ambulant vor stationär«; man hatte die Menschen zur Hilfe zu bringen, weil das auch technisch damals gar nicht anders ging. Wenn ich damals gelebt hätte, hätte auch ich auf nichts anderes geschworen; ich hätte vielleicht die an der Krankheit/Behinderung hängenden Menschen als Personen mitleidig bedauert, hätte aber gewusst, dass es um größere Ziele, um fantastische Heilungsmöglichkeiten gehe. Von solchen Traditionen sind wir Profihelfer, ob Arzt, Schwester, Sozialarbeiter oder Psychologe tiefer und länger geprägt, als uns lieb ist, weshalb uns der Abschied von den Verheißungen der Industriegesellschaft und der Übertritt in die Dienstleistungsgesellschaft auch so schwerfällt. Denn – wie F. Goya schon wusste: »Der Traum der Vernunft gebiert Ungeheuer.«

Das ist aber leider noch nicht alles. Wenn Sie sich vorstellen, Sie würden wegen einer psychischen Krankheit, einer Behinderung oder einer Demenz eines Tages aus Ihrer Familie und Ihrer Heimat herausgerissen, selektiert, homogenisiert (immer in der Monokultur gleicher Symptomträger) und tendenziell lebenslänglich in einer Institution konzentriert, dann würde Ihr Wert, allein schon weil man so mit Ihnen umgeht, in den Augen der Anderen und in Ihren eigenen Augen zwangsläufig gemindert. Soweit hatte sich das Hilfesystem der Industriegesellschaft über immer längere Verweildauern in den Institutionen bis zum Ende des 19. Jahrhunderts entwickelt. Es fing an, lebensgefährlich zu werden. Zuvor hatte schon prophetisch der Goethe-Arzt Hufeland gewarnt, (weil einige fortschrittliche Ärzte um ihn herum damit anfingen, über die Unterschiedlichkeit des (Leistungs)Wertes nachzudenken, auch forderten, dass der Mensch nur Herr über sein Leben sei, wenn er auch Herr über seinen Tod sei): Wenn ein Arzt sich einmal ein Urteil über den Wert eines Menschen anmaße, »sind die Folgen unabsehbar und der Arzt wird der gefährlichste Mensch im Staate«[25]. 1893 war es dann so weit. Zunächst fingen die Ärzte an, ihre Anstaltsinsassen zu sterilisieren, wobei die Frage des freien Willens in einer Institution irrelevant ist. Der berühmte Psychiater August Forel war der Erste, der sich öffentlich zu diesem – damals verbotenen – Tun bekannte: Solange man die Menschen noch nicht heilen könne, müsse man des Gemeinwohls wegen zumindest verhindern, dass sie sich fortpflanzen. Als dann der Erste Weltkrieg begann, versuchte die Reichsregierung am 4. 8. 1914 den Reichstag zur Bewilligung der Kriegsanleihen mit dem Argument zu bewegen, dass die »germanische Rasse« in Mitteleuropa bedroht sei. Insgesamt markiert bereits der Erste Weltkrieg den Beginn der Endphase der Industrie-Epoche, von der an die Leistungsfähigkeit so total das Menschenbild bestimmte, die Entwertung der Minderwertigen so fortgeschritten war und die Ausgrenzungs-Institutionen so »total« waren, dass die staatlichen Machthaber nun auch aktiv das Sterben und den Tod der vorher schon als »geistig tot« definierten Anstaltsinsassen beabsichtigen konnten, ohne dass die Gesellschaft, die Kirchen oder die verantwortlichen Profis dagegen protestierten, sondern vielmehr bei diesem ersten staatlichen organisierten Mordprogramm mitwirkten; denn die Profis verstanden sich ja gerade nicht als Integrationsförderer, sondern als Integrationsverhinderer, als eine Art Grenzschutzpolizei im Namen des Fortschritts. Durch geeignete Kalorienreduktion nur in den Anstalten wurde ein massenhaftes Hungersterben »produziert«. In Deutschland belief sich diese gewollte »Übersterblichkeit« auf 70.000 Opfer, in anderen kriegführenden Ländern waren die Opferzahlen geringer.[26]

Insofern war der Zweite Weltkrieg nur die brutalere Wiederholung des Ersten; denn in diesem »totalen Krieg« waren bei immer totaler werdender Leistungsanforderung wieder die »totalen Institutionen«

25 C. W. Hufeland: Die Verhältnisse des Arztes, in: Hufelands Journal 1806; 23, 5-36
26 Heinz Faulstich: Hungersterben in der Psychiatrie 1914-1949, Freiburg: Lambertus 1998, S. 25-68. In der Zeit von 1914 bis 1949 musste man als Anstaltsinsasse nur während der vier Jahre von 1924 bis 1928 keine Angst haben, direkt oder indirekt durch Hungern zu sterben.

der geeignete Organisationsrahmen für die Ermordung von 200.000 »Minderwertigen«, anfangs durch die Erfindung des »industriellen Tötens«, also der Vergasung, was sogar als menschenfreundliche Geste für Täter wie Opfer gemeint war, ab 1941 aber wieder durch die bewährte Tradition des »Hungertötens«.

Es spricht sogar einiges dafür, dass die Euthanasie-Mordaktionen im Zweiten Weltkrieg weniger ein Programm des Staates oder der NS-Ideologie war, sondern eher ein Programm der Psychiatrie und ihrer technisch-wissenschaftlichen Fortschrittsmentalität, wenn diese Frage auch schwer zu untersuchen ist, nicht nur wegen der Quellenlage, sondern auch wegen der eigenen, inneren Widerstände von uns Profis, einen solchen Gedanken als Möglichkeit zuzulassen. Es wäre wohl auch lohnend, die Frage systematischer zu untersuchen, warum es zwischen den beiden Weltkriegen in fast allen europäischen Ländern kleinere oder größere faschistische Bewegungen gab und inwiefern diese Bezug haben zu den leitenden Normen der Industriegesellschaft. Schmuhl hat kürzlich herausgefunden, dass die Durchsetzung des modern klingenden Begriffs der »Behinderung« regelmäßig dadurch gefördert wurde, dass man in Zeiten des Arbeitskräftemangels sich vermehrt für die Leistungsfähigkeit auch der Menschen mit Behinderung interessierte.[27] Eine andere neuere Untersuchung beschäftigt sich mit der Frage, warum die europäischen Juden solche Schwierigkeiten hatten, den »modernen« Antisemitismus ab 1979 gebührend ernst zu nehmen; dabei findet man immer wieder Belege dafür, dass die Juden diesen für einen der ihnen gewohnten »Rückfälle in die Barbarei des Mittelalters« hielten und daher – selbst aufklärungs- und fortschrittsbewusst – den Gedanken einer möglichen Barbarei des modernen Fortschritts nicht denken konnten.[28]

27 Daher bewunderswert selbstkritisch die Rede des Präsidenten des Bundes-Psychiaterverbandes DGPPN, Frank Schneider, an die Psychiatrie-Opfer der NS-Zeit am 26.10.2010 in Berlin: zu beziehen über Reinhardtstraße 14, 10117 Berlin. – Und zu Schmuhl: Hans-Walter Schmuhl: Exklusion und Inklusion durch Sprache – zur Geschichte des Begriffs Behinderung, Selbstverlag des Instituts Mensch, Ethik und Wissenschaft, Berlin 2010
28 Fritz Bauer Institut (Hg.): Einspruch und Abwehr – Die Reaktion des europäischen Judentums auf die Entstehung des Antisemitismus (1879 bis 1914), Frankfurt: Campus 2010

Schließlich sei daran erinnert[29], dass die meist ärztlichen Mörder in den Prozessen nach dem Zweiten Weltkrieg ihr Tun regelmäßig mit ihrem »Mitleid« gegenüber ihren »minderwertigen« Opfern gerechtfertigt haben – übrigens anfangs meist mit, erst Jahrzehnte später ohne Erfolg. Denn das nimmt Bezug auf den etymologischen Bedeutungswandel von »Mitleid«: während dieses Wort in der vorindustriellen Epoche meist als Verb genutzt wurde im Sinne von Mit-Leiden (Leiden teilen), mutierte es in der Epoche der Industriegesellschaft immer mehr zum Substantiv »Mitleid«, das ich – distanzierend – angesichts des Leidens eines Anderen habe (»Ich kann dein Leiden gar nicht mehr mit ansehen«) und sich so fast unmerklich auf sein Gegenteil, auf »Selbstmitleid« reduzierte. Das aber ist durchaus kompatibel mit dem Menschenbild der marktförmigen Industriegesellschaft und seiner Ethik des autonomen, selbstbestimmten, isolierten und nur an seiner Leistungssteigerung orientierten Individuums, das gerade durch seinen Verzicht auf die Sorge um Andere auch das Gemeinwohl fördert.

Vielleicht am besten hat der amerikanische Bioethiker Reich[30] in seinem Artikel »Der Verrat an der Fürsorge« diesen Zusammenhang zum Ausdruck gebracht: Indem die moderne Medizin der Industriegesellschaft die Fürsorge als paternalistisch diskriminiert und somit aus der ärztlichen Moral ausgemustert hat, konnte sie sie durch eine mehr oder weniger isolierte Autonomie-Bioethik ersetzen, was für die weitere Modernisierung der Medizin zwei strategische Vorteile hatte: einmal war von jetzt an der autonome Patient an seinem Schicksal selbst schuld; und zum anderen konnte man jetzt problemlos und auch noch ethisch begründet die Fürsorge für die schon Leidenden, für die es sich nicht mehr lohnte, durch die Vorsorge für die eher noch Gesunden ersetzen und mit diesem Trick das Versprechen einer künftigen leidensfreien Gesellschaft aufrechterhalten. Reich belegt seine These mit vielen Beispielen auch noch aus der Nachkriegszeit, was Wolf Wolfensberger mit seinem Buch »Der neue

---

29 Klaus Dörner: Tödliches Mitleid, Neumünster: Paranus 2002
30 Warren T. Reich: Der Verrat an der Fürsorge, meines Wissens immer noch unveröffentlichtes Vortragsmanuskript, zu beziehen über Center of Clinical Bioethics, Georgetown University

Genozid«[31] vor allem für die USA noch einmal radikalisiert hat.

Nach alledem möchte ich meine Hypothese behutsam so umformulieren: Könnte es sein, dass die Industriegesellschaft, um ihre unbestreitbaren Segnungen insbesondere der materiellen Sicherung einer beliebig wachsenden Zahl von Menschen überhaupt erst zu ermöglichen, auch ihre Schattenseiten brauchte, also ihre Perversionen der Verwandlung von Menschen in Sachen, die wert oder unwert sein können, die Reduktion ihres Menschen- und Gesellschaftsbildes auf technische Leistungssteigerung (kapitalistischer wie sozialistischer Prägung; denn beide Gesellschaftstypen waren Leistungsgesellschaften) und ihren (vorübergehenden?) Abschied von der Kulturgeschichte der Menschheit? Und könnte es dann auch sein, dass die Phase des Nationalsozialismus und der diversen Faschismen nichts anderes war als die brutale Verabsolutierung der perversen Seiten der Industriegesellschaft, die, weil schlechthin nicht mehr zu steigern, für uns den Trost mit sich bringt, die Endphase der Industriegesellschaft gewesen zu sein, verbunden mit der Hoffnung, nach einem Epochenumbruch die Segnungen der Industriegesellschaft zu erhalten, ihre Perversionen aber zumindest auf menschliches Maß abmildern zu können?

Zu den immensen Schwierigkeiten eines solchen Übergangs und zu dem langen historischen Atem, den wir erst wieder lernen müssen, um diesen Übergang überhaupt nur denken zu können, jetzt noch zwei ganz unterschiedliche Erinnerungen – in Vorbereitung auf den nächsten Abschnitt.

Einmal sei daran erinnert, dass der bundesdeutsche Gesetzgeber 1961 zum ersten Mal im Bundessozialhilfegesetz das Prinzip »ambulant vor stationär« zur Gesetzesnorm erhoben hat, ohne zu ahnen, wie revolutionär das gegenüber der 100-jährigen Tradition »stationär vor ambulant« war. In den folgenden zwei Jahrzehnten machten wir Sozial- und Gesundheitsprofis uns voller Begeisterung an die

---

31 Wolf Wolfensberger: Der neue Genozid an den Benachteiligten, Alten und Behinderten, Gütersloh: Verlag Jakob van Hoddis 1996, heute als Buchkopie zu beziehen über www.paranus.de

Arbeit, dies umzusetzen, kämpften also für die (ambulante) Integration der psychisch Kranken und Behinderten. Die Reformbilanz um 1980 brachte jedoch das deprimierende Ergebnis, dass während dieser ganzen Zeit die Zahl der (stationären) Heimplätze für psychisch Kranke wie für geistig Behinderte fortlaufend nicht etwa gesunken, sondern noch gestiegen war. Lange Zeit dachte ich, das habe nur an der Raffgier, am gesund-egoistischen Eigeninteresse der vielen Träger-Funktionäre gelegen. Heute – mit längerem historischen Atem – bin ich mir ziemlich sicher, dass mehr noch der Umstand schuld daran war, dass wir alle weit mehr, als uns lieb ist, von unseren langjährig bewährten Traditionen geprägt sind; und wir Profis waren nun mal über 100 oder 150 Jahre die Grenzschutzpolizei der Institutionen, bezahlt für die Verhinderung der Integration, weil wir oder unsere Vorfahren mit heißem Herzen daran geglaubt haben, dass Fortschritt »stationär vor ambulant« bedeutet.

Und zum Schluss noch eine Erinnerung: Nicht aus der Endzeit, sondern aus der Anfangszeit der Industriegesellschaft. Diese führte zunächst – wie allgemein bekannt – zu einem unvorstellbaren Massenelend der unteren Klassen. Zu Unrecht vergessen ist jedoch, dass die bürgerlichen Klassen darauf in der Breite mit der Gründung tausender Vereine der Nachbarschaftshilfe reagierten, um dieses Elend irgendwie zu kompensieren. Beispielhaft beschränke ich mich hier auf die Hamburger Bürgerin Amalie Sieveking. Mit ihrem Hilfsverein, der ganz bewusst ein reiner Frauen-Verein war, startete sie Initiativen, die ebenfalls bewusst auf den Sozialraum eines Stadtviertels beschränkt waren, wo sie den Armen eben nicht nur mildtätig zu Wohnungen verhalf; sondern vielmehr verschaffte sie ihnen Arbeits- und Verdienstmöglichkeiten, damit sie ihre Familien selbst unterhalten konnten, sei es in den von ihr organisierten kleinen Textilfabriken oder indem sie dafür sorgte, dass einzelne Arme in jeweils anderen Armen-Familien notwendige Dienstleistungen erbrachten, um deren Finanzierung sie sich ebenfalls kümmerte.[32]

---

32 Michael Joho (Hg.): Alt genug für neue Wege – 175 Jahre Amalie-Sieveking-Stiftung, Hamburg: VSA-Verlag 2007

Ein vollständigeres Modell für Bürgerhilfe als Nachbarschaftshilfe konnte es kaum geben; und viele Vereine beschritten ähnliche Wege. Aber man muss eben auch sehen, dass diese Bürgerkultur der ersten Hälfte des 19. Jahrhunderts in dessen zweiter Hälfte sich wieder auflöste, nicht zuletzt dank der Bismarck'schen Sozialgesetze. So sehr sie nachhaltig zu begrüßen sind, so ist dieses soziale Sicherungssystem aber auch vielleicht allzu sehr von oben nach unten, also vom Staat her organisiert worden, was der systematischen Gerechtigkeit für alle einerseits entsprach, aber andererseits auch die Bürgerhilfe von unten geradezu überflüssig machte; sie wurde eher belächelt oder als störend empfunden. Hier haben die meisten anderen europäischen Länder einen besseren Oben-Unten-Mix gefunden, weshalb wir in Deutschland einen längeren Weg zurückzulegen haben, die heute erneut notwendig gewordene Bürgerhilfe wiederzubeleben.

3. Dienstleistungsgesellschaft und unser aller Alterung

Beides sind menschheitsgeschichtliche Bewegungen, haben zumindest epochalen Tiefgang und daher das Potenzial, die davon betroffenen Gesellschaften als Ganze zu verändern; zugleich haben beide sich zwar seit Jahrzehnten entwickelt, haben aber – nach allen bekannten Indikatoren – erst um 1980 herum die Schwelle unseres kollektiven Bewusstseins so überschritten, dass wir gezwungen sind, sie durch praktisches Handeln irgendwie zu beantworten. Die Gleichzeitigkeit des Umbruchs in die Dienstleistungsgesellschaft und der Beantwortung der Altenexplosion (und Kinderimplosion) durch die neue Bürgerhilfebewegung verführt dazu, sie in einem Ursache-Wirkung-Verhältnis zu ordnen. Als Zeitzeugen dieser gerade erst beginnenden Doppelbewegung sollten wir uns dessen enthalten, bis wir mehr wissen können. Was man aber jetzt schon wissen kann: beide Bewegungen fördern sich offenbar weit mehr, als dass sie sich behindern würden.

Das zeigt sich schon auf der abstraktesten Ebene: Wir haben die Industriegesellschaft als »Trennungsgesellschaft« beschrieben – Trennung etwa der Menschen nach der Leistungsfähigkeit, der Sozialräume nach »privat« und »öffentlich«, nach Arbeitswelt und

Lebenswelt oder nach Gesellschaft und Gemeinschaft.[33] Wer wie ich die Nazi-Zeit noch als Kind und Jugendlicher miterlebt hat, ertappt sich gelegentlich bei dem erschreckenden Gedanken, dass die Aufwertung der Gemeinschaft neben der Leistungsgesellschaft nur zu früh (von wegen »verspätete Nation«) von den Nazi-Ideologen propagiert wurde, weshalb sie den übrigen Perversionen dieser Phase nur eine weitere hinzugefügt hat und zur »Volksgemeinschaft« missraten ist, was für uns zu dem Verbot führte, dass Wort »Gemeinschaft« auch nur in den Mund zu nehmen. In unserer beginnenden Dienstleistungsgesellschaft sind wir eher dazu geneigt, nicht nur das Trennende, sondern auch das Verbindende wahrzunehmen und eher Integration anzustreben, zwar nicht gerade zwischen Armen und Reichen, jedoch durchaus die Integration der Behinderten und noch mehr der Alterspflegebedürftigen und Dementen, vielleicht auch der Migranten. Stattdessen verlegen wir das Trennende mehr in den normativen Bereich und damit in unser Menschenbild, wo wir nicht mehr so sehr wie in der Industriegesellschaft dem isolierten Individuum mit der Mono-Norm der Selbstbestimmug und Leistungsfähigkeit folgen, sondern eher den Menschen als Beziehungswesen wahrnehmen, das in einem normativen Spannungsfeld lebt, etwa mit der Trennung zwischen der Grundnorm der Selbstbestimmung und der gleichbedeutsamen Grundnorm der Teilhabe, Zugehörigkeit oder dem Grundbedürfnis nach Bedeutung für Andere.

Im Folgenden finden Sie eine ziemlich breite und auch noch wilde Menge an Indikatoren aufgelistet, die dafür sprechen, dass die Dienstleistungsgesellschaft weit mehr als ihre Vorgängerin so etwas wie eine »Hilfeleistungsgesellschaft«[34] ist und daher die Integration der Alten und Dementen, aber auch anderer Benachteiligtengruppen

---

33 Manche sprechen noch radikaler von einer »Apartheidsgesellschaft«; so Ulrich Bach: Ohne die Schwächsten ist die Kirche nicht ganz – Bausteine einer Theologie nach Hadamar, Neukirchen: Neukirchener Verlag 2006

34 Horst Opaschowski: WIR! WARUM ICHLINGE keine Zukunft mehr haben, Hamburg: Murmann 2010, S. 175. Hier finden Sie auch ein umfangreiches statistisches Zahlenmaterial, das sich für die Begründung vieler der folgenden Indikatoren eignet.

eher fördert. Bevor Sie sich aber an die Lektüre machen, vorab noch zwei wichtige methodische Einschränkungen: einmal haben die meisten dieser Indikatoren natürlich auch das Potenzial, Integration zu behindern, schon weil der Trend zur wissenschaftlichen Rationalisierung, Technisierung und Professionalisierung menschlichen Handelns ein menschheitsgeschichtlicher ist, daher auch auf die Besonderheiten der Dienstleistungsepoche nicht immer Rücksicht nimmt, wenn man damit auch bei der »Bearbeitung« von Menschen eher an Grenzen stößt als bei der Bearbeitung von Sachen. Denken Sie nur an den schon sprichwörtlichen »Pflege-Roboter«, auf neudeutsch »Ambient Assisted Living«, wo ein vernünftiger Mix erst noch zu finden ist. Ich habe mich im Wesentlichen auf die Beschreibung des integrationsförderlichen Potenzials beschränkt, weil dies bisher kaum geglaubt werden kann und weil dessen Perversionsrisiken sich erst während der praktischen Umsetzung herausstellen werden. Zum anderen kann ich mich natürlich auch bei jedem einzelnen Indikator irren, auch wenn ich mir einbilde, dass die große Menge der Indikatoren ein gewisses Gewicht haben dürfte.

Nun also der versprochene Indikator-Katalog dafür, dass die Dienstleistungsgesellschaft eine vielleicht sogar notwendige sowohl gesamtgesellschaftliche als auch epochale Rahmenbedingung darstellt für die Integrationsförderung sowohl der Alterspflegebedürftigen als auch anderer integrationsbedürftiger Gruppen.

1. Seit der Kinderstudie 2010 gehört auch in Deutschland das Familienmodell der Industriegesellschaft (der Vater als das Haus verlassender Hauptverdiener und die Mutter zuständig für Haushalt und Kinder) zumindest mehrheitlich der Vergangenheit an; denn in 51% der Haushalte mit Kindern sind die Eltern Doppelverdiener.[35] Damit gewinnt – nur scheinbar paradox – die Lebenswelt gegenüber der Arbeitswelt ein größeres Gewicht, und wenn auch die Gleichverteilung der Lasten für Mann und Frau einschließlich der Pflegezeiten für Kinder wie für Alte nach dem Potenzial der Dienstleistungsgesellschaft noch keineswegs hinreichend realisiert ist,

35 Klaus Hurrelmann: Hurra, Mama arbeitet! in: Die Zeit, 17.2.11

sind doch die Weichen in diese Richtung eindeutig gestellt. Der Trend insbesondere der Männer zu einem partnerschaftlichen Lebensentwurf hat sich gerade in den letzten Jahren in allen sozialen Milieus verstärkt, und in der Untergruppe des sog. »modernen Milieus« hat sich der Zeitaufwand der Väter für die Kinder dem der Mütter fast angeglichen.[36]

2. Während in der Industriegesellschaft die Menschen zur Hilfe gebracht wurden, hat der Umbruch in die Dienstleistungsgesellschaft dies weitgehend ins Gegenteil verkehrt: die Hilfe wird nun weit mehr zu den Menschen gebracht, was den epochalen Umbruch der Fortschrittsrichtung mit sich gebracht hat: Jetzt heißt es nicht mehr »stationär vor ambulant«, sondern umgekehrt »ambulant vor stationär«. Das hat nun selber etwas zu tun mit dem sowohl sozialen als auch technischen Fortschritt; denn während früher die Hilfen so schwerfällig waren, dass die institutionelle Präferenz fast unvermeidlich war, sind heute die Hilfen leichter, mobiler und laientauglicher geworden, weshalb die häusliche Lokalisierung möglicher geworden ist. Es ist dann auch wahrlich kein Wunder, dass sich die Wünsche der Menschen entsprechend geändert haben: Heute wollen fast alle Menschen (93%) nicht mehr in einer Institution leben und sterben, sondern in ihren eigenen vier Wänden oder allenfalls in der Vertrautheit ihres Viertels, selbst wenn sie dafür Nachteile in Kauf nehmen müssen.

3. Während in der Industrie- als Trennungsgesellschaft der Gesamtsozialraum relativ streng aufgeteilt war auf Arbeitswelt und Lebenswelt bzw. auf den Sozialraum des Privaten und des Öffentlichen, die beide eher nur den gesund-egoistischen Eigeninteressen galten, während ein Sozialraum fürs Gemeinwohl territorial kaum vorgesehen war, finden wir in der Dienstleistungsgesellschaft viel Evidenz für die Wiederentdeckung eines dritten Sozialraums (Stadtviertel, Dorfgemeinschaft, Nachbarschaft), der ja schon in sämtlichen vorindustriellen Kulturen der Menschheitsgeschichte für

---

36 Paul Zulehner, Rainer Volz: Männer in Bewegung 2008, S. 142-150, zu beziehen über http://www.kath-maennerarbeit.de

den erforderlichen gesellschaftlichen Kitt zu sorgen hatte und heute u. a. für alle Prozesse der Integration verantwortlich ist.[37]

4. Dem entspricht aus der Perspektive des Menschenbildes, dass man in der Industriegesellschaft – wie oben schon angedeutet – immer ziemlich genau zu wissen meinte, was der Mensch sei und ihn über eine oberste Norm zu bestimmen versuchte, etwa des vernünftigen, selbstbestimmten, leistungssteigerungsfähigen, isolierten Individuums. Dieses Wissen ist in der Dienstleistungsgesellschaft verschwunden. Nicht mal die Vernunft kann man dem Menschen problemlos zuschreiben – in einer Gesellschaft, in der man wegen der neuen menschlichen Seinsweise der Demenz nur sagen kann, dass der Mensch offenbar ein Wesen sei, das mal vernünftig, mal nicht-vernünftig sei. Und darum ist es kein Wunder, wenn Helmuth Plessner vom homo absconditus spricht, von seiner Unergründlichkeit, ohne innerweltliche Heilsgeschichte: »Sich und seiner Welt offen, weiß er um seine Verborgenheit.«[38] Wenn schon, dann ist der Mensch nicht »zentrisch« wie das Tier, sondern weltoffen und »exzentrisch« positioniert, also auf etwas ihm Äußeres, also auf »Andere« (sei es Gott oder andere Menschen) angewiesen, wie Jürgen Habermas in seiner Frankfurter Friedenspreisrede zu ergänzen scheint. Und wenn schon, dann schreibt man heute dem Menschen besser nicht nur eine dominante Norm zu, weil jede Norm dazu neigt, sich zu verabsolutieren und dann auch mörderisch werden kann, sondern besser zwei gegensätzliche Normen, die sich gegenseitig kontrollieren können, also etwa zwei Grundbedürfnisse, wie das eine Grundbedürfnis nach Selbstbestimmung und – komplementär – das andere Grundbedürfnis nach Teilhabe, im Sinne von Zugehörigkeit oder dem Bedürfnis, Bedeutung für Andere zu haben. Vielleicht kann man heute auch schon sagen, dass der Hilfsbedürftigkeit des Menschen seiner Helfensbedürftigkeit entspricht.

37 Klaus Dörner: Leben und sterben, wo ich hingehöre, a.a.O., S. 92-102
38 Helmuth Plessner: Für eine postmarxistische Anthropologie, in: Merkur, Nr. 259, 1969, S. 990-998

5. Manche Kirchengemeinden können heute auch schon wieder erkennen, dass sie im Zeitgeist der Industrie- als Trennungsgesellschaft insofern das oberste biblische Gebot der unauflöslichen Einheit von Gottes- und Menschendienst verraten haben, indem sie den Menschendienst in die großen Institutionen ausgelagert haben, um den Gottesdienst so störungsfrei zu halten wie die marktförmige Industrie ihre Fabriken. Sie beginnen, inzwischen in ihrer Existenz bedroht, daraus Konsequenzen zu ziehen.

6. Die Arbeitszeit der Industriegesellschaft hat sich in der Dienstleistungsgesellschaft halbiert, die Freizeit entsprechend verdoppelt, für große Menschengruppen (Langzeitarbeitslose, drittes Lebensalter) sogar totalisiert. Da kaum ein Mensch 100% freie Zeit hinreichend mit Sinn für sich allein füllen und so gesund bleiben kann, entsteht heute geradezu die Notwendigkeit, zwischen der Arbeitszeit und der Freizeit als dritte Zeit die soziale Zeit wiederzuentdecken, um für den Rest der dann noch freien Zeit zumindest selbstbestimmungs-genussfähig zu sein. Dies ist in der Tat eine Wiederentdeckung, da für alle Kulturen bis zum Beginn der Industrialisierung die soziale Zeit eine selbstverständliche Notwendigkeit war.

7. Ähnlich ist es mit unserem Umgang mit Lasten: In der Industriegesellschaft waren wir überwiegend – körperlich wie psychisch-sozial – überlastet; insofern war das Streben nach Entlastung immer richtig. In der Dienstleistungsgesellschaft kann das zwar auch noch so sein; immer häufiger leiden wir nun aber an Unterlastung – körperlich wie psychosozial. So ergibt sich ein neuer Zwang zur Wiederbelastung, die zumeist nur funktioniert, wenn wir es nicht bei technischen Krücken (Fitness-Zentren) belassen, sondern die Lasten in unseren Alltag organisch integrieren. Das anzustrebende Gesundheitsideal besteht also heute darin, ausgelastet zu sein.

8. Die letzten zwei Indikatoren erklären – gemeinsam mit den übrigen –, warum es seit 1980 nach allen Messinstrumenten eine so große Zunahme des bürgerschaftlichen Engagements gegeben hat, dass sie mit der Zunahme der Alterspflegebedürftigen und Dementen korrespondiert und ihnen vor allem zugutekommt, als ob man sich der

biblischen Botschaft erinnere, dass einer nicht (wie in der Industriegesellschaft) seine eigene Last, sondern des Anderen Last tragen solle oder nach dem Gebet von Saint-Exupéry, das auch eine Differenz zwischen Industrie- und Dienstleistungsgesellschaft aufdeckt: Gott gebe den Menschen, nicht was sie wünschen, sondern was sie brauchen.

9. Das dritte wesentliche Motiv für die Bürger, sich vermehrt für fremde Andere zu engagieren, ist das Geld, wodurch besonders deutlich wird, dass das Bürgerengagement weniger mit Moral, sondern in der Dienstleistungsgesellschaft mehr mit der Auseinandersetzung mit ihren realen Alltagsproblemen zu tun hat. Denn so wie in der Industriegesellschaft die Profis gelernt haben, fürs Helfen auch Geld zu nehmen, so lernen es jetzt die übrigen Bürger. Weil man nämlich im Profi-Monopol der Industriegesellschaft nur wenige Ehrenamtliche brauchen konnte, die es sich überwiegend leisten konnten, heute in der Dienstleistungsgesellschaft jedoch bei dramatisch gestiegenem Hilfebedarf auf die breite Masse der Bürger wieder mehr angewiesen ist, die es sich keineswegs leisten kann, stoßen wir jetzt auf ein höchst kreatives Anwachsen der Verdienstmöglichkeiten für Bürgerhelfer, von der Aufwandsentschädigung über die Übungsleiterpauschale bis zu diversen Fortbildungsmöglichkeiten der im Helfen ungelernten Bürger – durchaus auch in Richtung darauf, dass es in der Dienstleistungsgesellschaft ohnehin immer üblicher wird, die Finanzierung seines Haushalts über die Kombination mehrerer Tätigkeiten zu sichern. Zudem entspricht einem Helfensbedürfnis seine Befriedigung in unterschiedlichen Währungen.

10. Bei der Organisation des Helfens führt der Umbruch von der Institutions-Zentrierung der Industriegesellschaft zur Integration der Hilfe in die eigenen vier Wände oder in die Vertrautheit des eigenen Sozialraums in der Dienstleistungsgesellschaft zwangsläufig zu anderen Organisationsformen, nämlich einmal zur Personen-Zentrierung des Helfens oder noch weitergehender zur Sozialraum-Zentrierung des Helfens, wo es jetzt darum geht, eine neue Kultur des Helfens im Bürger-Profi-Mix für das kleine und begrenzte Territoriums eines Viertels, einer Dorfgemeinschaft, eben eines Sozialraums, zu organisieren, was früher lächerlich gewirkt hätte, heute aber Fortschritt

bedeutet – bis hin zu einem Sozialraumbudget für alle Hilfsbedürftigen (und nicht mehr für professionell-spezialisierte Zielgruppen) und mit zwei Personalbudgets: eines für die Profis und ein anderes für die übrigen Bürger. Dies umso mehr, seit auch bei uns die UN-Behindertenrechtskonvention geltendes Recht ist; ist doch deren Konzept ein Sozialraumkonzept, das bei menschenrechtlicher Gleichheit aller Menschen mit und ohne Behinderung (oder Pflegebedarf) das Ziel eines insofern menschlichen Gemeinwesens als Inklusions- und Diversity-Gemeinde hat.

11. Während die Dementen des vierten Lebensalters für uns nur wegen ihrer explosiven Zunahme fremd sind, ist das seit Beginn der Dienstleistungsgesellschaft in einem normalen Lebenslauf unerwartet »eingeschobene« dritte Lebensalter uns auch menschheitsgeschichtlich völlig neuartig, fremd und gewöhnungsbedürftig. In der Industriegesellschaft hatte das Pflegeheim auch deshalb eine relativ hohe Akzeptanz, weil man sich ab der Berentung damit für seine lebenslange Leistung gewürdigt und belohnt fühlte, zumal man ja »wusste«, dass dies nicht für lange Zeit sei, gerade mal für die Vorbereitung zum Sterben reichen würde. Und nun ist die Berentung plötzlich unerwartet der Beginn eines zweiten neuen Lebens, für das man sich für 15 bis 20 Jahre noch einmal neu erfinden kann, dummerweise aber auch muss. Wir werden historisch noch lange brauchen, um das als normal zu empfinden und es schon prospektiv in unseren Lebenslauf einzuplanen, weil wir eben für mindestens 150 Jahre von einer anderen, industriegesellschaftlichen Tradition geprägt sind. Das erklärt nicht nur, warum fast niemand von uns in der Dienstleistungsgesellschaft von sich aus in ein Pflegeheim gehen will, sondern auch den für Statistiker merkwürdigen Befund, dass seit Beginn der Zunahme des bürgerschaftlichen Engagements dieser Anstieg vor allem Altersgruppen betraf, die noch durch Berufstätigkeit belastet waren, und gerade nicht die Rentner mit ihrer doch so vielen freien Zeit. Da in den letzten zehn Jahren nun endlich auch die Rentner von der Welle der Bürgerhilfe-Zunahme erfasst sind (daneben auch ihre Bereitschaft zunimmt, über das 65. Lebensjahr hinaus in irgendeiner Form weiterzuarbeiten), spricht das dafür, dass auch bei den Rentnern jetzt allmählich der historische Groschen gefallen ist, dass es so etwas wie das dritte Lebensalter wirklich gibt.

12. Auch der Trend, nicht nur mit Bluts-, sondern auch mit Wahlverwandten gemeinschaftlich zu wohnen, zu siedeln und zu leben, hat sich erst mit Beginn der Dienstleistungsgesellschaft normalisiert. Auch wenn »Wohngruppen« historisch unmittelbarer Ausfluss der 68er-Bewegung gewesen sind, als das Heimsegment der Kinder- und Jugendheime sich in kurzer Zeit weitgehend auflöste und nicht zuletzt durch ambulante Wohngruppen ersetzt wurde, in den folgenden Jahrzehnten diese neue Wohnform sich auch für psychisch Kranke und geistig Behinderte bewährte, wurde dies erst mit Beginn der Dienstleistungsgesellschaft zu einer Wahlmöglichkeit für die Normalbevölkerung einmal des mittleren, dann auch des höheren Lebensalters. In den letzten dreißig Jahren sind etwa 2000 solcher Projekte entstanden. Daneben gibt es ebenfalls seit Beginn der Dienstleistungsgesellschaft den Trend zur »multilokalen Mehrgenerationenfamilie«, weil eben aufgrund der allgemeinen Alterung auch sämtliche Verwandtschaftsverhältnisse eine längere Zeit gelebt werden dürfen, aber auch müssen, als dies menschheitsgeschichtlich zuvor je der Fall war. All dies gilt auch dann, wenn zeitgleich die Schere zwischen Armen und Reichen sich weiter öffnet; an deren Integration traut sich auch heute kaum jemand heran, zumal diese Differenz menschheitsgeschichtlich wesentlich weiter zurückreicht als bis zur Epoche der Industriegesellschaft.

13. Dagegen ist der Umbruch beeindruckend, Fortschritt in der Industriegesellschaft an der zunehmenden Größe einer Institution, eines Einzugsbereichs oder eines Sozialraums zu messen, in der Dienstleistungsgesellschaft jedoch an der abnehmenden Größe, analog der Größe der Fabriken und Betriebe in der Güterproduktion. In der Psychiatrie zum Beispiel gab es ursprünglich ein Landes- oder Bezirkskrankenhaus für etwa eine Million Einwohner. In der Reformphase ab 1975 ging man immerhin schon von einem Versorgungsgebiet für 250.000 Einwohner aus. Aber erst nach dem Übertritt in die Dienstleistungsgesellschaft schrumpfte die territoriale Größe eines Hilfesystems auf einen dritten Sozialraum zurück, im städtischen Bereich für 10.000 bis 30.000 Einwohner, im ländlichen für 1.000 bis 5.000 Einwohner. Und die Schweden, die uns in all diesen Fragen immer um einiges voraus sind, haben unlängst sogar die Größe der ambulanten Wohngruppen von sechs bis acht Personen

noch einmal halbiert und dies gesetzlich verankert, egal, welche Kosten damit verbunden sind. Eine ähnliche Trendumkehr hinsichtlich der Größenordnung ist bei uns auch für die Heimbetreiber festzustellen.

14. Einen wichtigen Unterschied gibt es auch für die Dynamik der Entwicklung eines Hilfesystems: In der Industriegesellschaft galten Öffnungsversuche von Institutionen stets als Abweichungen vom Eigentlichen, nicht vom Betroffenen, sondern von der Institution her, von oben nach unten gedacht. In der Dienstleistungsgesellschaft folgt man eher dem skandinavischen Normalisierungsprinzip: alle Menschen mit Behinderung oder Pflegebedarf sollen möglichst so normal leben wie Menschen ohne Behinderung; und danach fragt man sich von unten nach oben, wie viel institutionelle Abweichung vom Normalen braucht ein Betroffener für seine besondere Situation.[39] Auch allgemein bestätigt die Aufbau-Dynamik des neuen (sozialraumorientierten) Hilfesystems die Historiker-Regel, dass wirklich Neues von epochalem Tiefgang zunächst nur von unten, hier von der bürgergesellschaftlichen Basis, wachsen kann, bevor es danach von oben verallgemeinert wird und so zu einer neuen Art von Versorgungssicherheit führt.

15. Auch der schon sprichwörtlich gewordene »Bürger-Profi-Mix« (so viel Bürger wie möglich und so viel Profi wie nötig) ist ein typisches Konzept der Dienstleistungsgesellschaft; denn es hat den Trend zur Voraussetzung, dass Arbeits- und Lebenswelt nach 150-jähriger Trennung sich wieder annähern und der früher enggeführte Arbeitsbegriff sich auf alle Arten des Tätigseins der Menschen ausweitet und zum Schluss Familienarbeit, bürgerschaftliches Engagement und Erwerbsarbeit als gleichwertig umfasst, weshalb auch von hierher der Stellenwert der Finanzierung (bis hin zum Bürgergeld oder der Negativsteuer) allmählich eine neue Bedeutung gewinnt.

---

39 Beate Röttger-Liepmann: Pflegebedürftigkeit im Alter, Weinheim: Juventa 2007, S. 226

16. Es versteht sich, dass auf diese Weise auch Subsidiarität wieder eine neue handlungsrelevante Bedeutung gewinnt und nunmehr das Spektrum von der Selbsthilfe bis zur denkerisch wieder erlaubten Fürsorge umfasst. Der Historiker Paul Nolte plädiert sogar für eine Art Resozialisierung selbst des Freiheitsbegriffs, der nur in einer Bürgergesellschaft politisch realisiert werden könne, während seine Privatisierung (»Jeder ist seines Glückes Schmied«) nicht nur die Lohnspreizung fördere, sondern auch Freiheit entpolitisiert und als Konsumfreiheit obsolet macht.[40]

17. Ist nun auch der dritte Sozialraum (als Wir-Raum, als einziger Raum fürs Gemeinwohl und für Integration) ein Produkt der Dienstleistungsgesellschaft, so gilt dies umso mehr für die Wiederbelebung unserer Nachbarschaftsmentalität, die menschheitsgeschichtlich nur während der Epoche der Industriegesellschaft, als ausgesprochen kontraproduktiv und als vom Fortschritt überholt, fast zum Verschwinden gebracht wurde; denn »Nachbarschaft ist die Lebendigkeit des Sozialraums«. Nicht die Integration der Behinderten, psychisch Kranken oder Migranten, sondern vor allem die der Alterspflegebedürftigen und Dementen haben diese Wiederbelebung der Nachbarschaft ermöglicht, wofür es – auch seit 1980 – beliebig viele Belege gibt, zumal Nachbarschaft selbst im (zum Beispiel englischen) Kern ein territorialer, »mesosozialer« Begriff ist. Wenn man freilich den an sich kreativen Ansatz von Gesundheitsförderung über Gesundheitsforderung bis zur Gesundheits-Selbstoptimierung weitertreiben würde, käme man irgendwann zum natürlich auch der Dienstleistungsgesellschaft eigenen Perversionspotenzial.[41] Und da Nachbarschaft in allen Menschheits-Kulturen den verbindenden Kitt darstellt, kann man sagen, dass so gut wie alle Menschen neben der 100%igen Hilfsbereitschaft für die eigene Familie für einen erweiterten konzentrischen Kreis (Viertel, Dorfgemeinschaft) Meso-Verantwortung empfinden, für die sie –

40 Paul Nolte: Freiheit in der Bürgergesellschaft, in: Frankfurter Rundschau, Nr. 96, 2010, S. 18
41 über Landesvereinigung für Gesundheit, Fenskeweg 2, 30165 Hannover. Vgl. auch Willy Viehöver, Peter Wehling u.a. (Hg.): Entgrenzung der Medizin. Von der Heilkunst zur Verbesserung des Menschen?, Bielefeld: transkript 2011

wenn auch meist ungern – ansprechbar sind, weil sie sich schlecht gegen ihr Helfensbedürfnis wehren können. Mehr noch: Zur Seite des Privaten kann die Familie nur durch die Nachbarschaft (in Krisenzeiten) funktionsfähig sein, während man zur Seite des Öffentlichen die Nachbarschaft als die Keimzelle kommunaler und demokratischer Selbstverwaltung ohne allzu große Übertreibung bezeichnen kann. Hamburg prüft zurzeit, in jedem Stadtviertel (30.000 Einwohner) ein »Nachbarschaftskontor« zu etablieren, um – auch aufsuchend – die Ansprechbarkeit der Bürger auf Nachbarschaftszeit zu nutzen. Der »Deutsche Verein für öffentliche und private Fürsorge« ruft die Kommunen auf, ihre Verwaltung vom »Säulenmodell« (in der Industriegesellschaft bewährt) jetzt auf ein »Sozialraummodell« umzustellen.[42] Und Obamas Aufruf »Nachbarn an die Macht« aus seiner Zeit in der Bewegung »Community living« ist bereits legendär.

Angesichts solcher neuer Dienstleistungsgesellschafts-Trends zur Raumwahrnehmung und »Raumpflege« ist es kein Wunder, dass es auch im Bereich unseres Umgangs mit der Zeit Bestrebungen gibt, im Kontrast zur Industriegesellschaft die Zeit neu zu erfinden: Die deutsche Gesellschaft für Zeitpolitik hat in Zusammenarbeit mit der Stadt Bremen für diese Stadt ein meines Wissens erstes Praxisprojekt zur Neuorientierung aller familiärer, erwerbswirtschaftlicher und bürgergesellschaftlicher Zeitabläufe vorgelegt.[43] Und es ist wohl auch kein Wunder, dass Herfried Münkler just in dieser Zeit »Mitte und Maß – der Kampf um die richtige Ordnung« geschrieben hat.[44]

18. Am Ende meines Indikatorkatalogs noch einmal zum Begriff der Dienstleistungsgesellschaft, von dem ich ja schon gesagt hatte, dass er nur ein Arbeitstitel sein kann, weil kein Mensch beim Übertritt in eine neue Epoche schon wissen kann, wie diese am besten heißen soll. Sie kennen alle die diversen Alternativbegriffe wie postindustrielle

42 Eckpunkte zur sozialräumlichen Ausgestaltung kommunalen Handelns, in: Nachrichtendienst/NDV, 9/2008
43 Leitvision »2030 – eine zeitbewusste Stadt«, Projektteam, 2003, zu beziehen über den Bremer Senat
44 Berlin: Rowohlt 2010

oder postmoderne Gesellschaft, zweite Moderne oder auch zweite Aufklärung. In diesem Begriffsdilemma finde ich es originell und witzig, wenn Stefan Weinmann seine Psychiatrie-Idee von der industriegesellschaftlichen Psychiatrie mit ihrer übertriebenen Wissenschaftsgläubigkeit abgrenzt und sie als »Post-Psychiatrie« bezeichnet, um »gegenüber der Unsicherheit und Unvorhersagbarkeit menschlichen Verhaltens offen zu sein«[45]. Hier wird die typisch dienstleistungsgesellschaftliche Balance spürbar, zwar selbst Wissenschaftlichkeit zu beanspruchen, aber die Fortschrittsgläubigkeit daran zu relativieren – wegen der Halbwertzeit und der marktförmigen Interessenabhängigkeit ihrer Ergebnisse. Ähnliches dürfte wohl auch für den aufregenden empirischen Befund von Spitzer gelten, dass Bürger, die Anderen helfen, länger leben.[46] Umgekehrt ist es natürlich auch fragwürdig, wieso die Dienstleistungsgesellschaft dem »Verbraucherschutz« eine so große Bedeutung beimisst. Das mag ja für zu konsumierende Güter noch hingehen. Wenn sich aber die Zuständigkeit des Verbraucherschutzes zunehmend auch auf Gesundheit und Soziales ausdehnt, also auf Hilfe-Beziehungen, da staunt man doch, dass niemand gegen die Perversion protestiert, dass ich meine Krankenschwester, meinen Arzt, meinen Psychologen oder gar meinen Bürgerhelfer/Nachbarn »verbrauche«.

Daher finde ich den Vorschlag von Jürgen Habermas aus der schon erwähnten Friedenspreisrede am sympathischsten, dass wir mit der Dienstleistungsgesellschaft auch in einer »postsäkularen Gesellschaft« leben. Das ist so gemeint, dass die Säkularisierung und damit auch die Rationalisierung und Verwissenschaftlichung natürlich weiterhin fortschreiten, was segensreich ist, wenn wir nur auf die Einseitigkeit und Ergänzungsbedürftigkeit dieses Trends achten: Die Moderne und damit die Industriegesellschaft hätten nämlich ihr Kernversprechen nicht halten können, dass der Mensch genug Sinn für sein Leben allein in sich selber findet. Vielmehr habe sich gezeigt, dass wir dafür weiterhin auch des Anderen bedürfen, egal, ob es sich dabei um den anderen Menschen handelt oder um Gott oder um eine

---

45 Stefan Weinmann: Erfolgsmythos Psychopharmaka. Warum wir Medikamente in der Psychiatrie neu bewerten müssen, Bonn: Psychiatrie-Verlag 2008
46 Manfred Spitzer: Vom Sinn des Lebens, Stuttgart: Schattauer 2007

Mischung aus beidem, wie der »religiös unmusikalische« Habermas betont. Und in der Tat leben wir heute weit mehr als in der Industriegesellschaft nicht nur normativ, sondern auch faktisch und empirisch nachweisbar vom Anderen her, vom »Wir« her und von der Beziehung her, nicht zuletzt den Alterspflegebedürftigen und Dementen verdankt.

In diesem Licht ist der Begriff »Dienstleistungsgesellschaft« vielleicht doch gar nicht so dumm: Er enthält immerhin die beiden Tätigkeitsworte »leisten« und »dienen«. Da ich nun einerseits mit meinem Leisten von mir ausgehen und auf den Anderen, weil ich als Profi es besser weiß, von oben herunter kommen darf, jedoch allein schon dieses Machtgefälle sich schädigend auf den Anderen auswirken kann, haben wir alle, um das zu verhindern, längst gelernt, dass mein Leisten in eine tragfähige Beziehung einzubetten ist. Eine Beziehung bringe ich aber niemals durch mein Leisten von oben herunter zustande; vielmehr habe ich auf den Anderen von unten, also dienend, zuzugehen, ich habe mich in seinen Dienst zu stellen, ich habe ihm zu dienen. Diese dienende oder Beziehungs-Grundhaltung war der Industriegesellschaft weitgehend fremd, und wenn sie uns auch weiterhin oft genug misslingt, so gelingt sie uns doch weit mehr als in der vorherigen Epoche. So haben wir am Ende meiner Indikatorliste noch einen, vielleicht besonders wichtigen Kontrast zwischen Industrie- und Dienstleistungsgesellschaft ausfindig gemacht.

Als Ergebnis schlage ich vor, dass wir künftig etwas vollständiger davon sprechen sollten, dass wir in einer »postsäkularen Dienstleistungsgesellschaft« leben.

Jetzt bleibt mir in diesem Kapitel nur noch die Frage übrig, ob man weiß, wer, wann und wo – bezogen auf die Menschen mit Behinderung – mit dem geistigen und praktischen Umbruch von der ausgrenzenden Industriegesellschaft zur integrations-ermutigenden postsäkularen Dienstleistungsgesellschaft begonnen hat? An die dazugehörige Geschichte, die zumindest für mich immer noch ebenso lehrreich wie mutmachend ist, muss ich Sie nur erinnern; denn Sie können sie nachlesen.[47] Es ist – in Kurzform – die Geschichte von Nanna Andersen, einer selbst nicht betroffenen dänischen Bürgerin,

---

47 Klaus Dörner: Leben und sterben, wo ich hingehöre, a.a.O., S. 49ff.

die allein der Menschenrechte für Behinderte wegen ab 1934 gegen das – analog dem deutschen NS-Gesetz – verschärfte dänische Sterilisationsgesetz mit erleichterter Zwangsunterbringung in Anstalten protestierte, eine Art Bürgerbewegung dagegen gründete, die während der deutschen Besatzung einer Widerstandsgruppe gleich kam, den langen Atem hatte, sich insgesamt über fünfzehn Jahre Erfolglosigkeit als Querulantin bestenfalls belächeln zu lassen, bis Ende der 1940er-Jahre der Beamte im dänischen Sozialministerium Bank-Mikkelsen den Gedanken denken konnte, dass die Bürger vielleicht doch mehr Recht als die (ärztlichen) Experten haben könnten, auf die man sich natürlich bisher verlassen hatte, woraus sich das später weltweit geltende Normalisierungsprinzip entwickelte und, als auch die Bedingungen der Dienstleistungsgesellschaft galten, zumindest in Skandinavien zu den Reformen führten, die die Ausgrenzung in Behindertenheime weitgehend überflüssig machten.

Abschließend: Nachdem wir seit 1980 erstmals seit langer Zeit und in erstaunlicher Breite wieder unser Helfensbedürfnis dem Hilfebedarf fremder Anderer aussetzen, beginnend mit den Alterspflegebedürftigen, scheint dies auch – begünstigt durch die Bedingungen der Dienstleistungsgesellschaft – auf die anderen Gruppen der Hilfebedürftigen auszustrahlen, wenn auch selbstverständlich nur mühsam, weil gegen den immer noch mächtigen Traditionsdruck der so erfolgreichen Industriegesellschaft und die ähnlich mächtigen gesundegoistischen Trägerinteressen gerichtet. Aber die Weichen sind gestellt – letztlich auf die atemberaubenden Fernziele der UN-Behindertenrechtskonvention: eine Schule für alle, ein Wohnviertel für alle und ein Arbeitsmarkt für alle, obwohl niemand wissen kann, ob, wann und in welchem Umfang wir uns ihnen wirklich nähern wollen.

Jedenfalls haben wir aber jetzt vielleicht die Bedeutung der gesamtgesellschaftlichen Rahmenbedingung der Dienstleistungsgesellschaft zumindest deutlicher machen können. Daher können wir uns in den folgenden Kapiteln wieder mehr auf die Praxisprobleme der Integration/Inklusion konzentrieren und klären, wer von uns was zu tun hat, – und zwar zwecks Übersichtlichkeit in der aufsteigenden Reihenfolge der Stufenleiter der Subsidiarität – vom Einzelnen bis zum Staat.

III. Auf dem Weg zur Verallgemeinerung der neuen Hilfekultur oder: Wer hat ab heute was mit wem zu tun?

Nachdem wir jetzt also besser wissen, in welcher Gesellschaft wir uns heute bewegen, und nachdem wir für ein zukunftsfähiges Hilfesystem wenn schon nicht alle, so doch viele Zutaten kennen, stehen wir vor der vielleicht wichtigsten Praxis-Frage, wie jeder von uns seinen Beitrag – und wir alle haben etwas beizutragen (selbst die Landwirtschaftsministerien!) – so platziert, dass er zu anderen Beiträgen passt und dass angestrebte Hilfesystem, besonders die Integration der so unendlich vielen Alten, verallgemeinerungsfähig wird. Diese Aufgabe ist insbesondere für uns Profis deshalb so schwer, weil wir – auch hier noch im Bann der Industriegesellschaft – unser Spezialgebiet im Hilfesystem für den Nabel der Welt halten, Spezialisierung immer noch als den größten Fortschrittswert ansehen und uns daher geradezu verbieten, über unseren Tellerrand zu blicken, das Ganze aus der Perspektive der jeweils Anderen zu sehen. Bis zu welcher Absurdität dieses Ego-Denkverbot gehen kann, dazu ein kleines, beschämendes Beispiel: 1972 haben wir von der psychiatrischen Tagesklinik der Uni-Klinik Hamburg-Eppendorf aus die Angehörigengruppen psychisch Kranker »erfunden«, woraus sich später die Trialog-Bewegung entwickeln sollte, und waren mächtig stolz darauf. Ebenfalls 1972 haben, vom Allgemeinkrankenhaus Hamburg-Ochsenzoll aus, Jens Bruder und seine Mitarbeiter die Gruppen für »pflegende Angehörige« erfunden. Beide Teams waren offenbar so begeistert von sich selbst, dass wir über etliche Jahre nichts voneinander gewusst haben, obwohl beide Subkulturen (psychisch Kranke und gerontopsychiatrische Patienten) geografisch wie inhaltlich sich näher nicht sein konnten!

Wenn ich mich also jetzt an die anstehende Vernetzungsaufgabe – mit möglichst vielen Praxisbeispielen – heranmache, sind Sie also hinsichtlich der (inneren) Schwierigkeiten gewarnt.

1. Selbstsorge – Selbstbild – Selbsthilfegruppe

Natürlich fängt die Subsidiaritäts-Stufenleiter damit an, dass ich bei einem Hilfebedarf versuche, mir selbst zu helfen. Nun ist Selbstsorge für uns heute gar nicht mal so einfach, da wir aufgrund des Profi-Marketings dazu neigen, uns auch schon bei kleineren Wehwehchen an die jeweiligen Experten zu wenden und – wie Stiegler herausgefunden hat[48] – uns sorglos und unmündig zu machen, uns zu infantilisieren und unter Verbraucherschutz zu stellen, womit wir gleich eine der Schattenseiten der Dienstleistungsgesellschaft beim Wickel haben.

Setze ich dennoch auf Selbstsorge, komme ich – besonders im Fall der Demenz – bald an meine Grenzen, denn nächst meiner Vergesslichkeit, die ich vergeblich zu ergründen suche, bröckelt auch bald meine Fähigkeit zum Selbstverständnis. Andere können in diese Lücke schlecht einspringen: Einmal ist uns das Innenleben eines Anderen zumindest im Kern verschlossen, soll nicht besitzergreifende Empathie daraus werden; zum anderen bin ich als Dementer nicht nur mir, sondern auch den Anderen besonders fremd, wenn ich etwa meine Tochter für meine Mutter halte.

Wenn auch Verstand und Vernunft unerreichbar werden, versagen die uns gewohnten Wissenschaftssprachen. Brückenschläge gelingen dann am ehesten den Dichtern[49] und Philosophen. Von den Letzteren einer ist Peter Strasser[50]: Ihn beeindruckt die täglich wachsende Flut

48   Bernard Stiegler: Die Logik der Sorge, Frankfurt: Suhrkamp 2008. Dazu auch Klaus Dörner: Helfende Berufe im Markt-Doping, Neumünster: Paranus 2008
49   Peter Wißmann: »… Doch nicht nur die Vernunft macht uns zum Menschen. Was also bleibt? Die Leiblichkeit und die Sinnlichkeit, die Emotionen und die Kreativität … Wer nur sieht, wie alle Kurven nach unten gehen, wird dies alles nicht erkennen können. Er wird den Menschen mit Demenz überhaupt nicht erkennen können, sondern nur den Demenzkranken. Einen Kranken, der über seine Krankheit definiert ist. Der durch unseren Blick seiner Fähigkeiten und seiner Individualität beraubt ist. Was bleibt, ist die Aufgabe, an unserem Blick zu arbeiten, damit Demenzkranke zu Menschen mit Demenz werden. … «, in: Petra und Michael Uhlmann: Was bleibt … Menschen mit Demenz, Frankfurt: Mabuse 2007
50   Peter Strasser: Der verwirrte Philosoph, zu beziehen über Uni-Institut für Rechtsphilosophie, Universitätsstraße 15, A – 8010 Graz

der Demenz-Literatur als breiter Versuch, uns etwas menschheitsge-schichtlich Neues vertraut zu machen. Zwar sei unvermeidlich das meiste »Demenz-Kitsch«. Aber es gebe Ausnahmen davon, deren wichtigste für ihn (wie für mich) John Bayley: Elegie für Iris (München: Beck 2000) ist und in der der Autor die Alltags-beziehungen mit seiner dementen Ehefrau Iris beschreibt: In dieser seit Beginn der Demenz »neuen Ehe« mögen ja alle möglichen Eigenschaften von Iris verschwunden sein. Aber ihr Dasein ist nicht verschwunden, das ist eine Tatsache, das ist die Wahrheit. »Iris ist noch da, weil das, das sie ist, sich gerade nicht in ihrer Existenz hier und jetzt erschöpft, weder in ihrer psychischen noch in ihrer körper-lichen Verfassung. Iris ist etwas darüber hinaus ... Weil wir wissen, dass wir *in* der Welt sind, wissen wir, dass wir nicht *von* der Welt sind. Damit ist seit Alters her die Überzeugung verbunden, das Wirkliche sei nicht das Wahre.« Insofern könne das Reich der Wissenschaft nicht das Ganze sein. Deshalb ist heute »jede Praxis von grundlegender ethischer Bedeutung, die sich ... auch dem tätigen ›Mitsein‹ verpflichtet fühlt. Denn jedes Mitsein setzt sein Dasein vor-aus. Und dass Personen noch da sind, auch wenn sie medizinisch gesehen bereits Exemplare einer irreparablen psychischen Störung verkörpern, ist eine Tatsache, die sich, jenseits abstrakter Thesen zur Transzendenz, nur kommunikativ ... erschließt. Die Betreuung und Pflege des altersverwirrten Menschen ist, so gesehen, wesentlich mehr als eine lästige Pflicht, der wir uns zu unterziehen haben. Sie ist der einzig wirksame Schutz vor einer Neuauflage der alten Idee vom ›lebensunwerten Leben‹, zumal in einer Welt zunehmender wechsel-seitiger Distanziertheit unter dem eisigen Dreigestirn von Geld, Technik und rationalem Eigennutz.«

Ich möchte dieser »Ausnahme« noch wenigstens eine hinzufügen: Arno Geiger: Der alte König in seinem Exil.[51] Darin gibt Geiger die Beziehung mit seinem dementen Vater wieder und die Zitate des Vaters sind nach all meiner bisherigen Erfahrung so prägnant, dass einem der Unterschied zwischen unserer gewohnten »wirklichen«

---

51 München: Hanser 2011

Sprache und eben der Demenz-Sprache unter die Haut geht, vielleicht wie der Unterschied zwischen »wirklich« und »wahr«. Es kann ja sein, dass wir, wenn uns das demente Sprechen künftig immer häufiger begegnet, in 50 oder 100 Jahren so weit sind, dass uns nicht nur das demente Fühlen, sondern auch das demente Sprechen vertrauter geworden ist, weil es zur vollständigeren Erfassung des menschlichen Seins zugehörig und notwendig erscheint. – Zu alledem passt, dass mir eine Hospiz-Bürgerin in einem Pflegeheim in Landau unlängst erzählt hat, sie nenne Menschen mit Demenz für sich selbst gern »Daseins-Menschen« – klingt zwar noch holprig, befindet sich aber offensichtlich auf der Spur der Wahrheit.

Schließlich habe ich mir in einem Vortrag bei dem verdienstvollen »Demenz-Forum« in Darmstadt am 6. 5. 2010 den Spaß gemacht, in einem Rollenspiel mein Selbstverständnis als Dementer in Ich-Form in zehn Thesen zu entwickeln, wobei ich einmal meine eigenen Dialog-Erfahrungen gebündelt und zum anderen den Akzent darauf gelegt habe, dass Demente – wie alle anderen Menschen – ihr Leben/Dasein dann als sinnvoll empfinden können, wenn sie auf ihre Tagesdosis an Bedeutung für Andere kommen, was wir industriegesellschaftsgeschädigte Profis immer noch am häufigsten vergessen:

1. Ich als Dementer habe keine Krankheit! Hier kann ich mich erfreulicherweise auf einen der bekanntesten amerikanischen Demenz-Forscher stützen: auf Peter Whitehouse und sein Buch »Mythos Alzheimer«[52]. Denn hier heißt es, dass Demenz eher ein Schicksal sei und weniger eine Krankheit, weil die Demenz lediglich eine der möglichen Varianten des Schicksals aller Menschen sei, in irgendeiner Form zu altern. Dass dies eine Krankheit sei, Morbus Alzheimer, sei lediglich eine Illusion, dadurch ausgelöst, dass wir Dementen in der letzten Zeit so viele geworden sind, sodass wir für die Mediziner zu einem neuen Geschäftsfeld wurden. Denn nur was »Krankheit« ist, ist im Prinzip auch heilbar, wenn nicht heute, dann morgen. Nur diese Krankheits-Definition verschaffte den Medizinern Zugang zu eigenen Instituten und

52   Bern: Huber 2009

Professuren, zu Ruhm, Macht und vielen Millionen Forschungsgeldern. Zwar kann es sein, dass man irgendwann auch etwas an der Demenz therapeutisch drehen könne; doch zurzeit ist kein medizinisches Mittel in Sicht. Die jedenfalls heute sachlich falsche Umdeutung der Demenz zur Krankheit schädigt aber uns Demente; denn eine Krankheit zu haben, trennt Menschen voneinander, während Altern als ein kollektives Schicksal Menschen miteinander eher verbindet.

2. Auch »Teilhabe« ist ein Profi-Begriff. Er meint das, was Profis denken, was wir Dementen brauchen, etwa an allen kommunalen Ereignissen teilzunehmen. Das ist aber nur die halbe Wahrheit. Denn in Wirklichkeit bedeutet Teilhabe, dass ich nicht nur ein Recht auf Teilnahme habe, sondern dass ich auch, um teilnehmen zu können, etwas geben muss. Was ich brauche, ist vielmehr, dass ich auch von mir aus etwas geben kann, dass ich Bedeutung für Andere habe, nicht immer nur für mich, sondern eben auch für Andere. Erst dann ist mein Leben nicht mehr sinnlos. Weil das die Profis immer wieder gern vergessen, sollte man lieber von »Teilgabe« sprechen.

3. Wir Dementen geben euch Nicht-Dementen ein anthropologisch vollständigeres Menschenbild zurück. Denn bei der großen Zahl von uns Dementen gilt jetzt nicht mehr so sehr das Menschenbild der Aufklärung, wonach der Mensch grundsätzlich vernünftig-selbstbestimmt ist, abgesehen von ein paar als pathologisch definierten Ausnahmen, die fremdbestimmt und unvernünftig sind. Vielmehr kann man jetzt nur noch sagen, dass der Mensch sich stets im Spannungsfeld zwischen vernünftig-selbstbestimmten und unvernünftig-fremdbestimmten Seinsweisen bewegt: Unabhängig ist der Mensch nicht *mehr* Mensch als abhängig.

4. Wir Dementen schenken euch auch einen vollständigeren Begriff von »Beziehung« - nicht nur Beziehungen auf der Ebene der Gehirnfunktionen und des rational-sprachlichen Denkens, sondern, insofern unser Gefühlsleben weitgehend intakt ist, lehren wir euch, dass grundsätzlich der ganze Mensch ein Beziehungswesen ist. So erinnert sich Eleonore von Rothenhan an ihre demente Mutter: »Als sie nicht mehr sprechen konnte, erreichte unsere Beziehung einen existenziellen Tiefgang wie zuletzt vielleicht in der Kindheit«.

5. Wir Dementen machen euch aber auch die Gesellschaft wieder menschlicher – aus einer einseitigen Leistungsgesellschaft zu einer mehr sozialen Integrationsgesellschaft. So kann man heute sagen, dass ziemlich genau seit 1980 es in fast jedem Stadtviertel und in fast jedem Dorf Initiativen von Bürgern gibt, die sich dafür engagieren, dass wir nicht mehr in Institutionen ausgegrenzt sind. Sie kümmern sich vielmehr um neue dritte Wege, wie Nachbarschaftsvereine, generationsübergreifendes Siedeln, Gastfamilien oder ambulante Wohnpflegegruppen, die integrationsfreundlicher sind, sodass es schon heute einzelne Dörfer (Eichstetten), Kleinstädte (Ettenheim) und in Großstädten Stadtviertel (Bielefeld) gibt, die sich als »heimfreie Zonen« verstehen. Diese Bürger erleben, dass sie auch selbst gesünder leben, wenn sie zwischen ihrer arbeitsgebundenen Zeit und in ihrer freien Zeit als dritte Zeit ihre »soziale Zeit« wiederbeleben.

6. Wir Dementen sorgen dafür, dass auch die Familien wieder tragfähiger werden, etwa indem sie sich vom Prinzip der Blutsverwandtschaft auf das Prinzip der Wahlverwandtschaft erweitern.

7. Wir Dementen haben schon jetzt sogar für eine strukturelle Revolution gesorgt, indem wir zwischen dem privaten und dem öffentlichen Sozialraum den dritten Sozialraum (Stadtviertel oder Dorfgemeinschaft) wiederentdecken, also den »Wir-Raum«, der in der gesamten Menschheitsgeschichte stets für das Gemeinwohl und die Integration verantwortlich war.

8. Wir Dementen retten eure von Schließung bedrohten Kirchengemeinden, indem wir sie resozialisieren, das heißt an das oberste biblische Gebot erinnern, wonach Gottes- und Menschendienst stets eine unauflösbare Einheit darzustellen haben.

9. Wir Dementen erinnern schließlich auch eure Kommunen an ihre Kernaufgabe der Daseinsfürsorge für alle Bürger, von denen keiner ausgegrenzt werden darf; sonst wären sie unvollständig.

10. Und während abschließend unser Schicksal immer mehr Menschen zunächst Angst vor dem Altern macht, obwohl dies doch auch ein Geschenk ist, haben wir Dementen euch insbesondere mit den schon erwähnten ambulant betreuten Wohnpflegegruppen das (bisher) beste Mittel gegen diese Angst geschenkt; denn diese ambulanten Wohngruppen, mit denen das

Demenz-Forum Darmstadt hessenweit begonnen hat, sind am ehesten geeignet, die Sonderwelten der Pflegeheime im Laufe der nächsten 50 Jahre überflüssig zu machen; denn wenn diese Wohngruppen ihre Chancen optimal nutzen, nämlich als zu führende Haushalte betrieben werden, in denen jeder noch so Demente seinen noch so kleinen Beitrag leistet, kommen wir Dementen auch auf unsere Tagesdosis an Bedeutung für Andere, können somit ein sozial sinnvolles Leben führen, was nebenbei auch noch damit einhergeht, dass – bei Kostengleichheit mit einem Heim – zwei- bis dreimal mehr menschliche Zuwendungszeit erwirtschaftet wird.

Aus all diesen Gründen können wir Dementen dem Demenz-Forum Darmstadt nur wünschen: Machen Sie bloß so weiter: Nehmen Sie allein schon unser Wunsch- und Wahlrecht ernst, indem Sie das bisherige Unterangebot an ambulanten Integrationsmöglichkeiten auf Kosten des Überangebots an stationären Ausgrenzungsmöglichkeiten erweitern. Und wenn Sie dabei auch noch beherzigen, dass wir Dementen und Alterspflegebedürftigen mit der UN-Behindertenrechtskonvention selbstverständlich mitgemeint sind und dass dies inzwischen auch in Deutschland geltendes Recht ist, werden Sie damit garantiert erfolgreich sein.[53]

Nun haben wir von Whitehouse (s. o.) gelernt, dass Demenz mehr Schicksal als Krankheit ist, dass Altern, Demenz und Sterben von selbst auf uns zukommen, ohne dass wir dafür etwas tun müssen und dass somit wir Menschen unser Leben zwar zum Teil aktiv führen, zum Teil aber auch passiv von außen, von irgendwoher geführt wer-

---

53 vgl. auch einen ähnlichen Versuch: Klaus Dörner: Die neue menschliche Seinsweise der Demenz, in: Bundesgesundheitsblatt – Gesundheitsforschung/Gesundheitsschutz 48:604-606, 2005. Ich hänge hier noch an, dass es zumindest noch die neue menschliche Seinsweise der »Menschen im Wachkoma« gibt. Außerdem gibt es eine menschliche Seinsweise, die eigentlich noch »neuer« im Sinne von unerwarteter ist: die Menschen im dritten Lebensalter, wo wir noch längere Zeit brauchen werden, um sie zu »normalisieren«. Schließlich sei bei dieser Gelegenheit auch an Viktor Frankl erinnert, der bezüglich der anthropologischen Bedeutung der Leidensfähigkeit des Menschen zu bedenken gibt, dass Menschen am ehesten Leiden/Schmerzen ertragen, wenn diese »um eines Anderen willen« getragen werden; in: Der leidende Mensch, Bern: Huber 2005, S. 187ff.

den. Wir scheinen uns offenbar allmählich daran zu gewöhnen, dass es normal ist, dass bei einem immer größeren Teil von uns der Weg zum Sterben über die Demenz führt. Zu dieser Normalisierung gehört dann wohl auch, dass von Demenz Betroffene anfangen, selbst über ihr Leiden zu schreiben[54], dass es nicht nur Veranstaltungen gibt, die von »Psychiatrie-Erfahrenen«, sondern auch solche, die von »Demenz-Erfahrenen« durchgeführt werden.[55] Und dass es – wie (seit 1980) für alle anderen ernsthaften Leiden auch – ein expandierendes Netz von Demenz-Selbsthilfegruppen gibt. Hier ist es nicht überflüssig, sich klar zu machen, dass es sich dabei nie nur um Selbsthilfe handelt, sondern dass dies eigentlich Peer-Fremdhilfegruppen sind; denn eine »Gruppe« funktioniert nur, wenn jeder nicht sofort nur etwas für sich will, sondern zunächst sich auch für Andere engagiert, und genau über diese Vorleistung komme ich aus meiner bisherigen ich-zentrierten Isolation wieder heraus, resozialisiere mich und komme so – vielleicht seit langer Zeit zum ersten Mal – wieder auf meine Tagesdosis an Bedeutung für Andere.[56]

Damit aus all solchen Integrationsinitiativen ein tragfähiges Netzwerk wird, gehören dazu auch – neben den unendlich vielen lokalen Vereinen und Bürgerinitiativen – die bundesweit agierenden Verbände, also etwa außer der schon erwähnten Demenz Support Stuttgart, die Aktion Demenz e. V. in Gießen, die Landesseniorenvertretungen, die sich zum Beispiel um »Seniorenmitwirkungsgesetze« verdient gemacht haben, die Deutsche Alzheimer

54 Zum Beispiel Helga Rohra: Aus dem Schatten treten, Frankfurt: Mabuse 2011
55 Etwa von »Demenz Support Stuttgart« organisiert und herausgegeben: »Ich spreche für mich selbst« – Menschen mit Demenz melden sich zu Wort, Frankfurt: Mabuse 2010
56 Klaus Dörner: Bürgergesellschaft, Selbsthilfe und Sozialraumorientierung, Vortrag vom 31.5.10, zu beziehen über: Deutsche Arbeitsgemeinschaft Selbsthilfegruppen e. V., Friedrichstraße 28, 35392 Gießen. Die m. W. erste Selbsthilfegruppe von psychisch Kranken (auch ein Produkt der 68er Zeit) entstand 1971, gibt heute noch ihre »signale« heraus und drehte sich auch nie nur um sich selbst, etwa daran erkennbar, dass dieser »Aktionskreis 71« seither vor jeder Hamburger Wahl öffentlich die Parteien nach ihrem Programm für psychisch Kranke und Behinderte befragt – eine feste Hamburger Institution. Adresse: Bundesstraße 30, 20146 Hamburg

Gesellschaft e.V.[57], die Angehörigen-Initiative »Wir pflegen« sowie die »Bundesinitiative Daheim statt Heim«[58], eine fraktionsübergreifende Initiative von Bundestagsabgeordneten.

Da wir uns in diesem ersten Kapitel systematisch mit den Möglichkeiten der »Selbstsorge« gerade auch für Demente beschäftigen, muss schon aus Menschenrechtsgründen die radikale Frage erlaubt sein, ob ich als Dementer mir denn meine Hilfe selbst dann ins Haus holen kann, wenn ich nun mal eine »Präsenz« über 24 Stunden benötige, wie dies die Körperbehinderten heute wenigstens zum Teil (»Arbeitgebermodell«) für sich durchgesetzt haben.[59] Ob dieses Recht auch auf Demente und Alterspflegebedürftige zu übertragen sei, hält man spontan erst mal für eine absurde Utopie. Allenfalls denkt man dabei an die fragwürdige Beschäftigung osteuropäischer Frauen.[60] Aber die Entwicklung von Hilfsmöglichkeiten in der Dienstleistungsgesellschaft ist manchmal noch rasanter, als man denkt. Denn zum Beispiel in Württemberg gibt es inzwischen das sog. »Schwäbische Tandem«. Hier haben nämlich einige Diakonie- und Caritasstationen in Zeitungen inseriert und zu ihrer anfänglich eigenen Verblüffung erfahren, dass es auch genügend deutsche Frauen (meist im dritten Lebensalter) gibt, von denen jede bereit ist, etwa für vierzehn Tage in die Wohnung eines Alterspflege-

---

57 Friedrichstraße 236, 10969 Berlin, www.deutsche-alzheimer.de; hierüber ist z. B. die ungemein verdienstvolle Broschüre zu beziehen: »Patienten mit einer Demenz im Krankenhaus« 2008

58 Zu kontakten über Silvia Schmidt, MdB, Deutscher Bundestag, Platz der Republik 1, 11011 Berlin, www.bi-daheim.de; diese Bundesinitiative ist – wie der Titel schon verrät – vor allem zur Umsetzung der UN-Behindertenrechtskonvention engagiert. So hat sie etwa im Juli 2010 die Politik aufgefordert, »endlich die Voraussetzungen für eine bezahlbare und legale Rund-um-die-Uhr-Versorgung pflegebedürftiger Menschen in eigenen vier Wänden zu schaffen«, wobei sie darauf hinweist, dass der Bundesverband europäischer Betreuungs- und Pflegekräfte e.V. (bebp) bereits praxistaugliche Regeln hierfür entwickelt hat.

59 Hierum haben sich die Bundesverbände ISL e. V. und Forse A e. V. verdient gemacht, Letzterer in der Zeitschrift Inforum nachzulesen; Adresse: Gerhard Bartz, Nelkenweg 5, 74673 Mulfingen

60 Immerhin hat freilich schon – mit dieser Zusatzhilfe aus Osteuropa – Christoph Lixenfeld das auch dann noch mutige Buch geschrieben: »Niemand muss ins Heim, Menschenwürdig und bezahlbar – ein Plädoyer für die häusliche Pflege«, Berlin: Econ 2008

bedürftigen einzuziehen und sich nach vierzehn Tagen – im Wechsel – von einer Kollegin oder Freundin ablösen zu lassen. Um die aufwändige Akquisition der Mitarbeiter und deren Fortbildung zu zentralisieren, hat man gemeinsam die »Stiftung Innovation und Pflege« gegründet; über deren Adresse: Obere Vorstadt 16, 71063 Sindelfingen (www.stiftung-innovation-pflege.de) kann jeder sich informieren, wie man das macht. Inzwischen gibt es einige hundert solcher Tandem-Beziehungen, wo die Betroffenen (in der Regel Singles) zum Teil seit Jahren in der eigenen Wohnung betreut und begleitet werden, notfalls von der Sozialhilfe mitfinanziert.

Insofern abschließend natürlich auch Wissenschaften wie die Medizin zum Demenz-Netzwerk gehören, sind es vielleicht gerade die Dementen (oder besser: unser aller Demenzpotenzial), denen wir die Einsicht zu verdanken haben, dass unser 200-jähriger industriegesellschaftlicher Wissenschaftsglaube seine Glaubwürdigkeit und Autorität als gesellschaftlich haltgebende Struktur weitgehend eingebüßt hat, weil sie mehr noch als in der klassischen Marktwirtschaft unter den Bedingungen ihrer heute radikalisierten Form unter dem Diktat von Eigeninteresse, Renditeabhängigkeit und Marketing steht; denn einmal gilt für die ständig neuen Generationen der »Antidementiva« der Pharmaindustrie, dass sie zwar »nicht unwirksam« sind, was aber mit »eigentlicher Wirkung« wenig zu tun hat, und zum anderen gilt Ähnliches für die immer neuen Demenz-Pflegekonzepte und -Psychotherapietechniken, die – obwohl als »wissenschaftlich« verkauft – an den Alltagsproblemen weitgehend vorbeigehen. Das macht zum Beispiel der vollmundige Titel »Innenwelten der Demenz« des im Übrigen natürlich auch nicht schlechten SMEJ-Konzepts[61] besonders deutlich. Demgegenüber ist die deutlich besser zur postsäkularen Dienstleistungsepoche passende skeptische anthropologische These von der »Unergründbarkeit des Menschen« geradezu wohltuend, vor allem wenn pragmatisch kombiniert mit dem Konzept der ambulanten WG-Haushaltsführung, weil auch ich als Dementer – hilfe- wie immer noch helfensbedürftig – damit ein sozial sinnvolles Leben (für mich und Andere) führen kann.

61 Udo Baer: Innenwelten der Demenz – das SMEJ-Konzept, Neukirchen: Affenkönigverlag 2007

Schon wegen der unendlich vielen und tiefgehenden Einsichten, die wir der neuen menschlichen Seinsweise der Demenz verdanken, wäre es angemessen, unser 21. Jahrhundert das »Jahrhundert der Demenz« zu nennen.

2. Familie – Angehörige – Haushalt

Die Familie gehört zu den eindeutigen Verlierern der Industrialisierung. Das wird schon begrifflich deutlich: Sprach man noch im Mittelalter vom »ganzen Haus« oder zumindest vom »Haushalt«, wobei es sich ja um einen Institutionsbegriff handelte, ist »Familie« nur noch ein Beziehungsbegriff, bezogen auf Geschlechts- und Generationsrollen. Dem entspricht vor allem das Auseinanderfallen von Wohnen und Arbeiten. In der Agrargesellschaft, im Handwerk und selbst noch in der Kaufmannschaft (Handelskapital) galt in der Regel die Einheit von Lebens-, Wohn- und Arbeitsraum, in dem Mann und Frau sich die Aufgaben irgendwie teilten und eine Arbeitsgemeinschaft bildeten. Erst in der Industriegesellschaft wurde diese Einheit mehr oder weniger brutal in zwei Parallelwelten auseinandergerissen und getrennt. Seither ging typischerweise der Mann morgens aus dem Haus, um in der Fabrik, später im Büro und auch anderswo im öffentlichen Raum bezahlte Aufgaben zu übernehmen, während die Frau auf den dadurch erst entstehenden privaten Raum zurückgeworfen wurde, unbezahlt zuständig für Kinder, Küche und vielleicht noch Kirche. Erst dieses Übermaß an Diskriminierung und Unterdrückung – über den traditionellen Paternalismus hinaus – konnte die in mehreren Wellen erfolgende Bewegung der Frauenemanzipation auslösen. Öffentliche Aufwertung der Produktionsleistung der Arbeitswelt und Abwertung der privaten Lebenswelt und damit auch der Familie waren die andere Folge. So viel zum »Fortschritt« der Industriegesellschaft auf diesem Gebiet.

Zu dieser Abwertungsspirale der Familie haben wir 68er durchaus unser Scherflein beigetragen, als wir sie als Repressionsinstrument des Kapitalismus, zusätzlich begründet mit solchen »wissenschaftlichen« Diskriminierungen wie der »schizophrenogenen Mutter«, ausgerechnet von renommierten Psychoanalytikerinnen erfunden, schlicht zum »Auslaufmodell« erklärten; so verquer verliefen damals die Fronten.

Dieser spätindustrielle Schlachtruf vom »Auslaufmodell Familie« hat so viel Glaubwürdigkeit gehabt, dass die diversen Bundesregierungen über zwei Jahrzehnte praktisch keine Familienpolitik betrieben haben. Es bedurfte schon einiger Urteile des Bundesverfassungsgerichts, um die Bundesregierung daran zu erinnern, dass die Familie als Institution immer wieder bewiesen habe, dass sie durchaus in der Lage sei, sich an neue Herausforderungen anzupassen. Mindestens so wichtig aber war wohl der inzwischen erfolgte Umbruch in die Dienstleistungsgesellschaft mit der steigenden Erwerbsquote der Frauen, der Wiederannäherung von Lebens- und Arbeitswelt und dem schüchternen Trend zur Gleichbehandlung von Erwerbsarbeit, Hausarbeit und bürgerschaftlichem Engagement, wenn auch wir Männer uns bei der Gleichverteilung der Lasten noch vornehm zurückhalten oder auf Zeit spielen.

Immerhin gibt es nun wieder Familienpolitik, wenn auch erst mal nur auf die bessere Vereinbarkeit von Erwerbs- und Hausarbeit und die bessere Versorgung der Kinder bezogen. So ist etwa »Gesundheit als Familienaufgabe« wiederentdeckt[62], allein in Brandenburg gibt es 14 »Netzwerke Gesunde Kinder« mit Bürgerhelfern als »Paten«, in Niedersachsen 280 »Familien- und Kinderservicebüros« für die Vermittlung qualifizierter Tagesmütter[63], und die Diakonie unterhält über 70 Zweigstellen des Familienhilfsprojektes »welcome« mit erfahrenen Bürgerhelfern[64]. Zudem ist zu registrieren, dass es sich größere Unternehmen kaum noch leisten können, kein Angebot für Kinderbetreuung und für flexiblere Arbeitszeiten vorzuhalten.

---

62 Heike Ohlbrecht, Christine Schönberger (Hg.): Gesundheit als Familienaufgabe, Weinheim: Juventa 2010
63 epd-sozial 17/2009
64 epd-sozial 37/2008

Nicht nur natur-, sondern auch kulturgemäß gehen wir an den steigenden Hilfebedarf der Alten nicht so gern heran. Das hängt aber nicht nur damit zusammen, dass wir Kinder lieber mögen als Alte. Vielmehr hat Rosenmayr[65] nachgewiesen, dass im Unterschied etwa zu den östlichen Religionen das Christentums immer schon mehr auf die Jugend gesetzt hat, während man die Alten eher auch der Isolation und dem Elend aussetzte. Daher muss unser aller Verhaltensänderung zugunsten der Alten seit Beginn der Dienstleistungsgesellschaft schon auf der ganz allgemeinen Ebene wirksam geworden sein, wenn man etwa bedenkt, dass 1980 70% der Alterspflegebedürftigen in und von ihren Familien betreut wurden, es aber – allen Prognosen zum Trotz – 2010 immer noch 70% waren, obwohl die objektiven Bedingungen dafür (geringere Kinderzahl, Mobilität) deutlich ungünstiger geworden sind. Also muss sich in der Zwischenzeit an unserer Einstellung wie auch an unserer Praxis etwas geändert haben. Es muss eine Art Selbstheilungsprozess der Institution Familie, was ihre Tragfähigkeit angeht, unterwegs sein, an dem viele Faktoren mitwirken, die im Einzelnen oft schwer zu fassen sind.

So beschreibt zum Beispiel Hoffmeister[66] als ganz neues Phänomen, dass die Familien von ihrem klassischen Prinzip der Blutsverwandtschaft sich auf das Prinzip der Wahlverwandtschaft ausgeweitet und sich damit tragfähiger gemacht haben. Wenn man bedenkt, dass gerade in der jungen Generation Freundschaft heute wieder eine Bedeutung hat wie vielleicht zuletzt in der Romantik, als Goethe den Begriff Wahlverwandtschaft erfunden hat, könnte dieser Trend durchaus längerfristig wirksam sein. Ähnlich hat Bertram[67] in Deutschland einen Trend zur »multilokalen Mehrgenerationenfamilie« nachgewiesen. Damit nimmt er Bezug auf die vielfältig fol-

65 Leopold Rosenmayr: Schöpferisch Altern – Eine Philosophie des Lebens, Wien: LIT 2007
66 Dieter Hoffmeister: Generationensolidarität im Lichte familiensoziologischer Beobachtungen, in: Thomas Sternberg, Maria Kröger (Hg.): Generationen, Münster: Dialogverlag 2008, S. 48-68; ähnlich dazu der Beitrag von Klaus Dörner in: Astrid Biesemeier: Leben erfinden, Frankfurt: Verlag der Autoren 2008, bemerkenswerterweise von einer Bank gesponsert, nämlich der BHF-Bank-Stiftung
67 Hans Bertram: Die verborgenen Familienbeziehungen in Deutschland, in: M. Kohli, M. Szydlik (Hg.): Generationen in Familie und Gesellschaft, Opladen 2000, S. 97-121

genreiche Tatsache, dass, weil wir alle länger leben, sämtliche familiären Verwandtschaftsbeziehungen entsprechend länger dauern; weil aber familiäre Beziehungen, je länger sie dauern, einem auch auf den Geist gehen und daher in Abneigung umschlagen können, sei es vernünftig, solche Beziehungen lieber nicht unter einem Dach zu leben, sondern auf mehrere »Lokale« zu verteilen, weshalb zum Beispiel die Kind-Eltern-Beziehungen mehrheitlich weniger als eine Zeitstunde voneinander entfernt sind. Oder: während früher es eher eine Seltenheit war, dass ein Kind seinen Opa über längere Zeit kennen konnte, ist es heute ein Massenphänomen, was sich auch darin niederschlägt, dass bis zum 80. Lebensjahr das Geben von Geld oder Zeit an die Jüngeren überwiegt und erst danach öfter ins Gegenteil umschlägt. Rosenmayr (a.a.O.) nennt diesen Zusammenhang »Intimität auf Abstand«. Wie vernünftig diese Einstellung bzw. dieser Verhaltenstrend ist, zeigt sich an unseren heutigen Eltern-Kind-Beziehungen, wenn der Abstand entfällt: Je seltener Kinder werden, vor allem wenn wir außerdem noch zu den 20% Alleinerziehenden gehören, desto größer die Neigung, dass wir als Eltern eine solche Beziehung, die eben auch länger dauert als früher, mit allzu viel Intensität und Emotionalität belasten und überhitzen, was oft für alle Beteiligten nicht gut ist.[68]

Insgesamt ist gleichwohl festzustellen, dass das Zusammenleben in den Familien, die heute aus drei (manchmal sogar schon vier) Generationen bestehen, nicht nur länger dauert, sondern auch weit besser ist als in der Industriegesellschaft, vor allem wenn man die teilweise schon beschriebenen neuen Beziehungswege nutzt. Dazu gehört nicht zuletzt die erwähnte Ausweitung des Familienverständnisses auf entferntere Verwandte, Bekannte, Freunde, Nachbarn und andere Bürgerhelfer im Sozialraum sowie auf die gelegentlich zu Unrecht vernachlässigten ambulanten Pflegedienste, insbesondere bei der Pflege zwischen Ehepartnern, wo der Hilfsbedürftige sich nicht selten nur deshalb gegen den helfenden Partner zur Wehr setzen muss, damit er sich nicht restlos der Herrschaft des Anderen unterwirft, während die Hilfe von neutralen Profis problemlos angenommen würde. Dieses Prinzip der Wahlverwandtschaft gibt es auch

---

68   Hoffmeister, a.a.O., S. 60f.

schon längst in organisierter Form, etwa wenn 15 oder 30 oder 60 oder 100 oder gar 300 Menschen beschließen, »gemeinschaftlich zu wohnen« oder »generationsübergreifend zu siedeln«, um in gesunder Altersmischung ihre im Einzelfall zu schwachen Ressourcen sinnvoll zu bündeln und sich so tragfähiger zu machen – eine Teilbewegung der neuen Nachbarschaftsbewegung, wovon es schon heute rund 2000 Projekte gibt. Ähnlich definieren in der Hospizbewegung tätige Bürgerhelfer gelegentlich sich und andere Nachbarn als Angehörige zweiten Grades und die Pflegeprofis als Angehörige dritten Grades. Wie nicht anders zu erwarten, strahlen solche Initiativen auch auf den Bereich der Integration psychisch Kranker und Behinderter aus; so hat in den letzten Jahren der Caritasverband Württemberg in vier Modellregionen mit den Mitteln der Eingliederungshilfe, der Familienhilfe und der »organisierten Nachbarschaft« einen Hilfe-Mix gebildet und so ca. 80 schwerer Behinderten zu einem möglichst normalen Leben in der Gemeinde verholfen, wo man das vorher nicht für möglich gehalten hat.[69]

Die Übernahme der Normen der Dienstleistungsgesellschaft scheint allmählich auch bis in die Veränderung der traditionellen Geschlechterrollen bei der Pflege auszustrahlen. Was Häußermann (Kap. II, 3) für die Dienstleistungsgesellschaft noch normativ gefordert hat, nämlich die Gleichverteilung der Lasten in Arbeits- und Lebenswelt zwischen den Geschlechtern, wirkt sich langsam offenbar auch im faktischen Verhalten aus, wenn etwa die Beteiligung von Männern an der Pflege von Angehörigen von 17% im Jahr 1991 auf 37% 2007 angestiegen ist.[70] Und nach der Bundesstatistik haben sich zwischen 1991 und 2002 bei der Zahl der »Hauptpflegepersonen« in einem Pflegeverhältnis einige Verschiebungen ergeben: Während die Prozentzahl der Töchter mit 26% stabil geblieben ist, haben die Söhne (von 3 auf 10%) inzwischen die Schwiegertöchter (von 9 auf 6%) überholt, die entfernteren Verwandten haben sich von 6 auf 7% leicht erhöht, während die Nachbarn und Freunde sich von 4 auf 8% verdoppelt haben.

69 Caritasverband der Diözese Rottenburg-Stuttgart, Strombergstraße 11, 70188 Stuttgart
70 epd-sozial, 17/2008

Überhaupt muss man sich bei der Bewertung von Zahlen immer wieder daran erinnern, woher wir eigentlich menschheitsgeschichtlich wie auch industriegesellschaftlich kommen, um die heutigen Verschiebungen richtig würdigen zu können: So haben die Menschen in früheren Menschheitsepochen stets lebenslang gearbeitet, nach Möglichkeit bis zu ihrem Sterbetag. Erst die überwiegend staatlichen Systeme der sozialen Sicherung während des Industriezeitalters haben spätestens ab dem Zeitpunkt, von dem an es eine einigermaßen auskömmliche Altersrente für alle gab, zu dem neuartigen eigenen Status »Alter« oder »Alte Menschen« geführt. Gleichzeitig damit wurde einmal die immer weiter sinkende Wochenarbeitszeit (als Voraussetzung für die ungesunde Leistungsverdichtung während der Arbeitszeit) künstlich »erfunden« und zum anderen vor allem mit der Normierung der Lebensarbeitszeit die Endphase des »Ruhestands«, der auch noch »wohlverdient« sein sollte, willkürlich konstruiert. Dies hatte, weil für den menschlichen Organismus unphysiologisch, diverse ungesunde Folgen, zumindest für diejenigen, die darauf hereingefallen sind und nun meinten, sie müssten den Ruhestand als ein Geschenk würdigen und seien daher verpflichtet, zu »ruhen«. Das mochte ja für die Anfangszeit, in der man bis zum Sterben keine lange Zeit mehr hatte, noch hingehen. Indem wir aber mit dem Umbruch zur Dienstleistungsgesellschaft immer älter wurden, bis wir heute ab der Berentung 15 bis 20 Jahre vor uns haben, ist dieses dritte Lebensalter für uns, weil wir noch von der Industriegesellschaft und dem Ruhestand geprägt sind, derart neu und fremd, dass wir eine ziemlich lange Übergangszeit brauchen, um das zu verinnerlichen, weshalb ein beträchtlicher Teil der mit dem hohen Alter steigenden Gesundheitskosten auf dieses historische Missverständnis zurückzuführen ist.

Inzwischen sind wir aber offenbar dabei, auch dies zu lernen. Immer mehr Menschen arbeiten seit der Berentung vollzeitlich oder teilzeitlich weiter. Zudem spricht man gelegentlich bereits von der »zweiten Karriere«. Und inzwischen – mit deutlicher zeitlicher Verschiebung – wächst auch der Anteil der Alten im dritten Lebensalter, die sich jetzt neu in der Bürger- oder Nachbarschaftsbewegung engagieren, als ob sie ahnen, dass sie jetzt mit ihrer Gemeinwohlorientierung etwas nachholen könnten, wozu sie während der Eigennutzorientierung der

Erwerbsarbeitszeit nicht kommen konnten, was sie aber für einen abgerundeten Lebenssinn als gleich notwendig empfinden. Weil wir aber in Resten immer noch industriegesellschaftlich denken, also von der Zeit her, wo wir körperlich oder seelisch immer überlastet waren, weshalb Entlastung (Ruhestand) immer gut sei, müssen wir uns nicht wundern, wenn wir bei wissenschaftlichen Befragungen, insbesondere zum Pflegeengagement, immer wieder bereitwillig Antworten finden, die die »Unerträglichkeit« der damit verbundenen Belastungen zum Ausdruck bringen, selbst wenn man einräumt, dass solche Belastungen irgendwie sinnvoll seien. Ohne solche Belastungen bagatellisieren zu wollen, ist doch eine gewisse gesunde Skepsis hilfreich, wenn solche Unerträglichkeits-Befunde nicht selten gerade von Pflegewissenschaftlern kommen; könnte es doch sein, dass hier die traditionelle Rivalität zwischen Bürgerhelfern und Profihelfern (mit der Angst vor dem Verlust von Arbeitsplätzen) mit hineinspielt.

Bei alledem ist zu betonen, dass wir erst am Anfang des gesellschaftlichen Umbaus stehen, der erforderlich ist, um den größten Hilfebedarf der Menschheitsgeschichte gesamtgesellschaftlich auf hinreichend viele Schultern zu verteilen, insbesondere was die finanziellen und sonstigen Rahmenbedingungen sowohl der pflegenden Angehörigen als auch der Bürgerhelfer als auch der Pflegeprofis angeht, was nicht einfach ist, da es gleichbedeutend wäre mit dem Umbau der industriellen Erwerbsgesellschaft in eine Dienstleistungs-Tätigkeitsgesellschaft. Aus solchen Gründen wird die längst überfällige Neudefinition der »Pflegebedürftigkeit« seit Jahren verschoben. Denn hier stehen Forderungen im Raum wie die bessere Anrechnung der Pflege auf die Rente, die angemessenere Verrechnung der Pflegezeit mit den Arbeitgebern oder die fairere Verteilung des Pflegegeldes, um auch nur den Vorsprung auszugleichen, den Länder wie Österreich, Frankreich oder vor allem Dänemark in dieser Hinsicht haben. Aus diesen Gründen hat sich auch ein »Pflege-Selbsthilfeverband e. V.« gegründet.[71]

71 Adresse: Adelheid von Stösser, Am Ginsterhahn 16, 53562 St. Katharinen, www.pflege-shv.de

Andererseits sind doch auch schon die Bundesministerien in Bewegung geraten – mit teils mutigen Schritten, etwa was die bessere Begleitung von Dementen angeht oder das System der Pflegestützpunkte oder die inzwischen 500 Mehrgenerationenhäuser, wo täglich bundesweit 90.000 Menschen die 1.500 Dienstleistungen in Anspruch nehmen (nicht zuletzt in der Integration von Alten und Jungen) und wo 15.000 Bürgerhelfer sich engagieren. (Pressemitteilung des Bundesministeriums für Familie, Senioren, Frauen und Jugend vom 27.06.2008), was die damalige Ministerin Ursula von der Leyen aus eigener Erfahrung als pflegende Angehörige so kommentiert: »Für die Angehörigen ist es eine Gratwanderung, Schutz ohne Isolation hinzubekommen«; denn Schutz stehe immer in der Gefahr, antikommunikative Objektivierung oder Entmündigung zu sein (Deutsches Ärzteblatt vom 22.12.2008).

Von der Basis her wachsen dem die verschiedenen zum Teil schon beschriebenen »Erfindungen« als Alternativen zum Heim oder auch zur (überlasteten) Familie entgegen, so etwa auch die von Angehörigen gesteuerte ambulante Wohnpflegegemeinschaft (Kap. III, 3) oder nicht zuletzt auch die wieder entdeckte Pflege- oder Gastfamilie, jetzt nicht mehr nur für Behinderte, sondern auch für Alterspflegebedürftige und Demente, von denen es allein in der Region um Ravensburg etwa 500 gibt, vor allem für Menschen, die gar keine Familie haben oder deren Familien pflegeunfähig (geworden) sind; denn so gut wie jeder Mensch hat eine Sehnsucht nach familiärer Zugehörigkeit, die aber nie von Profis simuliert werden kann, während Gastfamilien dies »organisch« sehr wohl können.[72] Aber auch ein ganz kleines Familien-Selbsthilfe-Beispiel scheint mir berichtenswert: in Waldeck haben zwei alleinerziehende Mütter eine Tagespflegestätte eröffnet und auf diese Weise nicht nur für sich selbst, sondern auch noch für andere Arbeitslose Arbeitsplätze geschaffen.[73]

72 Ellen Orbke-Lütkemeier (Hg.): Betreutes Wohnen in Gastfamilien/Familienpflege, Bielefeld: Bethel-Verlag 2002
73 Frankfurter Rundschau vom 16.10.2010

Eine Mut machende Studie kommt aus Rostock: Im EU-Projekt FELICIE weisen Gabriele Dobelhammer u. a. nach, dass die Familie in Zukunft nicht weniger, sondern mehr als »Pflegegeber« in Betracht kommt; denn während im Jahre 2000 nur 18% der 75- bis 84-Jährigen und nur 4% der über 85-jährigen Frauen verheiratet waren und mindestens ein Kind hatten, hat sich dies bis zum Jahr 2030 auf 36% bzw. 20% mehr als verdoppelt. Dagegen werden sich die institutionalisierungs-gefährdeten Frauen (verwitwet und ohne Kind) mehr als halbiert haben, wenn auch die entsprechenden Zahlen für die Männer im Wesentlichen gleich bleiben werden. Freilich weisen die Untersucher darauf hin, dass eine solchermaßen günstige Entwicklung des Pflegepotenzials der Familie nur greifen kann, wenn in der Zwischenzeit die Arbeitgeber durch die schon beschriebenen Maßnahmen das familiäre Pflegepotenzial noch mehr als heute unterstützen.[74]

Während in der Industriegesellschaft die Erwerbswirtschaft ihre Leistung rücksichtslos auf Kosten der Lebenswelt der Beschäftigten steigern durfte, zwingt die Dienstleistungsgesellschaft die Unternehmen umgekehrt zu maximaler Rücksicht auf eben diese Lebenswelt – und zwar gleichermaßen im eigenen Interesse.

Schon im Vorgriff auf das nächste Kapitel hier noch ein zwar deprimierender, aber auch lehrreicher Bericht, warum in Deutschland ungleich mehr behinderte Kinder und Jugendliche in Heimen leben müssen als etwa in England oder Skandinavien: Als Hauptgrund dafür zeigen die Autoren auf, dass im kommunalen Raum Behindertenhilfe, Jugendhilfe, Schulhilfe, Medizinhilfe und Bürgerhilfe weitgehend nach dem Säulenprinzip organisiert sind, sodass kaum eine Säule von der anderen weiß, während der Bezug auf die Familie und damit auf die Sozialraumorientierung all dieser

---

74 In: Vincentz Network, Hannover, Nr. 46 vom 14.11.2008
75 W. Thimm, G. Wachtel: Familien mit behinderten Kindern, Weinheim: Juventa 2002 Andererseits haben wir inzwischen eine »Paten-Bewegung« besonders für hilfsbedürftige Kinder: laut »Förderverein Patenschaften – Aktiv« 1000 Projekte an 800 Orten – auch eine Wahlverwandtschafts-Variante; www.patenschaften-aktiv.de und epd sozial, 28/2011

verschiedenen Hilfen diesen hohen Grad der Institutionalisierung (10 bis 15% der behinderten Kinder/Jugendlichen) weitgehend überflüssig machen würde.[75]

Abschließen will ich dieses Kapitel, das ja die Familien-Perspektive einnimmt und das - wie alle anderen Kapitel - sich die Frage stellt, wie man die neuen Wege der Altenpflege (und Behindertenhilfe) zu einem zukunftsfähigen Hilfesystem verallgemeinern kann, indem ich in einem Schema A. familien-vorbereitende Wege, B. familien-unterstützende Wege und C. familien-ersetzende Wege unterscheide, wobei ich aber die konventionellen und daher eher bekannten Wege auslasse und mich auf eher neue und noch unbekanntere Wege insbesondere der Bürgerhilfe beschränke, egal, ob ein Kind, ein Elternteil oder ein Großelternteil hilfsbedürftig wird:

A. familien-vorbereitende Wege, wobei es vor allem um die Bewusstmachung neuer Ressourcen für einen zukünftigen Hilfebedarf durch (zum Beispiel Beratungsstelle oder Volkshochschule) geht:

1. Wie man das Familienverständnis zunächst in der Fantasie vom Prinzip der Blutsverwandtschaft auf das Prinzip der Wahlverwandtschaft erweitert.
2. Wie man früh genug die »multilokale Mehrgenerationen-Familie« strategisch nach Möglichkeit so positioniert, dass als Minimum ein Kind nicht länger als eine Fahrstunde bis zu den Eltern braucht.
3. Die Familie schließt sich zwecks größerer Tragfähigkeit der Bewegung des »generationsübergreifenden Siedelns« an, lässt sich diesbezüglich zum Beispiel vom »Forum Gemeinschaftliches Wohnen e.V.« (Hildesheimer Straße 20, 30169 Hannover, www.fgwa.de) beraten, ob es in der eigenen Region eine solche Projektgruppe gibt oder gründet selber eine solche, um die zu klein geratene Kleinfamilie durch nachbarschaftliche Vernetzung zu vergrößern, wobei man einen Trost hat: die gern glorifizierte »Großfamilie« hat es auch früher allenfalls in den höheren Schichten gegeben, während in den sonstigen Schichten die Familien auch früher ähnlich klein und ähnlich zerrissen waren wie heute.

B. familien-unterstützende Wege, wenn also der Ernstfall schon eingetreten ist und der Bedarf über ambulante Pflege und über Tagespflegestätte hinausgeht:

1. Ich wende mich an den nächsten Nachbarschaftsverein, wie sie sich in den letzten Jahren vermehrt zum Beispiel aus den Besuchsdiensten der Kirchengemeinden entwickelt haben oder ich gründe selber einen (Beispiele in Delmenhorst, Ev. Kirchenkreis, und Schwandorf, Caritas).

2. Vermehrt gibt es heute auch schon das organisierte Mittagessen, wo – nach dem Kibbuzprinzip in Israel (Alte und Junge), also die, die zu jung oder zu alt zum Arbeiten sind, sich um ein natürliches Bedürfnis herum begegnen, ein Kernelement der meisten Mehrgenerationenhäuser (zum Beispiel in Bottrop) oder ebenfalls von Kirchengemeinden organisiert (z.B. Gelsenkirchen-Bulmke).

3. Inzwischen gibt es wohl in der Mehrzahl der Kommunen Bürgerinitiativen, die insbesondere Dementen und ihren Angehörigen das geben können, was die Pflegeprofis (immer noch im Minutentakt) nicht haben, nämlich Zeit. Bis vor Kurzem gab es in München mit der »Weißen Feder« eine ungemein erfolgreiche Variante, wo nämlich ein ambulanter Pflegedienst gleichzeitig als Zuverdienstfirma für psychisch Kranke arbeitete, meist ältere Pflegebedürftige mit bis zu 70 meist jüngeren psychisch Kranken in der häuslichen Pflege in eine Verbindung brachte, von der beide Seiten in hohem Maß profitiert haben, bis diese Initiative unlängst aus nicht in der erfolgreichen Arbeit liegenden Gründen Insolvenz anmelden musste. Dieser durchaus zukunftsfähige Weg könnte an jedem Ort zu jeder Zeit begangen werden. Auch haben in der letzten Zeit an mehreren Orten Schulen in Form eines Sozialpraktikums den Schülern einer Klasse für ein Jahr die Begleitung von Dementen anvertraut, was sich ebenfalls bewährt hat. Schließlich haben einige Hospizdienste damit angefangen, in der längeren letzten Lebenszeit der häuslichen Dementen-Begleitung zur Verfügung zu stehen, gelegentlich auch in der Kombination mit der »spezialisierten ambulanten Palliativ-Versorgung« (SAPV). – Dies als Beispiel dafür, dass nun auch einzelne »Säulen« mit Hilfe der neuen Bürgerhilfebewegung beginnen, sich sinnvoll zu vernetzen.

C. familien-ersetzende Wege, wenn gar keine Familie existiert oder die Familie aus irgendwelchen Gründen (und alle Gründe sind zumindest subjektiv immer berechtigt!) die Pflege nicht mehr wahrnehmen kann:

1. Mein Recht auf den eigenen Haushalt und die eigene Wohnung und mein Recht, dass mir genau dahin die von mir benötigte Hilfe bis zu 24 Stunden am Tag gebracht wird, wird besonders radikal mit dem oben beschriebenen »Schwäbischen Tandem-Modell« verteidigt – vermutlich sogar auf der Basis der UN-Behindertenrechtskonvention einklagbar.

2. Mit der noch ziemlich unbekannten Option für die Pflege- oder Gastfamilie verzichte ich zwar auf die eigenen Tapeten, nicht aber auf die für mich noch wichtigere familiäre Zugehörigkeit, was für alle Beteiligten (für mich als Pflegebedürftigem, für die Gastgeber und selbst für die zur Begleitung eines solchen Projekts erforderlichen Profihelfer) derart vorteilhaft ist, dass alles dafür spricht, diesen neuen Weg flächendeckend allgemein zugänglich zu machen, zumal dies überall möglich ist.

3. Schließlich hat sich für mich bisher am meisten der später noch darzustellende neue Weg der ambulant betreuten Wohnpflegegruppe als allgemein zugänglicher neuer Versorgungsweg bereits jetzt schon bewährt, vor allem wenn man die Entstehungsidee zugrunde legt, dass hier meine Familie (zugleich auch mehrere andere Familien) mich nicht mehr pflegen können, weshalb sie für sechs bis acht Pflegebedürftige eine neue Wohnfläche (200 bis 300 Quadratmeter) entweder mieten oder bauen, sodass alle Familien oder Angehörigen eine Auftragsgemeinschaft bilden und auf diese Weise die Verantwortung für mich nicht völlig aufgeben müssen, was sie auch gar nicht wollen, sondern auch jetzt noch zu 10 oder 40 oder 70% steuernd in der eigenen Hand behalten, sodass ich aus der Zugehörigkeit zu meiner eigenen Familie, trotz einer als eigener Haushalt zu führenden Räumlichkeit, nicht herausfalle. Daher sieht es bisher so aus, als ob diese ambulant betreute Haushaltsgemeinschaft als Grundalternative zum Heim überall flächendeckend auszubauen ist, zumal dies auch grundsätzlich überall möglich ist, wenn wir alle in Wahrnehmung unserer Verantwortung für die Integration

der Alterspflegebedürftigen wie auch der Behinderten es nur wollen würden, zumal wir gerade auf diesem Weg schon relativ weit fortgeschritten sind.

3. Nachbarschaft – dritter Sozialraum – Viertel/Dorf/Quartier

Die tiefgreifendste, nämlich strukturelle Revolution der Dienstleistungsgesellschaft scheint nun die Wiederbelebung des mittleren Sozialraums zu sein, also des Stadtteils, des Viertels, der Dorfgemeinschaft oder des Quartiers[76], in der Stadt 10.000 bis 30.000 Einwohner, auf dem Lande 1.000 bis 5.000 Einwohner umfassend. Ich nenne ihn immer noch gern didaktisch den dritten Sozialraum, um erlebnisfähig zu machen, dass er zwischen dem Sozialraum des Privaten und dem Sozialraum des Öffentlichen liegt, die beide ihren Schwerpunkt in den gesund-egoistischen Eigeninteressen haben, während dieser mittlere oder dritte Sozialraum als »Wir«-Raum der einzige ist, der für Nachbarschaft, das Gemeinwohl und damit für die Integration aller bisher ausgegrenzter Bevölkerungsgruppen verantwortlich ist. Er nimmt auch Bezug zur Drei-Sektoren-Lehre (Staat-Wirtschaft-Bürger), nach der man dem zivilgesellschaftlichen Engagement den »dritten Sektor« zuordnet.

Ich habe diesen dritten Sozialraum mit seinen diversen praktischen Eigenschaften schon in »Leben und sterben ...« (a.a.O.) beschrieben und auch seine heutige Wiederbelebung wohl empirisch plausibel gemacht, wenn Sie nur an die zehn Teilbewegungen der neuen Bürgerhilfebewegung (Kap. I) denken. Aber vielleicht lässt sich unter

---

76 Ich bevorzuge immer noch das deutsche Wort Viertel, schon weil es sprachlich aus der emotionalen Dialektebene (Veedel, Kiez, Drubbel) gewachsen ist, während das deutsche Fremdwort Quartier mir zu sehr aus der technokratischen Verwaltungssprache von oben nach unten kommt. Es sei denn, man meinte damit ein noch kleineres Territorium als den mittleren Sozialraum, etwa den Häuserblock mit der Einwohnerzahl eines kleineren Dorfs. Im Übrigen lassen sich beliebige Interessen hinter Fremdworten stets besser verstecken als in der Muttersprache.

der jetzigen Perspektive des Epochenumbruchs dieses Verständnis noch vertiefen: Feststeht einmal, dass es menschheitsgeschichtlich keine Kultur ohne diesen Sozialraum und damit ohne Nachbarschaft gab, und zum anderen, dass die Industriegesellschaft die einzige Ausnahme davon bildet, indem man im damaligen Fortschrittsglauben Nachbarschaft geradezu zur Barbarei des Mittelalters rechnete, nun zum Glück überholt, weil mit nachweisbar viel größerem Erfolg durch das wissenschaftlich-technische Profi-Hilfesystem ersetzt. Erweitern wir nun wieder den Blickwinkel, nimmt sich selbst das Mittelalter schon wieder anders aus: Damals sprach man ja nicht so sehr von Familie, sondern vom »Haushalt« oder vom »ganzen Haus«. Damit war sowohl gemeint, dass dies der Ort war, wo Menschen gewohnt und gearbeitet haben, als auch der Ort, wo immer nur Familie + Nachbarschaft die primär haltgebende Struktur war; denn Familie allein war ebenso wie das Individuum zu isoliert und zu abstrakt, um hinreichend Halt geben zu können. Sie sehen, wir sind in der Nähe des afrikanischen Sprichworts, wonach man zum Erziehen eines Kindes ein »ganzes Dorf« braucht. Wenn Sie also künftig das beliebte Sprachbild der »Keimzelle« benutzen, dann bitte nur so: Familie mag die Keimzelle der »Gemeinschaft« sein (und zwar mit Bluts- und Wahlverwandtschaft), die Keimzelle der »Gesellschaft« jedoch ist die Nachbarschaft, insofern sie die Familie impliziert. Und das liegt daran, dass wir Nachbarn nicht wählen können, sie sind, wie sie sind, sympathisch oder unsympathisch, reich oder arm, Fremde oder Einheimische, gesund oder krank; wir müssen sie nach dem Zufallsprinzip verbrauchen, wie sie sind; nur das übt solche Fähigkeiten (Toleranz, Menschenrechtsdenken) ein, ohne die es keine Gesellschaft geben kann - die »gesunde Mischung«, die statistische »Normalverteilung«. Fangen wir beim Siedeln damit an, diese Gruppen voneinander zu trennen, zu segregieren, entsteht auf der einen Seite die Illusion von Harmonie und Gemeinschaft, auf der anderen Seite jedoch über Ghettobildung und Revolte das Potenzial destruktiver Gewalt.

Ich möchte das noch ein wenig poetisch verdichten: Unser Menschen- und Gesellschaftsbild ist atomistisch und eindimensional, wenn wir vom Individuum ausgehen, es ist flächig-zweidimensional, wenn wir die Familie mitbedenken, es wird aber erst hinreichend tiefgehendräumlich, wenn wir die Nachbarschaft zugrunde legen; erst insofern ist der Mensch ein soziales, ex-zentrisches Wesen, ein zoon politikon. Wenn Plessner[77] nicht nur vom deus absconditus, sondern auch vom homo absconditus spricht, wo auch der Mensch im Kern unergründlich ist, so könnte man dies noch um die Form der Nachbarschaftlichkeit als dem locus absconditus ausweiten. Dies erinnert mich an die zauberhaften Gedichte der polnischen Dichterin Wislawa Szymborska[78], der zufolge Dichter immer nur auf ein »Ich weiß nicht« antworten, da immer nur die Auflösung eines insofern »toten Wissens« in ein Nichtwissen zu Staunen, Neugier und Inspiration führt, das Leben innerlich und äußerlich erweitert – bis dahin, dass jeder Mensch wenigstens einen Augenblick in seinem Leben unsterblich ist, der Tod also immer zu spät kommt (S. 232), verwandt dem Motto des Rabbilehrers und Philosophen Emmanuel Levinas, dass das Denken des Menschen immer vom Anderen und Letzten auszugehen habe, von der Anwesenheit des Abwesenden.[79] Zu schweigen von Sokrates und seinem Plädoyer fürs Nichtwissen, durchaus auch im Zusammenhang mit der Polisbildung.

Als wir diese Zusammenhänge unlängst im Rahmen unserer »Deutsch-Polnischen Gesellschaft für seelische Gesundheit« in Lublin diskutierten, verblüfften mich die polnischen Freunde, insofern sie bürgerschaftliches und nachbarschaftliches Engagement auf Polnisch mit »Diplomatischsein« ausdrückten. Im Deutschen entspricht dem so etwas wie »beglaubigte Zweifaltigkeit«, also die gleich große Aufmerksamkeit für beide oder noch mehr Seiten, die Fähigkeit, mittels der Vermittlungs- oder Kompromiss-Logik staatliche oder sonstige Gewalt überflüssig zu machen. Alle waren sich einig, dass dies in eine Dienstleistungs- besser passt, als in eine Industriegesellschaft. Dem entspricht es, dass die Integration etwa von psychisch Kranken oder Dementen die heute länger dauernden familiären Beziehungen eher in die Gefahr der Überhitzung bringen,

77 Helmuth Plessner: Die Stufen des Organischen und der Mensch, Berlin: de Gruyter 1975
78 Die Gedichte, Frankfurt: Suhrkamp 1997
79 Humanismus des anderen Menschen, Hamburg: Meiner 1989

während die distanzierteren Nachbar-Beziehungen haltgebender sind und dass in zwischenmenschlichen Beziehungen das Vorhandensein gemeinsamer Probleme (die man dann auszuhalten hat) hilfreicher sein kann, als das (therapeutische) kompromisslose Anstreben von Problemlösungen, weshalb für die Dienstleistungsgesellschaft in der Tat eine neue Art von Psychiatrie zu erfinden und zu formulieren ist.

Daher ist der witzige Begriff »Post-Psychiatrie« (Weinmann, a.a.O.), von den Engländer erfunden, durchaus hilfreich, zumal ja darin enthalten ist, dass die mehr technischen Segnungen der (industriegesellschaftlichen) Psychiatrie durchaus zu erhalten und weiter zu entwickeln sind. So auch die schon erwähnte neue Zunft der »Zeitpolitiker«, die gern von der Triade der Felder Erwerbsarbeit, Familie und lokale Gemeinschaft ausgehen, mit einem beliebigen Feld beginnen, um sie dann mit den anderen Feldern zu synchronisieren[80]; auch hier geht es grundsätzlich nicht mehr so sehr um Trennung, sondern vielmehr um Mischung. Schließlich noch zu Barack Obama, der als Community Organizer in Chicago seine ersten politischen Erfahrungen gemacht hat und der auf dem Hintergrund, dass (auf Deutschland übertragen) Bund und Länder sich die Macht teilen, Kommunen kaum Macht haben und am wenigsten die kleinsten Einheiten, die Nachbarschaften über Macht verfügen, obwohl sie die Probleme doch am besten kennen, einen kämpferischen Artikel mit dem Schlachtruf »Nachbarn an die Macht«[81] überschrieben hat. Dabei imponiert mir am meisten, dass der jeweilige Community Organizer aus einem Nachbarschaftsprojekt spätestens nach drei Jahren zu verschwinden hat, weil die Bürger bis dahin entweder gelernt haben, für sich selbst zu sprechen, oder das Projekt gescheitert ist, wobei in den USA die wichtigsten Nachbarschaftsgruppen die Schulvereine, die Kirchengemeinden und die Gewerkschaften sind. Letztere Geschichte ist zugleich auch ein gutes Beispiel dafür, dass Nachbarschaft, geschützt durch die territorialen Grenzen ihres (dritten) Sozialraums, nicht nur zwingend notwendig ist, um die Familie zu der ihr eigenen Tragfähigkeit (auch

---

80 Ulrich Mückenberger: Bessere Zeiten für die Stadt! Chancen kommunaler Zeitpolitik, Opladen: Leske + Budrich 2001
81 Übersetzt erschienen im Tagesspiegel vom 19.1.2009

in Krisenzeiten) zu bringen; vielmehr ist die Nachbarschaft auch der Kitt in Richtung auf den öffentlichen Raum, indem sie die kleinste Einheit darstellt, aus der sich die kommunale Selbstverwaltung und damit letztlich auch die Demokratie ergibt.

Für unsere heutige Dienstleistungsgesellschaft bedeutet die Wiederbelebung des dritten Sozialraums, dass gegenüber dem stets rivalisierenden Profi-Hilfesystem die Bürger sich nur dann in Nachbarn verwandeln lassen, wenn es sich um eine wirkliche Notlage handelt, d. h. wenn die Profis den wachsenden Hilfebedarf rein quantitativ allein nicht mehr bewältigen oder wenn es sich um eine Hilfeform handelt, für die die Profis ungeeignet sind, also etwa die dauerhafte Integration von Dementen und Behinderten oder – im Hospizbereich – die wirkliche Begleitung der letzten Lebensphase des Sterbens, weil die medizinischen Profis ja nur den Umgang mit der todbringenden Krankheit, aber nicht den Umgang mit dem Sterben gelernt haben. Nur muss man sich über eines in der Praxis im Klaren sein – und hier geht es wieder um die Alltagspraxis: So wie es im Kern gleichgültig ist, ob ich innerhalb meiner Familie einen Angehörigen aus Pflichtgefühl oder aus Liebe unterstütze (meistens ist beides ununterscheidbar), so hat es in der ganzen Menschheitsgeschichte nicht oft einen Bürger gegeben, der richtig freiwillig auch die Nachbarnrolle übernommen hat; in der Regel empfinde ich diese als ausgesprochen lästig, weil das Leben auch schon so schwer genug ist (Ausnahmen immer gern zugelassen). Entscheidend: dies ist moralisch absolut okay!

Deshalb hat auch Emnid aufgrund der jahrelangen Befragungen nur sagen können, dass die Menschen nach den 150 Jahren Industriegesellschaft heute wieder »ansprechbarer« für die Nöte fremder Anderer geworden sind und selbst für diese schwache Motivation meistens auch noch der Ansprache durch einen Dritten bedürfen. Hier greift vielmehr das große Wort von Hegel, wonach Freiheit die Einsicht in die Notwendigkeit bedeutet. Aber genau auf diese ernüchternde Begründung eines Helfensbedürfnisses kann man sich erstaunlicherweise verlassen. Ob man nun von einem historisch gewachsenen sozialen Instinkt, von Tradition oder von Gewohnheitsbildung spricht oder ob eines Tages zwei Gene mit unterschiedlicher Penetranz entdeckt werden (eines für die ziemlich absolute Verantwortlichkeit innerhalb der Familie und eines für eine mittlere Verantwortlichkeit im mittleren Sozialraum der Nachbarschaft), man kann darauf rechnen, ja, damit kalkulieren, egal, welche sonstigen gesund-egoistischen Interessen gleichzeitig Berücksichtigung finden. Insofern braucht es mehr oder weniger jeder Mensch, auch Nachbar zu sein, und man kann nicht nur von der Hilfsbedürftigkeit, sondern auch von der Helfensbedürftigkeit (fast) jedes Menschen sprechen, sodass im Ergebnis gilt: »Nachbarschaft ist die Lebendigkeit des Sozialraums«, ähnlich wie Aristoteles es formuliert hat, dass die Seele die Lebendigkeit des Körpers sei. Nun gibt es dennoch einen entscheidenden Unterschied zwischen dem Helfen in der Familie und dem Helfen im Sozialraum: Während die Hilfe in der Familie in der Regel sich auf den Betroffenen konzentriert, ist Nachbarschaftshilfe, weil immer auch gesellschafts-bezogen, nur zu 50% auf den Hilfsbedürftigen gerichtet, während die anderen 50% der Kultivierung der Ressourcen des Sozialraums gelten. Anders ausgedrückt: ein gutes Sozialraum-Paradigma bedeutet, Jeder Schritt dient zur Hälfte der Integration des Hilfsbedürftigen und zur anderen Hälfte der Integration des Sozialraums und der ihm zugehörigen Bürger; und das meint genau die UN-Behindertenrechtskonvention mit ihrem Kernbegriff der Inklusion, die nichts anderes will als die Förderung des Miteinanders von Menschen mit und Menschen ohne Hilfebedarf innerhalb eines Sozialraums. Insofern können wir von jetzt ab auch häufiger von Inklusion sprechen, nicht ohne daran zu erinnern, dass die rechtliche Umsetzung dieser Behindertenrechtskonvention eine Revolutionierung der bisher noch viel zu individuozentrischen Sozialhilfe/Eingliederungshilfe bedeutet, die eben auch sozialraum-zentriert sein müsste, wenn wir alle Inklusion wirklich wollen würden.[82]

---

82 Selbst der Begriff »Eingliederung« oder gar »Wiedereingliederung« gehörte verfassungsgerichtlich verboten: auch er ist noch ein industriegesellschaftliches Relikt; denn sprachlich setzt er zwingend die »Ausgliederung« voraus.

Natürlich kann kein Mensch heute schon sagen, wie sehr im weiteren Verlauf der Dienstleistungsgesellschaft (oder wie man sie nennen will) das Sozialraum-Konzept in andere Gesellschaftsbereiche noch ausstrahlen und die Gesamtgesellschaft prägen wird. So wird etwa auch das Gemeinnützigkeitsrecht neu formuliert werden müssen.[83] An sich stammt ja das Sozialraum-Konzept (wie die meisten Sozialkonzepte) aus der Jugendhilfe.[84] Aber inzwischen sieht sich auch schon die gesamte Kommunalverwaltung aufgefordert, ihre Organisation vom Säulen- auf das Sozialraumkonzept umzurüsten. Ähnlich haben auch schon die »Gesundheitsförderer« nicht mehr nur wie bisher die Familie, sondern auch die »Nachbarschaft« als die Basiseinheit für die Organisation aller Hilfen entdeckt.[85] Auch die Psychiatrie ist dabei, ihre Organisation und Verantwortung sozialräumlich zu fundieren, wenn sie nicht schon in Richtung »Post-Psychiatrie« (Weinmann, a.a.O.) unterwegs ist.[86] Und wenn schon der »Bundesverband Deutscher Stiftungen« einen Rechtsratgeber für bürgerschaftliches Engagement herausgibt, hätte man das noch vor einiger Zeit keineswegs als selbstverständlich empfunden.[87]

83 Annette Zimmer u. a.: Gemeinnützige Organisationen im gesellschaftlichen Wandel, Wiesbaden: Verlag für Sozialwissenschaften 2004; oder auch Helmut Anheir u. a. (Hg.): Zwischen Eigennutz und Gemeinwohl, Gütersloh: Bertelsmannstiftung 2004; aber auch: Konrad Hummel: Die Bürgerschaftlichkeit unserer Städte – Für eine neue Engagementpolitik in den Kommunen, Berlin: Eigenverlag des »Deutscher Verein ...« 2009 – mit dem Fallbeispiel »Augsburg« und der »Patenrolle«

84 Wolfgang Hinte, Helga Treeß: Sozialraumorientierung in der Jugendhilfe, Weinheim: Juventa 2007

85 Antje Richter, Marcus Wächter: Zum Zusammenhang von Nachbarschaft und Gesundheit, Köln: BZgA 2009

86 Aktion Psychisch Kranke: Kooperation und Verantwortung in der Gemeindepsychiatrie, Bonn: Psychiatrie-Verlag 2009

87 Burkhard Küstermann: Rechtsratgeber Ehrenamt und bürgerschaftliches Engagement, Bundesverband Deutscher Stiftungen, Berlin 2010

Eine besonders fantasievolle und zugleich inklusionsbezogene Praxisübertragung des Sozialraum-Konzepts ist aus Hamburg zu berichten: Hier hatten alle Träger von Behindertenheimen vereinbart, in fünf Jahren ein Drittel ihrer Heimplätze durch Ambulantisierung überflüssig zu machen, was auch überwiegend geklappt hat. In diesem Prozess der Umverteilung von vielen hundert Behinderten auf die diversen Stadtteile, orientiert am nie erreichbaren, aber doch hilfreichen mathematischen Ideal der »Normalverteilung«, wurde den Basismitarbeitern quasi wie von selbst das Sozialraum- und Inklusionskonzept handlungsleitend (Halbierung des Profi-Zeitbudgets auf die Bürger mit und ohne Behinderung). Daraus entwickelten sie das neue Programm: »Quartiere bewegen – das neue Stadtentwicklungskonzept ›Q8‹«: Sie haben für »ihr« Viertel oder eben Quartier acht Lebensbereiche aufgelistet: Erstens Wohnen und Wohnumfeld, zweitens Arbeit und Beschäftigung, drittens Assistenz und Service, viertens Gesundheit und Pflege, fünftens Spiritualität und Religion, sechstens Partizipation und Kommunikation, siebtens Bildung, Kunst und Kultur und achtens Lokale Ökonomie. Dann haben sie acht »Modell-Quartiere« benannt, in dem einer dieser acht Lebensbereiche schon einigermaßen entwickelt war, um von dort aus – mit Hilfe der lokalen Ressourcen (Bürger, Vereine) – auch die sieben übrigen Lebensbereiche zu fördern (übrigens mit derselben Methode, der sich auch die schon auch erwähnten »Zeitpolitiker« bedienen). Dies ist ein aussichtsreicher Weg der praktischen Herstellung der Inklusionsgesellschaft, angestoßen von der Ev. Stiftung Alsterdorf, zumal man sich hier – diagnoseübergreifend – für alle Pflegebedürftigen des jeweiligen Sozialraums (also auch für psychisch Kranke und Demente) verantwortlich macht.[88]

Je mehr die Bürger eines Viertels oder einer Dorfgemeinschaft (von selbst oder durch Andere) auch wieder zu Nachbarn resozialisiert sind, also nicht nur ihr industriegesellschaftliches Grundbedürfnis nach Selbstbestimmung, sondern auch das andere nach »ihrer

---

88 In: Newsletter der Koordinationsstelle für Wohn-Pflege-Gemeinschaften, Neuer Kamp 25, 20359 Hamburg, 2011. In der fünfjährigen Existenz dieser Koordinationsstelle (Ulrike Petersen) hat sich die Zahl der ambulanten Wohnpflegegruppen für Hamburg von 3 auf 27 erhöht.

Tagesdosis an Bedeutung für Andere« praktisch realisieren, desto eher reicht eine Beratungsstelle für alle Hilfs- und Pflegebedarfe eines Sozialraums (Experten für Spezialfragen im Hintergrund) diagnosen-übergreifend, weshalb man durchaus sagen kann, dass das »Pflegestützpunkt«-Konzept des Gesetzgebers (eine Beratungsstelle für 20.000 Einwohner) sozialraum-sensibel ist. Manche Städte (München, Würzburg) haben sich zusätzlich einen »Pflegestammtisch« zugelegt, was ein wenig an die Honoratiorenkultur der Vor-Moderne erinnert. Und der Hamburger Senat hat ein Konzept erarbeitet, nach dem auf der Basisebene des Sozialraums (alle 20.000 Einwohner) ein Nachbarschaftsbüro (mit dem hanseatischen Namen »Nachbarschaftskontor«) geschaffen werden soll, von dem aus man mobil auf die Bürger zugehen will, um nicht so sehr das erste Drittel der Freiwilligen, sondern mehr das zweite Drittel der (empirisch nachweisbaren) »Ansprechbaren«, zur Nachbarschaft zu mobilisieren.

Hierzu muss ich Ihnen eine mich immer noch faszinierende Kurzgeschichte erzählen: Da ich in meiner Gütersloher Zeit mit eigenen Händen hinreichend viel Sozialraum-Basiserfahrung gemacht habe (einschließlich der bewährten Methode des »Klinkenputzens«, um Bürger in Nachbarn zu verwandeln), durfte ich über einige Jahre an der Sozialraum-Fortbildung der Basismitarbeiter sowohl bei »Alsterdorf« als auch bei »Leben mit Behinderung« mitwirken. Dabei wird immer auch das »Klinkenputzen« geübt. Hier sagte eines Tages eine junge Pflegehelferin: »Also, bei mir hat sich am besten bewährt, wenn ich – nach ›schriftlicher Vorwarnung‹ – zusammen mit einem Behinderten bei den Leuten klingele, mich vorstelle (›Wir sind die Neuen‹) und dann – je nach Situation abgewandelt – sinngemäß die Frage stelle: ›Was können wir für *Sie* tun?‹« Ich weiß noch, wie mich das umgehauen hat: Trotz meiner großen Erfahrung hatte ich mich noch nie getraut, die traditionell-professionelle Frage-richtung (»Was können Sie für uns tun?«) so ins Inklusions-Gegenteil umzudrehen; vielmehr musste ich zugeben, dass diese junge Frau ihre Profi-Scheuklappen zugunsten eines vollständigen Inklusions-konzepts weit mehr als ich abgelegt hatte!

Im Übrigen komme ich auf meinen »Feldforschungs«-Reisen immer noch nicht aus dem Staunen heraus: Was uns zugunsten der psychisch Kranken oder der geistig Behinderten nie gelungen ist, das ist zugunsten der Alterspflegebedürftigen und Dementen im Laufe von dreißig Jahren fast zur Selbstverständlichkeit geworden: Praktisch in jeder Kleinstadt, in den meisten Vierteln von Großstädten und insbesondere in einem großen Teil der Dörfer gibt es heute mindestens eine, wenn nicht mehrere Bürgerinitiativen im Sinne der neuen Nachbarschaftsbewegung, wo Bürger auf immer wieder neuen, oft von ihnen selbst erfundenen Wegen in der Regel in den Grenzen ihres Sozialraums sich für die Inklusionskultur eben dieses Sozialraums engagieren. Oft von den etablierten Wohlfahrtsverbänden mobilisiert, vermutlich noch öfter jedoch aus eigenem bürgerschaftlichem Antrieb erhält man auf die an sich blöde, aber typische Profi-Frage nach ihren Motiven als Antworten – außer der verbreiteten Verständnislosigkeit – die drei bereits erwähnten Hinweise (Kap. I und II), dass man außer dem Konsum und Genuss seiner freien Zeit ein Gleichgewicht zwischen Nehmen und Geben brauche, also außer Freizeit auch ein bisschen sozialgebundene Zeit, um sich gesund zu fühlen, außer Entlastung auch Belastung (seine Tagesdosis an Bedeutung für Andere), um zur Auslastung und damit zur Gesundheit zu kommen und drittens das Interesse an einem Gleichgewicht zwischen sowohl kostenlosen als auch bezahlten Tätigkeiten, je mehr mein Tun sich etablierten Dienstleistungen nähert (im Sinne der Dienstleistungsgesellschaft als Tätigkeitsgesellschaft). Manche dieser Tätigkeiten sind Konsumangebote nach der »Kommstruktur«, eher für noch fitte und mobile Alte im dritten Lebensalter, die es möglicherweise noch dringlicher bräuchten, selbst Anderen etwas geben zu können, allenfalls von präventiver Bedeutung, damit es nicht zur Vereinsamung kommt. Andere Tätigkeiten beziehen sich jedoch umgekehrt nach der »Gehstruktur« eher auf schon isolierte und schwer pflegebedürftige Alte, um ihnen mit dem Lebensnotwendigsten in der eigenen Wohnung oder auch im Heim beizustehen.

Um diese unendlich vielfältige Szene herum hat sich inzwischen eine Fortbildungskultur entwickelt, von der auch noch niemand sagen kann, in welchem Maß sie dazu dient, Profis Arbeitsplätze zu beschaffen, über die man die Bürger zu »Halbgebildeten« (Semiprofis) erzieht, um sie in der Hierarchie eines Versorgungssystems kontrollieren zu können, und in welchem anderen Maß hier Reflexionsräume geschaffen werden, in denen den Bürgern ihr

Nachbar-Eigensinn mit allen (auch unsympathischen) Ecken und Kanten belassen wird, weil nur so wirkliche Inklusion sich ergeben kann, wo man aber gleichwohl Gelegenheit hat, herrschaftsfrei über seinen Umgang mit Anderen nachzudenken. Ein Spagat zwischen diesen beiden Extremen ist zugegebenermaßen schwierig, schon weil noch ungeübt und daher sicher noch nicht verallgemeinerungsfähig. Daraus hat sich für die Bürger als Nachbarn eine Fülle unterschiedlicher Rollen- und Tätigkeitsbezeichnungen ergeben, unterschiedlich auch je nach Sozialraum. Hier eine unvollständige Sammlung: Augsburg Paten. Schermbeck Nachbarschaftsbetreuer. Hannover Demenzbegleiter. Vlotho Pflegebegleiter. Dreieich Quartiersgruppe. Erlangen Altersberater. München Seniorenbegleiter. Sprockhövel Besuchspaten. Frankfurt Wegbegleiter. Ulm Kümmerer. Hamburg Lotsen. Hattingen Seniorenzeithelfer. Enger Senioren-Experten. Zwickau und Husum Seniorentrainer. Ortenau Mentoren. Nordhorn Freizeitbegleiter. Einige Titel berechtigen zu einer Honorierung, andere wiederum nicht. Nicht zu vergessen ist hier, dass die Körperbehinderten als Vorreiter das Leben in der eigenen Wohnung (bis zu 24 Stunden) durch »persönliche Assistenten« erkämpft haben, wobei es vielleicht zukunftsfähig ist, dass sie sich an einigen Orten in Genossenschaften zusammengeschlossen haben: in München nach dem Arbeitgeberprinzip, in Hamburg nach dem Konsumentenprinzip und in Bremen nach dem Assistenzprinzip.[89]

Schließlich kann man die Nachbarschaftsinitiativen – meist in Vereinsform – nach solchen unterscheiden, die sich speziell auf die Hilfen für Alterspflegebedürftige und Demente konzentrieren, und solchen, die genau dies ablehnen, weil es ihnen vor allem um das Miteinander (auch der Generationen) geht. Wenn man bedenkt, dass das diagnostische Zielgruppenprinzip ein typisches (industriegesellschaftliches) Profiprinzip ist, muss man einräumen, dass diejenigen, denen es um das Miteinander sowohl der diagnostischen Gruppen als auch der Altersgruppen geht, näher dran am Ideal der Inklusionskultivierung des gesamten Sozialraums und daher vielleicht zukunftsfähiger sind. In dieser Hinsicht gibt es eine interessante Entwicklung

89   Inforum 4/2008, S. 25

von den ca. 500 Mehrgenerationenhäusern her, von denen die Mehrheit ihre sozialen Aktivitäten um das Kernangebot der Befriedigung eines normalen organischen Bedürfnisses herum anordnen, nämlich um das Mittagessen für diejenigen, die zu alt und diejenigen, die zu jung für die Erwerbsarbeit sind, woraus sich eine besondere Beziehung zwischen den Alten und den Jungen (zum Beispiel in Bottrop) ergibt, wobei es sich also, wenn man so will, um das Kernelement des israelischen Kibbuz handelt.

Gegenüber diesen freien Aktivitäten der Nachbarschaftsinitiativen ist der Sozialraumbezug der neuen alternativen Wohnformen noch eine Stufe verbindlicher, also wenn es einmal um das »gemeinschaftliche Wohnen« der Generationen im Allgemeinen geht oder noch mehr um die neuen Wohnformen für die schwer Pflegebedürftigen oder Dementen, wo es in der eigenen Wohnung nicht mehr geht, das Pflegeheim aber abgelehnt wird. Hier kann man zwar auch schon bei dem Typ der »Gast- oder Pflegefamilie« oder bei dem Typ des »Schwäbischen Tandem«, wie schon beschrieben, oft von einem Sozialraumbezug sprechen. Aber ganz besonders gilt der Sozialraumbezug für den Typ der »ambulant betreuten Wohnpflegegruppe«, von denen es bisher etwa 1000 gibt, wo man zum Beispiel immer häufiger hört: »Früher galt unser Sozialraum (unser Viertel, unsere Dorfgemeinschaft, unsere Nachbarschaft) als vollständig, wenn die Zahl der Kindergartenplätze stimmte; heute muss auch die Zahl der ambulanten Wohnpflegeplätze stimmen!« Auch die ambulanten Wohnpflegegruppen habe ich in »Leben und sterben ...« (a.a.O.) ausführlich beschrieben, sodass ich mich hier auf das Wesentliche beschränken kann. Vor allem hat sich meine Prognose der Verallgemeinerungsfähigkeit der ambulant betreuten Wohnpflegegruppen eher bestätigt, vor allem seit sie zunehmend in Kooperation mit Wohnungsbaugesellschaften betrieben werden und somit als integraler Bestandteil des Sozialraums einer ganzen Siedlung versorgungsrelevant sind, was man heute als »Bielefelder Modell« bezeichnet. Daher sprechen die Initiatoren, wenn sie über hinreichend viele ambulante Wohnpflegegruppen (abgekürzt WGs) verfügen, gelegentlich davon, dass ihr Sozialraum eine »heimfreie Zone« ist, sie somit das Institutionalisierungs-Symbol des Industriezeitalters hinter sich gelassen hätten, auch wenn manchmal ein paar Prozent an den

100% noch fehlen. Das gilt etwa auf der Ebene des Dorfes (zum Beispiel Eichstetten/Breisgau), auf der Ebene der Kleinstadt (zum Beispiel Ettenheim/Baden) und auf der Ebene der Großstadt für einzelne Stadtteile (zum Beispiel Bielefeld).

Dafür müssen freilich einige Bedingungen erfüllt sein, was bei der Vielfalt der WGs (keine gleicht begrüßenswerterweise der anderen; denn wir können noch lange nicht wissen, welche Form die beste ist) nicht immer der Fall ist und wie ich sie noch am besten (meine subjektive Einschätzung!) bei den ca. 70 WGs in Bielefeld erfüllt sehe, zumal die Bielefelder diese neue Grundform erfunden haben und daher über die längsten Erfahrungen von über dreißig Jahren verfügen.[90] Diese Bedingungen sind:

1. Inklusionsbezug für den jeweiligen Sozialraum: man fühlt sich verantwortlich für das Miteinander aller Bürger mit/ohne Hilfebedarf und für alle Pflegebedürftige des jeweiligen Viertels, egal, mit welcher Diagnose und welchen Alters; denn Monokultur ist tödlich.
2. Die ambulant betreute Wohnpflegegruppe wird wie ein Haushalt geführt, woran sich jeder – nach seinen Möglichkeiten – beteiligt; denn jeder Pflegebedürftige, auch jeder Demente, hat – wie alle anderen Menschen – das Bedürfnis nach seiner Tagesdosis an Bedeutung für Andere. Das bedeutet – bei Kostengleichheit mit einem Heimplatz –, dass man zwei- bis dreimal mehr Zuwendungszeit für die Pflegebedürftigen buchstäblich erwirtschaftet.
3. Das Prinzip des Bürger-Profi-Mix, also so viele Profis (Fachpflegekräfte) wie nötig und so viel Bürger wie möglich: denn während die Profis die fachlichen Experten sind, sind die Übrigen mindestens 50% Hauptamtlichen (auch interessierte arbeitslose

90 Verein Alt und Jung, Huchzermeier Straße 7, 33611 Bielefeld, www.altund jung.org
Zur Beratung steht am ehesten die Gründerin, Theresia Brechmann, zur Verfügung. Und weil sie selbst aus der Einzelkämpfer-Kultur der freiberuflichen Gemeindeschwestern stammt, gibt es hier auch die Besonderheit, dass von den heute etwa 580 hauptamtlichen Mitarbeitern die meisten als Selbständige arbeiten, nur mit ihrer Unterschrift unter der Vereinssatzung an das strenge Sozialraumkonzept gebunden. Zusätzlich gibt es 220 Nachbarschaftshelfer (gegen Aufwandsentschädigung).

Nachbarn) die Integrations- oder Inklusions-Experten und zwar so wie sie sind, weshalb es auch kaum »fachliche« Fortbildung gibt.

4. Nach Möglichkeit strebt man an, dass die WG ein integrierter Bestandteil der Siedlung einer Wohnungsbaugesellschaft ist, wozu regelmäßig auch ein Nachbarschafts-Café gehört, von wo aus die Betreuung auch der in eigener Wohnung lebenden Pflegebedürftigen in einem Radius von 800 Metern erfolgt, wodurch sich der Sozialraumbezug noch einmal stabilisiert. Dazu gehört noch ein Kreis von Nachbarschaftshelfern aus der Umgebung.

Unter diesen oder ähnlichen Bedingungen – einschließlich der versorgungsrelevanten Ausstrahlung der Pflege- und Betreuungsressourcen in die häuslichen Pflegeverhältnisse der Umgebung – gilt die Faustregel, dass von einer ambulant betreuten Wohnpflegegruppe her (6-8 Pflegebedürftige) die Pflegevollversorgung eines Territoriums von 2000 Einwohnern garantiert ist.

Nun hat es sich inzwischen herumgesprochen, dass die Wohnungswirtschaft bei schrumpfender Bevölkerung in ihren Siedlungen Leerstandsprobleme hat. Schon aus betriebswirtschaftlichen Gründen kann sie es sich nicht mehr leisten, pflegebedürftige, schwierige oder störende Siedler – wie früher – in das nächste Heim abzuschieben. Vielmehr wirbt sie um neue Siedler mit dem Versprechen lebenslangen Wohnrechts, egal, wie pflegebedürftig oder schwierig die Leute werden, und genau zu diesem Zweck vernetzt sich die Wohnungswirtschaft heute mit dem Bielefelder Modell und vollzieht damit offenbar erfolgreich den epochalen Wandel zum Sozialraum- und Inklusionsprinzip der heutigen Dienstleistungsgesellschaft.

Ganz ähnlich verhält es sich nun überraschenderweise mit den in ihrer Existenz bedrohten Dörfern, zum Beispiel in den grenznahen Regionen der neuen Ostländer, wo durch die Abwanderung der Jungen der Überhang an Alten noch dramatischer wird. Auch hier kann nur ein vergleichbarer Umbruch die Existenz retten, wie dies im Westen bereits etliche Dörfer vollzogen haben, indem sie sich nicht mehr – wie früher – von ihrem Überhang an Alterspflegebedürftigen durch Verlegung in abgelegene Heime entlasten, sondern beschließen, ihre allzu vielen Alten als Reichtum und Chance aufzufassen, indem sie im Sozialraum des eigenen Dorfs mit eigenen Mitteln ein zukunftsfähiges Hilfesystem entwickeln, wozu oft schon ein oder zwei ambulante Wohnpflegegruppen ausreichen – ein Prinzip, das sich zudem auf die psychisch Kranken und geistig behinderten Dorfbewohner ausdehnen lässt. Auf diese Weise schaffen sie im eigenen Dorf erstens attraktive Arbeitsplätze für Pflegeprofis, zweitens bauen sie einen Teil ihrer Arbeitslosigkeit durch die hauptamtliche Beschäftigung der notwendigen ungelernten Präsenzkräfte ab, drittens tun sie etwas gegen ihren Leerstand, viertens bleibt den alten oder behinderten Mitbürgern die Vertrautheit ihrer Heimat erhalten, fünftens vollziehen sie damit den Übertritt in die Dienstleistungsgesellschaft und sechstens stellt heute ein zukunftsfähiges Hilfesystem einen Standortvorteil dar, der auch Investoren für die gewerbliche Wirtschaft reizen kann.

Wenn ich jetzt noch darauf verweise, dass es bei den inzwischen ca. 2000 Projekten des »gemeinschaftlichen Wohnens« in letzter Zeit mehrere Beispiele dafür gibt, dass man unter den verschiedenen Wohneinheiten auch eine für den Betrieb einer ambulant betreuten Wohnpflegegruppe für Demente und anders Pflegebedürftige vorsieht, sodass das Ursprungsversprechen eines lebenslangen Miteinanders auch bei hohem Pflegebedarf eingehalten werden kann, versteht man, warum ich diesem Kapitel einen Anhang beigegeben habe, bestehend aus vielen Beispielen, von denen man aus meiner Sicht etwas Besonderes lernen kann, der Reihenfolge nach a) für ambulante Nachbarschaftsinitiativen, b) fürs »gemeinschaftliche Wohnen«, c) für ambulant betreute Wohnpflegegruppen in der Stadt, d) für ambulant betreute Wohnpflegegruppen auf dem Land und e) für sonstige neue Wege.

Zuvor muss ich freilich noch auf eine vielleicht entscheidende Chance des Sozialraumprinzips, nämlich für die Organisation und Finanzierung eines zukunftsfähigen Hilfesystems hinweisen: Ich meine das »Sozialraumbudget«, wie es sich ebenfalls bereits in der Jugendhilfe (Hinte a.a.O.) bewährt hat. Dieses Budget wird vereinbart zwischen den medizinischen und sozialen Kostenträgern auf der einen Seite und all den Trägern, die sich an der Versorgung und Kultivierung eines bestimmten Sozialraums beteiligen wollen, auf der anderen Seite – und zwar für einen Zeitraum von ein, zwei oder fünf Jahren. Es gibt so etwas zwar noch nicht als Gesamtbudget, wohl aber für einzelne Bereiche der sozialen oder medizinischen Kostenträger. Gerade in Schleswig-Holstein haben etliche psychiatrische Abteilungen am Allgemeinkrankenhaus zum Teil schon über Jahre positive Erfahrungen gemacht.[91] Als Beispiel hier der Landkreis Herzogtum Lauenburg, dessen 186.000 Einwohner ursprünglich 50 psychiatrische Betten brauchten, nach Vereinbarung des Sozialraumbudgets jedoch nur noch eine Station mit 20 Plätzen, weil das Versorgungssystem jetzt weitgehend ambulantisiert ist, zum Beispiel durch Home-Treatment-Teams, flankiert von zwölf Zuverdienstfirmen, zwölf ambulant betreute Wohnpflegegruppen, Krisen-Familien usw. Der Charme des Sozialraumbudgets besteht darin, dass alle nur noch das Ziel vereinbaren, die Wege dorthin aber den einzelnen Trägern überlassen sind, was fast alle – oft demotivierenden – Kontrollen hinfällig macht. Man kann dort auch zwei Personalbudgets vorhalten, ein großes für die Profis, aber auch ein kleines für die engagierten Bürger. Schließlich ist dieses Budget die einzige Finanzierungsform, die bei weiterbestehender Marktwirtschaft gleichwohl am Gemeinwohlprinzip orientiert bleiben kann, sodass man betriebswirtschaftlich nicht gezwungen ist, mit den profitabelsten psychisch Kranken zu beginnen, sondern mit den bedürftigsten und »letzten« Patienten, ohne finanziell dafür bestraft zu werden. Es wäre im Interesse buchstäblich Aller, wenn nunmehr in einigen Modellregionen auch das Sozialraum-*Gesamt*budget erprobt würde.

Und nun kommt – wie versprochen – der Anhang mit Beispielsammlung:

Vorab noch ein bisschen »Rahmenlektüre« zum Sozialraum. So etwa der Hinweis auf die Schriftenreihe der Bertelsmann Stiftung und des »Kuratorium Deutsche Altershilfe« mit dem Titel »Leben und

---

91 So etwa A. Deister: Vom Fall zum Menschen – Erfahrungen aus einem Regionalen Psychiatrie-Budget, in: Gesundheitswesen, 73:85-88, 2011; dies betrifft die Psychiatrie am Klinikum Itzehoe für den Landkreis Steinburg. Ähnlich Matthias Heißler: Post-Psychiatrie, unveröffentlichtes Manuskript, zu beziehen über den Verfasser, Johanniter-Krankenhaus, Psychiatr. Abt., Am Runden Berge 3, 21502 Geesthacht

Wohnen im Alter« – und hier besonders Band 1 »Neue Wohn-
konzepte« und Band 6 »Ambulant betreute Wohngruppen –
Arbeitshilfe für Initiatoren«, Köln: Kuratorium Deutsche Altershilfe
2003 bzw. 2006 (www.kda.de). Wie fröhlich man sich auch an die
»Raumpflege« seines Sozialraums machen kann, zeigen die drei
Kölner Jürgen Becker (Kabarettist), Franz Meurer (Kath.
Gemeindepfarrer) und Martin Stankowski (Journalist): Von wegen
nix zu machen, Werkzeugkiste für Weltverbesserer, Köln:
Kiepenheuer & Witsch 2008. Dem kann ich nur meine Lebenserfahrung hinzufügen: Bei den vielen Sozialraumprojekten, die ich
selbst handwerklich in die Welt gesetzt habe, wäre ich immer dann
gescheitert, wenn ich zuerst an die Finanzierung gedacht hätte; wenn
ich aber erst mal angefangen habe, ist das – gleichwohl wichtige –
Geld (fast) immer nachgewachsen, was wohl damit zusammenhängt,
dass wohl weniger das Geld, sondern mehr der Glaube Berge versetzt.

Und jetzt die bunte Beispielsammlung:

a) für ambulante Nachbarschaftsinitiativen

- In **Hofheim/Taunus** gibt es 1000 Senioren-Nachbarschaftshelfer,
  die zum Beispiel für die Beratung auf Augenhöhe sorgen; pro-
  zentual zur Einwohnerzahl noch mehr davon gibt es nur noch in
  Dietzenbach. Infos: über die Bürgermeister
- **Schermbeck/Dorsten**: hier zertifiziert der Bürgermeister selbst
  fortgebildete Bürger als »Nachbarschaftsbetreuer«, die für die
  Vermittlung von Hilfen in jedem Lebensalter in diesem
  Sozialraum (15.000 Einwohner) zuständig sind.
- **Dortmund**: Hier haben sich die Altentreffs aller Kirchengemeinden vernetzt. Martina Blasberg-Kuhnke, Andreas
  Wittrahm (Hg.): Altern in Freiheit und Würde, Handbuch christ-
  liche Altenarbeit, München: Kösel 2007, S. 228-234
- **Stötteritz** ist ein – inzwischen legendärer – Stadtteil von Leipzig;
  denn hier hat der Sozialarbeiter Georg Pohl (aus der nahen psy-
  chiatrischen Anstalt Dösen) direkt nach der Wende einen Verein
  gegründet (Vereinsnummer 3!), mit dessen Hilfe er und andere
  Bürger in diesem Viertel gesamtdeutsch die erste tragfähige
  Integrationskultur entwickelt haben, nicht nur für psychisch
  Kranke (ehem. Langzeitpatienten), sondern auch für andere
  Benachteiligte.

- **Wischhafen/Stade:** in dieser Gemeinde für mehrere Dörfer haben Bürger zunächst ein Seniorenbüro gegründet, das sich aber so bewährt hat, dass ihnen inzwischen auch das allgemeine Bürgerbüro übertragen wurde. Info: Förderverein »Wi helpt«, Stader Straße 171, 21737 Wischhafen
- Diözese **Rottenburg-Stuttgart:** Hier gibt es (seit 1975) die »organisierte Nachbarschaftshilfe«, wo derzeit 4.000 Nachbarschaftshelfer sich (gegen Aufwandsentschädigung) in 200 Gemeinden engagieren. Info: Zukunft Familie e.V., Strombergstraße 11, 70188 Stuttgart
- **Berlin/Brandenburg:** Hier gibt es die »Haltestelle Diakonie«, wo z. Z. 450 Bürgerhelfer sich an 20 Standorten in der häuslichen Betreuung, nicht nur bei Dementen, sondern auch bei psychisch Kranken engagieren. Diese Nachbar-Bürger sind je zu einem Drittel erwerbstätig, im dritten Lebensalter und arbeitssuchend. Info: www.haltestelle-diakonie.de
- **Delmenhorst:** Hier hat sich aus einem der üblichen Besuchsdienste einer Kirchengemeinde ein Nachbarschaftsverein entwickelt. Info: Ev. Seniorenhilfe, Willmsstraße 5, 27749 Delmenhorst
- **Waiblingen:** Hier haben Bürger sich ganz bewusst nicht für den Hilfebedarf des ganzen Städtchens zusammengetan, sondern nur für einen kleinen Stadtteil und daher die »Bürgerinteressengemeinschaft Waiblingen-Süd e.V.« gegründet, was es ihnen nun erlaubt, auch tiefer in die notwendigen Strukturveränderungen hineinzuwirken. Info: Danziger Platz 8, 71332 Waiblingen, www.big-wnsued.de
- **Halle/Westfalen:** Bei dem dortigen »Generationennetzwerk« finde ich den sozialräumlichen Umfang der Nachbarschafts-Aufmerksamkeit bemerkenswert: nicht nur für Demente und Kranke, sondern auch für Neubürger oder auch nur für Vereinsamte (»Telefonkette«). Info: Bahnhofstraße 17, 33790 Halle, www.generationennetzwerk-hallewestf.de
- **Mannheim-Hemshof** ist das Viertel, auf das sich (sozialräumlich) die »Nachbarschaftshilfe e.V.« beschränkt, sodass eine Beziehungsintensität von 250 Bürgerhelfern auf 300 Betreute möglich wird. Info: Jakob-Binder-Straße 13, Mannheim

- **Essen** ist von dem Behindertenpastor Klaus von Lüpke schlicht und ergreifend zur »Menschenstadt« erklärt worden, und zwar zur Inklusion der Behinderten auf einem Dutzend neuer, kreativer Wege, von denen ich hier nur das »Bürgerjahr« erwähne, wo ca. 200 »Normalbürger« in der Regel für ein Jahr nach dem Tandemprinzip (immer zusammen mit einem Behinderten) etwas »tun« und dafür meist über abrechenbare Leistungen so bezahlt werden, dass sie davon – wenn auch nur knapp – leben können. Da man von diesem »Essener Modell« viel lernen kann, lesen Sie am besten sein Buch: Von der Kultur des Zusammenlebens in Vielfalt, Entwicklungsperspektiven inklusiver Behindertenhilfe, Essen: Die Blaue Eule 2010
- **Gelnhausen** beherbergt das »Burckhardthaus«, das sich seit Langem mit dem Sozialraumpotenzial beschäftigt, so auch in: Stefan Gillich (Hg.): Nachbarschaften und Stadtteile im Umbruch, Gelnhausen: TRIGA, 2007, mit Anwendungs-Beispielen zum Beispiel in Hannover-Linden-Süd und in Bremen-Lüssum (hier zur »lokalen Beschäftigung«)
- **Gaienhofen/Bodensee** hat durch die Kath. Landfrauenbewegung den Verein »Hilfe von Haus zu Haus« angestoßen, wo zum Beispiel 2005 in etlichen Dörfern 45 Nachbarinnen in über 6.000 Stunden ein Sozialraum-Netzwerk hergestellt haben. Info: Kirchgasse 2, 78343 Gaienhofen
- In **Nordrhein-Westfalen** erscheint das »Forum Sozialarbeit NRW«, in 5/2008 mit dem Schwerpunkt »Älterwerden im Wohnquartier, Lebendige Nachbarschaft – Wie gelingt das?« – mit sozialraumbezogenen Praxisbeispielen für Dortmund-Althoffblock und -Lüttringhausen, für Mühlheim-Saarn, Hagen-Wehringhausen, Dorsten, Hanau und aus dem Landkreis Hersfeld-Rotenburg (200 Bürgerhelfer – vor allem für demente Singles).
- **Emsdetten** hat einen kleinen Ortsteil Sinningen (1.080 Einwohner), für den die Bürger, um ihr Nachbarschaftspotenzial wachzuküssen, einen eigenen Verein »Ortsnahe Alltagshilfen« gegründet haben. Info: Dünenweg 1a, 48282 Emsdetten
- **Rammenau/Bischofswerda**, ein kleines Dorf (1.500 Einwohner) in Sachsen, zeichnet sich durch ein so intensives Vereinsleben aus, dass daraus auch für die alterspflegebedürftigen und dementen

Bürger informell und indirekt ein so tragfähiges Nachbarschafts-
netz entsteht, dass es eines speziellen Hilfsvereins nicht bedarf.
Info: Prof. Ralf Evers, Ev. Hochschule, Semperstraße 2a, 01069
Dresden (Projektbericht).

- **Berlin-Wedding**: hier liegt auch der »Sprengelkiez« (12.000
  Einwohner, Migrantenanteil 35%). Der Senat hat dort wie in elf
  anderen Berliner Sozialräumen einen zunächst ehrenamtlichen
  »Quartiersbeirat« eingesetzt, in den sich nun auch zunehmend
  Migranten wählen lassen. Zudem lassen sich vor allem Frauen zu
  »Integrationslotsen« fortbilden, um über den Verein »Die
  Brücke« an der Inklusion (nicht nur migranten-bezogen) dieses
  Sozialraums zu arbeiten.

- **Bad Schmiedeberg** (Sachsen-Anhalt) hat, wie etliche andere
  Kommunen, mit dem Projekt »Bürgerarbeit« Arbeitslosen zu
  unbefristeten und sozialversicherungspflichtigen Arbeitsplätzen
  im Dienstleistungsbereich (Altenheim, Kirchengemeinde,
  Feuerwehr) verholfen und damit die Zahl der Arbeitslosen halbiert. Info: Bürgermeister

- **Berlin** kennt in allen westlichen Bezirken »Nachbarschafts-
  heime« als Nachkriegsgründung englischer Quaker mit diversen
  ambulanten Aktivitäten, ursprünglich für die Integration
  Jugendlicher, jetzt mehr auch für die Inklusion der Alterspflegebedürftigen. Info: zum Beispiel Nachbarschaftsheim Schöneberg,
  Holsteinische Straße 30, 12161 Berlin

- **Niedersachsen** unterhält eine »Landesvereinigung für
  Gesundheit«, die sich in den letzten Jahren besonders mit dem
  Zusammenhang von Armut, Gesundheit und Alter beschäftigt
  hat. Der Projektbericht, mit vielen praktischen Sozialraum-
  Beispielen, von 2007 hat den Titel »Gute Nachbarschaft heilt«,
  zu beziehen über Landesvereinigung für Gesundheit, Dr. Antje
  Richter, Fenskeweg 2, 30165 Hannover.

- **Minden** darf in diesem Zusammenhang nicht vergessen werden,
  wo die Bürger (aber nur eines bestimmten Stadtviertels) mit der
  Berentung sich zur Aufgabe gemacht haben, ihr nun beginnendes
  drittes Lebensalter in den Dienst der Mitbürger im vierten
  Lebensalter zu stellen, um ihnen nach Möglichkeit das Leben und
  Sterben in der eigenen Wohnung zu ermöglichen, übrigens mehr
  Männer als Frauen. Info über die Anna-Luisen-Altendorf-

Stiftung, die diesen Prozess von Anfang an unterstützt hat, www.alten-dorf.de

- **Enger** kommt Minden nicht nur geografisch, sondern auch ideell nahe. Dort (und in Bielefeld) gibt es nicht nur den »Generationen-Treff«, zwecks Inklusion der Älteren, sondern auch noch das »Senioren Experten Team«, wo Senioren ihre Erfahrung und ihr Wissen einbringen in: Schulen, Kindergärten, Stadtbücherei, Wohnungsbaugesellschaften, Kommunen, Vereine sowie Heime und ambulante Dienste. Info: Günther Niermann, Werther Straße 22, 32130 Enger, www.generationentreff.de
- **Bremervörde:** Hier hat der Verein »Tandem« nicht nur mit nahezu idealer Vollständigkeit einen Bürger-Profi-Mix zur Inklusion der psychisch Kranken des Sozialraums realisiert, insbesondere was Arbeitsmöglichkeiten angeht, sondern sich auch (in Verbindung damit) in kommunale Aufgaben eingeklinkt (zum Beispiel Übernahme des Kinos oder Organisation der »Tafel«, auch in umliegenden Dörfern). Info: Tandem, Ritterstraße 19, 27432 Bremervörde, www.tandem-brv.de
- **Pfronten/Allgäu** hat den Generationenvertrag neu geschrieben, mit Gründung des »Verein für nachbarschaftliche Unterstützung und Zeitvorsorge«, verbunden mit einem generationsübergreifenden Ansparmodell der für Andere gespendeten Zeit. Info: NUZ, Kolpingstraße 14, 87459 Pfronten
- **Calw** hat seinen Pflegestützpunkt besonders umsichtig auch auf die Verantwortung für die Kultivierung des Sozialraums organisiert. Landratsamt, Vogteistraße 42-46, 75365 Calw

b) Beispiele für das »gemeinschaftliche Wohnen«

- **Landau/Pfalz** hat sein Projekt für »gemeinschaftliches Wohnen«, also den »Generationenhof«, vervollständigt durch eine ambulante Wohnpflegegruppe für Demente, um das Anfangsversprechen eines lebenslangen Miteinanders besser erfüllen zu können. Info: www.gehola.de
- **Kassel:** Hier ist das »Heilhaus« ein anthroposophisches Unikat, eine Art Mehrgenerationenhaus, wo man aber konsequent »vom Letzten her« denkt, sich nicht nur um pflegebedürftige Alte ambulant und stationär sorgt, sondern auch um sterbende Kinder, die dort mit ihren Angehörigen im Sterben betreut, aber

auch bis dahin – so normal wie möglich – beschult werden. Von hier kann die Hospizbewegung die (dringend nötige) Perspektive des »Mehrgenerationenhospiz« lernen! Info: Heilhaus, Stiftung Ursa Paul, Brandaustraße 10, 34127 Kassel, www.heilhaus.org

- **Trier:** Hier gibt es mit dem »Schammatdorf« eine noch im Stadtinneren gelegene Siedlung, wo 280 Menschen in 144 Wohnungen leben: Familien mit Kindern, Menschen mit und ohne Behinderung, ältere Menschen, Studenten, psychisch Kranke, wie die Vereinssatzung das vorsieht. Da diese Siedlung bereits 1979 bezugsfertig war, ist dies meines Wissens die erste Siedlung, die den Begriffen »gemeinschaftliches Wohnen« und dem »Dorf in der Stadt« entspricht, als es diese Begriffe noch gar nicht gab, wo allenfalls die Architekten schon mal von dem Trend zur »Verdörflichung der Städte« sprachen. Bis heute besteht die beschriebene Mischbelegung, jetzt auch schon der Inklusion entsprechend. Aus dem Schammatdorf kommen immer wieder Leute, die bedeutende zivilgesellschaftliche Rollen im kommunalen Leben der Stadt Trier spielen. Info: www.schammatdorf.de

- **Heidenheim** nennt seine Siedlung für das »gemeinschaftliche Wohnen« direkt »Dorf in der Stadt«, das seine Dementen und Alterspflegebedürftigen zudem baulich in seine Mitte nimmt – in einer vorgesehenen ambulanten Wohnpflegegemeinschaft – sowie eine Hospizwohnung. Info: Stiftung »Dorf in der Stadt«, Neuffenstraße 11, 89518 Heidenheim. Ähnlich ist es in

- **Lilienthal**, das sein entsprechendes Projekt »Ökologische Siedlung« nennt. Info: Lebensraum e.V., Peter-Sonnenschein-Straße 57, 28856 Lilienthal, www.liliensiedlung.de

- **Hamburg-Barmbek-Süd:** Hier entsteht u. a. das »Parkquartier Friedrichsberg«, um das herum ein Dutzend Mehrfamilienhäuser entstehen, wo in bunter Mischung unterschiedliche integrationsbedürftige Gruppen siedeln, auf gegenseitige Nachbarschaftshilfe angelegt. Zeitgleich entsteht in Hamburg-Wilhelmsburg das erste »integrative Wohnhaus« für türkische und deutsche Alterspflegebedürftige. Info: Freihaus Nr. 15, 2008

- **Arolsen** beherbergt die deutsche Zentrale der internationalen Abbeyfield-Bewegung, die sich für den Bau normaler Wohnhäuser für Senioren einsetzt. Info: Alfred Hoffmann,

Schlossstraße 12, 34454 Bad Arolsen. Nach einem ähnlichen Prinzip arbeitet in

- **Göttingen** das Senioren-Wohnhaus des Vereins »Freie Altenarbeit«, nur, dass man sich von hier aus auch sehr engagiert in die lokale und bundesweite Altenpolitik einklinkt, weshalb der Verein auch inzwischen die »Mobile Wohnberatung Südniedersachsen« übernommen hat. Info: Am Goldgraben 14, 37073 Göttingen, www.freiealtenarbeitgoettingen.de. Wiederum ähnlich startet zurzeit in

- **Nürnberg** das zweite »Generationenhaus«, nur, dass hier nach dem Prinzip der »Vermietungsgenossenschaft« Ältere und Jüngere (besonders Alleinerziehende) familienähnliche Strukturen schaffen. Info: Anders Wohnen eG, Karl-Bröger-Straße 6, 90459 Nürnberg, www.anderswohnen-nuernberg.de. Wiederum verwandt sind von

- **Meckenbeuren** aus die »Lebensräume Alt und Jung« der Stiftung Liebenau, inzwischen in über 30 württembergischen Dörfern und Kleinstädten, wo streng die Mischung der Generationen (ein Drittel Alte) realisiert wird und auch durch Einbeziehung der Kommunen ein Sozialarbeiter für den Sozialraumbezug sorgt, wenn auch die schwerer Alterspflegebedürftigen in sozialraumexternen Pflegeheimen betreut werden. Info: Stiftung Liebenau, Siggenweilerstraße 11, 88074 Meckenbeuren, www.stiftung-liebenau.de

c) Beispiele für ambulant betreute Wohnpflegegruppen in der Stadt:
- **Bielefeld** ist immer noch mit seinen 70 ambulanten Wohnpflegegemeinschaften Tabellenführer unter den Städten, nicht nur hinsichtlich der Zahl, sondern auch der längsten Erfahrung und – wie ich meine – auch nach dem Konzept, wie ich schon früher dargestellt habe. Info: Alt und Jung e.V., Huchzermeier Straße 7, 33611 Bielefeld, www.altundjung.org

- **Hildesheim:** Hier mussten von der Diözese wegen der Kirchenaustritte in ihrem Bereich acht katholische Pfarrhäuser aufgegeben werden, die aber – in Fortführung des biblischen Auftrags – in ambulante Wohnpflegegruppen für die »Bedürftigsten« und »Letzten« umgewandelt wurden. Info: Diözese Hildesheim.

- **Coburg** hat schon früh (1970) mit der »offenen Arbeit« mit geistig Behinderten angefangen und dank der heute noch legendären S. Waltraud bereits 1975 die erste ambulante Wohngruppe eröffnet.
- **Weniger-Jena** ist ein Stadtviertel von Jena und betreibt das Mehrgenerationenhaus »Mittendrin« der Stiftung Aktion Wandlungswelten. Hier leben in inklusiver Mischung miteinander Senioren, ältere psychisch Kranke; zudem gibt es eine Kinder-Akademie, eine Tagesstätte für Jugendliche und das familienorientierte Café Lenz – mit vielen Arbeitsplätzen für psychisch Kranke. Info: www.wandlungswelten.de
- **Hamburg:** Hier hat jetzt die größte Wohnungsbaugesellschaft, die SAGA, beschlossen, in ihre Siedlungen ambulante WGs einzustreuen und diesem Projekt den Titel »Lebendige Nachbarschaft« beigegeben. Info: www.saga-gwg.de
- **SONG** (= »Soziales neu gestalten«) ist ein Gemeinschaftsprojekt von: Bank für Sozialwirtschaft, Bertelsmann Stiftung, Bremer Heimstiftung, Caritas-Betriebsführungs- und Trägergesellschaft (Köln), Ev. Johanneswerk (Bielefeld) und Stiftung Liebenau (Meckenbeuren) - mit dem gemeinsamen Ziel, bundesweit den Hilfebedarf (nicht nur der Alten) möglichst weitgehend und Schritt für Schritt aus den Heimen in die Sozialräume und Nachbarschaften weiterzuentwickeln. All diese »Konzerne«, die es sich dank ihrer Größe leichter leisten können, Schritte in eine ungewisse Zukunft zu tun (was gleichwohl höchst verdienstvoll ist), geben gemeinsam die Schriftenreihe »Zukunft Quartier« heraus, deren Themenheft 1 – »Hilfe-Mix« – ich Ihnen besonders ans Herz lege, zumal es praktische Empfehlungen enthält: an Behinderten- und Altenhilfe, an Gesellschaft und Politik, an Laien/Ehrenamtliche/Freiwillige und an Hauptamtliche/Professionelle. Info: Bertelsmann Stiftung, Carl-Bertelsmann-Straße 256, 33311 Gütersloh, www.netzwerk-song.de
  Das erwähnte und andere Themenhefte können kostenlos heruntergeladen werden.
- **Erlangen-Höchstadt:** Ambulante und sozialraum-bezogene Wohnpflegegruppe (WG) für zwölf, nicht nur demente, sondern auch anders pflegebedürftige Menschen. Info: Dr. Dieter Köchel, Schiffstraße 10, 91054 Erlangen. – Schon länger gibt es in
- **München** den Verein »Carpe diem«, wo eine ambulante WG für

Demente und ältere psychisch Kranke eingebettet ist in einen ambulanten Pflegedienst, eine Angehörigengruppe, den Alltagshelfer-Bürgerhelfer-Kreis, eine ambulante Betreuungsgruppe und einen ehrenamtlichen Besuchsdienst. All dies sozialraumbezogen. Info: Candidplatz 9, 81543 München, www.carpediem-muenchen.de. Auch in

- **München** hat jetzt mit der GEWOFAG die erste große Wohnungsbaugesellschaft mit »Wohnen im Viertel – zu Hause versorgt – ein Leben lang« am Innsbrucker Ring das »Bielefelder Modell« realisiert und will dies auch Zug um Zug in allen ihren Wohnanlagen in München einführen (Versorgungssicherheit im Umkreis von 800 Metern um ein Wohncafé herum). Info: GEWOFAG, Kirchseeoner Straße 3, 81669 München, www.gewofag.de
- **Zittau:** Wie es auch schon in manchen Bielefelder WGs u. a. einzelne Menschen im Wachkoma gibt, so gibt es nun in dieser Stadt eine der ersten ambulant betreuten WGs für Menschen im Wachkoma und mit anderen erworbenen Hirnschädigungen, wo der Einzelne als Mieter »Herr im Haus« ist und das Pflegepersonal »Gast«. Info: »Insel der Hoffnung GbR«, Lindenstraße 24, 02763 Zittau, www.insel-der-hoffnung.de
- **Ettenheim:** Kaum ein Ort ist so lehrreich und zugleich Mut machend wie dieses 10.000-Einwohner-Städtchen; denn hier hat eine lupenreine Bürgerinitiative (18 Frauen) mit drei ambulant betreuten WGs (ambulant betreute Wohnhäuser) für Alterspflegebedürftige und jetzt auch für Behinderte Ettenheim zu einer weitgehend »heimfreien Zone« gemacht, angefangen ziemlich zeitgleich mit Bielefeld, ohne dass man voneinander wusste und als es den Begriff noch gar nicht gab. Info: Margret Oelhoff, St. Josefshaus-Förderverein, Thomasstraße 7, 77955 Ettenheim.
- **Rendsburg:** Hier ging die Initiative wiederum von Pflege-Profis aus; aber auch so ist man auf dem Marsch zur »heimfreien Zone« schon ziemlich weit gekommen. Denn hier ist inzwischen sozialraum-bezogen die siebte ambulante WG im Aufbau, eine davon für körperkranke Pflegebedürftige, aber auch ein Nachbarschafts-Café, Betreutes Wohnen, ein Hospiz- und Palliativ-Team, ein »Friedhofsmobil« sowie – wie ich finde

besonders originell – die »Mobile Nachtpflege«, die des Nachts sowohl die WGs als auch im Bedarfsfall zu Hause lebende Pflegebedürftige betreut – man könnte fast an die sinnvolle Wiederbelebung des mittelalterlichen Nachtwächters denken. Info: Norbert Schmelter, »Pflege Lebensnah«, Prinzenstraße 8, 24768 Rendsburg, www.pflegelebensnah.de

- **Freiburg** hat in dem Konversionsgebiet »Vauban« mitten unter anderen Wohneinheiten die ambulant betreute WG »Woge« für Demente sozialräumlich eingebettet, sodass nachbarschaftliche Bezüge fast garantiert sind. Info: Anne Helmer, Woge, Heinrich-Mann-Straße 20, 79100 Freiburg, www.wogevauban.de

- **Berlin** ist (neben Bielefeld) das andere El Dorado der ambulant betreuten WGs, allerdings meist monokulturell für Demente ab 1995, anfangs gegen besonders rigiden Widerstand der Behörden, die am industriegesellschaftlichen Heim-Monopol festhalten wollten. Jetzt soll es ca. 300 WGs geben. Bei dieser großen Zahl sind »schwarze Schafe« unvermeidlich, was die Wortführer dieser Bewegung veranlasst, sehr auf Qualitäts-kriterien zu setzen, was ich für zu früh halte; denn einmal können wir noch nicht wissen, welche WGs die besten sind und zum anderen lernen die meisten ehemaligen Heim-Pflegeprofis – nach meiner Erfahrung – nach einer erforderlichen Übergangszeit von selbst, dass eine WG kein Heim ist. Gleichwohl gehören die ersten WGs (»Freunde alter Menschen«) konzeptuell zu den besten, deutlich erkennbar an dem Votum: »Bei uns findet Pflege am Küchentisch statt«. Info: Klaus Pawletko, Hornstraße 21, 10963 Berlin, www.freunde-alter-menschen.de

- **Obersteinbach/Nürnberg**: Hier besteht die Besonderheit darin, dass die ambulante Dementen-WG sozialraum-bezogen sich in den Räumen eines ehemaligen Altenheims etabliert hat, wenn dies auch den Nachteil hat, mit zwölf Bewohnern etwas zu groß geraten zu sein. Info: Heiner Dehner, Gesundheitsamt, Burgstraße 4, 90317 Nürnberg.

- **Bielefeld**: Hier, aber auch in Bremen, Tübingen, Erfurt, Schwerte, Dortmund, Unna, Berlin, wird die alte Tradition »Beginenhöfe« (seit dem 12. Jahrhundert) zeitgemäß wiederbelebt: So entstehen überwiegend sozialraum-bezogene, generationsübergreifende ambulante Frauen-WGs (zurzeit 450 Frauen in 20 Vereinen).

Info: Dachverband der Beginen, Greifswalder Straße 4, 10405 Berlin, www.dachverband-der-beginen.de – Ebenfalls in Bielefeld hat der größte Heimträger Westfalens (40 Pflegeheime), das Ev. Johanneswerk, vor einiger Zeit beschlossen, keinen weiteren Heimplatz mehr zu schaffen, sondern nur noch auf ambulante WGs und ähnliche Alternativen zu setzen. Info: Schildescher Straße 101-103, 33611 Bielefeld, www.johanneswerk.de

- **Bremen-Überseestadt:** Hier plant die legendäre »Blaue Karawane« ein nahezu ideal inklusives Wohnhaus mit 36 Wohnungen für Menschen mit und ohne Hilfebedarf, wobei 20 von ihnen (wieder gemischt Demente, Behinderte und psychisch Kranke) sich ihren Hilfebedarf bei ambulanten Diensten holen und wobei das Erdgeschoss stets Arbeitsmöglichkeiten vorhält. Das ist »Das Blauhaus«. Da will sich der Bremer Träger für geistig Behinderte, der »Martinsclub« nicht lumpen lassen: Er betreibt in Bremen-Findorff das Nachbarschaftshaus »NAHBEI«, wo Menschen mit und ohne Behinderung miteinander leben können. Info: Blaue Karawane e.V., Am Speicher XI, Abt. IV, 28217 Bremen, www.blauekarawane.de und www.martinsclub.de
- **Darmstadt:** Die Bürgerinitiative »Demenz-Forum« hat die Besonderheit, von Anfang an die Versorgung der Stadt und des Landkreises mit ambulant betreuten WGs anzustreben. Realisiert sind schon eine WG im Stadtteil Arheilgen sowie eine (»Ginkgo-Haus«) in Langen; eine dritte WG ist in Vorbereitung. Info: Demenz-Forum, Bad Nauheimer Straße 9, 64289 Darmstadt, www.demenzforumdarmstadt.de
- **Erfurt** hatte bis vor einiger Zeit ein Heim für psychisch Kranke. Anfang 2006 sind alle 20 Heimbewohner in eigene Wohnungen oder Wohngruppen umgezogen, aber – und das ist die ziemlich geniale Idee: das Ex-Heim wurde in ein »psychosoziales Zentrum« umgewidmet, u. a. in eine »Zuverdienstfirma«, wohin alle Ex-Bewohner kommen können, wenn sie das Bedürfnis haben, einmal etwas hinzuverdienen zu können und zum anderen (noch wichtiger), um auf ihre »Tagesdosis an Bedeutung für Andere« zu kommen, was entscheidend für die Stabilität dieses Inklusionsprojekts war. Info: Dirk Bennewitz, Trägerwerk Soziale Dienste, Tunger Straße 9, 99099 Erfurt, www.traeger-werk-thueringen.de

- **Reutlingen** betreibt seit 13 Jahren die Inklusion der dortigen geistig Behinderten, u. a. mit »Lebensweltorientierten Integrativen Wohngemeinschaften«, wo Menschen mit und ohne Behinderung (meist Studenten) miteinander leben. Info: Jo Jerg, Werner Schumann: exklusiv inklusiv wohnen, Diakonie Verlag, Reutlingen 2008, sowie Jo Jerg: Leben in Widersprüchen, im selben Verlag 2001

d) Beispiele für ambulant betreute WGs in Dörfern/auf dem Lande:
- **Gütersloh** ist bei den Landkreisen Tabellenführer mit 40 sozialraum-orientierten ambulant betreuten WGs (für ca. 400 vor allem Alterspflegebedürftige), wenn auch gelegentlich noch zu groß geraten. Der größte Träger ist der Verein »Daheim«. Info: Bernd Meißnest, Burkhard Kankowski, Dammstraße 69, 33332 Gütersloh, www.verein-daheim.de
- **Schwäbisch-Gmünd**: Hier arbeitet die Stiftung Haus Lindenhof seit Jahren an der Inklusion ihrer geistig Behinderten. Inzwischen haben sie 60 Behinderte über zehn Dörfer in zehn WGs in lebendiger Nachbarschaft integriert. Info: www.haus-lindenhof.de
- **Neukirchen/Ostbayern**: die dortige ambulant betreute Wohngemeinschaft mit sechs Plätzen fühlt sich verantwortlich für die intensivpflegebedürftigen Menschen der Region (zum Beispiel Wachkoma-Patienten, beatmete oder tracheotomierte Patienten). Info: Mario Binder, WG »Lebensraum«, Tel.: 09947-307300, www.intensivpflege-hofbauer.de
- **Dreihausen**: Diese erste WG im Landkreis Marburg-Biedenkopf, von der Alzheimer Gesellschaft getragen, eine Kooperation von Profis, Angehörigen und Bürgerhelfern, liegt in der Ortsmitte, nachbarschaftlich gut integriert. Info: Projektleitung Schulweg 16, 35085 Ebsdorfergrund-Dreihausen.
- **Eichstetten/Breisgau**: Hier hatte der Altbürgermeister Kiechle erst mal einen Verein gegründet, um den Dorfbewohnern nach Möglichkeit auch bei Pflegebedarf die Heimat zu erhalten; die Hälfte des Dorfes wurde sofort Vereinsmitglied. Dann merkte man, dass man mit dem »Betreuten Wohnen« die sehr Pflegebedürftigen und Dementen nicht erreichen kann. Daher legte man sich zusätzlich noch eine ambulant betreute Wohnpflegegruppe zu (elf Plätze) und damit war Eichstetten eine »heimfreie Zone«.

Während die fachpflegerische Versorgung durch die Profis einer Sozialstation erfolgte, haben sich Vereinsmitglieder als Nachbarschaftshelfer um Hauswirtschaft, Grundpflege, Betreuung und Nachtwachen gekümmert, wobei sie klugerweise die Bewohner weitestmöglich an der Haushaltsführung und an der Zubereitung der Mahlzeiten beteiligen, damit sie auf ihre »Tagesdosis an Bedeutung für Andere« kommen. Wie eine Mitarbeiterin es ausdrückt: »Wenn die Bewohner, auch die Dementen, leise über den ewigen, lästigen Haushaltskram schimpfen (Man kommt zu nichts Eigenem mehr!) – so wie wir alle zu Hause auch, dann wissen wir, dass wir das Milieu optimal gestaltet haben. Insofern ist bei uns Unzufriedenheit ein Qualitätsmerkmal!« Info: Bürgergemeinschaft e.V., Hauptstraße 32-34, 79356 Eichstetten, www.buergergemeinschaft-eichstetten.de

- **Otterndorf:** Hier waren die Frauen des Vereins »Freie Soziale Dienste zwischen Elbe und Weser« noch praktischer als im Breisgau: Sie haben schlicht die sich als unzureichend erweisende Anlage für »Betreutes Wohnen« in eine ambulant betreute WG umgewandelt (»Haus Eller«, zwölf Plätze), den jeweiligen Familien »lebenslanges Wohnrecht« zugesichert, drumherum für 18 Plätze Tagespflege gesorgt und können nun sagen, dass kein Otterndorfer mehr Angst haben muss, gegen seinen Willen in ein Pflegeheim zu müssen: Mehr kann man kaum erreichen! Info: Verein »Freie Soziale Dienste ...«, Bahnhofstraße 15, 21762 Otterndorf, www.freie-soziale-dienste.de

- **Fuchstal-Asch** hat sich ebenfalls eine WG (elf Plätze) zugelegt, mit der Zusicherung »Ihr Zuhause bis zum Lebensende«. Info: Beate Gürster + Marlis Krieger GbR, Hauptstraße 36a, 86925 Fuchstal-Asch, www.mobile-pflege-fuchstal.de

- **Stuttgart:** Die Caritas Rottenburg-Stuttgart hat in vier Modellregionen die Inklusions-Chancen psychisch Kranker durch einen Hilfe-Mix aus »Betreutem Wohnen«, Familienpflege und organisierter Nachbarschaft auch dann verbessern können, wenn es allein mit dem »Betreuten Wohnen« nicht gegangen wäre, so auch etliche Heim-Entlassungen ermöglicht. Info: Caritas-Familienpflege (und Behindertenhilfe), Strombergstraße 11, 70188 Stuttgart.

- **Perg/Oberösterreich:** Von hier aus hat der Bezirkshauptmann vor einigen Jahren sämtliche Dorfbürgermeister angeschrieben und ihnen mitgeteilt, wie viele Demente und Alterspflegebedürftige sie in ihrem Dorf in absehbarer Zeit haben werden, die von ihren Familien nicht betreut werden können, und die Bürgermeister aufgefordert, aus ihrem (fast) immer vorhandenen Leerstand so viele Wohnplätze zu machen, dass gerade diese Bedürftigsten und »Letzten« alle in der Vertrautheit ihrer Heimat leben und sterben können. Interessant ist, wovon ich mich überzeugen konnte, dass viele Bürger erstmal empört waren, wieso der Bezirkshauptmann sich in ihre intimsten Familienprobleme einmische, die Empörung ihnen aber im Halse stecken blieb, als sie merkten, dass dieser ja damit Recht habe und dass offenbar nur von außen, aus der Distanz, die Bürger etwas erkennen können, was ihnen ein wichtiges Anliegen ist, was sie aber mangels Abstand nicht erkennen können. Daraufhin wurde diese Intervention, soweit ich es verfolgen konnte, überwiegend ein Erfolg. Man wünschte sich auch in Deutschland ähnliche Interventionen von allen Landräten und auch Bürgermeistern, zumal dies überwiegend ebenfalls erfolgreich sein würde. Die Leser dieses Buches mögen ihre Landräte und Bürgermeister entsprechend anstoßen. Info: Büro des Bezirkshauptmanns von Perg, www.bh-perg.gv.at

- **Landkreis Herzogtum/Lauenburg:** Er steht mit zehn ambulanten WGs in der BRD an zweiter Stelle. Hier werden diese WGs auch gern »Haushaltsgemeinschaften« genannt, was deutlich macht, dass solche WGs nicht vom Heim heruntergedacht werden sollten, sondern vom normalen eigenen Haushalt herauf, nämlich immer dann, wenn jemand seinen Haushalt nicht mehr allein führen kann und sich deshalb mit anderen, denen es ähnlich geht, zu einer Haushalts-»Gemeinschaft« zusammentut. Diese WGs sind über den Kreis in diversen Dörfern verstreut, berücksichtigen hier als Besonderheit auch Neurologisch-Pflegebedürftige und halten auch nicht selten einfache Arbeits- und damit Zuverdienstmöglichkeiten vor, sowohl für Menschen drumherum als auch für solche WG-Bewohner, die noch oder wieder von der Überzeugung geprägt sind, dass »eigentlich« jeder Mensch bis zum letzten Tag in irgendeiner Form tätig sein möchte. Es ist daher wohl kein Zufall, dass einer der engagiertesten WG-Träger (und Vermieter) der Hilfsverein »Arbeit nach Maß« ist.

Info: Sekretariat der Psychiatr. Abt. des Johanniter-Krankenhauses, Am Runden Berge 3, 21502 Geesthacht, www.arbeitnachmass.de

- **Rhede/Westfalen:** Dieses Dorf (oder Kleinstädtchen) zeichnet sich dadurch aus, dass es besonders dicht nicht nur mit Wohnmöglichkeiten für psychisch Kranke durchsetzt ist, sondern darüber hinaus auch gerade mit Arbeitsmöglichkeiten, weil letztere für die Inklusion noch wichtiger sind als erstere. Zudem sind hier nicht nur Profis und Bürgerhelfer, sondern gerade auch die Angehörigen psychisch Kranker anhaltend aktiv, so etwa im Förderverein »Fähre«. Info: Psychosoziales Zentrum, Bahnhofstraße 38, 46414 Rhede, www.faehre-rhede.de

- **Tuningen/Württemberg:** Hier ist eine ambulante WG von hoher sozialräumlicher Symbolik entstanden, indem die Tuninger zunächst den »Lebenshaus-Sozialverein« gründeten, um das zentral gelegene Gasthaus Ochsen in das »Lebenshaus Ochsen« mit neun Wohnungen für ihre Alterspflegebedürftigen umzubauen – mit Betreuung durch Vereinsmitglieder/Nachbarn bzw. durch Pflegedienste. Info: Dr. Eckhard Britsch, Lichtensteinstraße 1/3, 78609 Tuningen

- **Riedlingen/Württemberg:** Hier haben die Bürger eine »Seniorengenossenschaft« mit dem Ziel gegründet, dass möglichst alle Bürger in der eigenen Wohnung leben und sterben können, auch wenn sie auf fremde Hilfe angewiesen sind. Alle Haushaltshilfen werden von den Genossenschaftsmitgliedern (meist im dritten Lebensalter) in die jeweilige Wohnung der Betreuten (meist im vierten Lebensalter) gebracht, durchaus gegen Entgelt, das früher als Zeitgutschrift, heute (weil eher akzeptiert) als Geldzuschrift, ausgezahlt oder angespart wird, bis man später selbst Leistungen benötigt. Daneben gibt es zwei betreute Wohnanlagen und eine Tagespflege. Diese Hilfe auf Gegenseitigkeit wird durch Fachpflege von außen ergänzt. So wie in Riedlingen funktioniert das Genossenschaftsprinzip auch noch in Steinen/Südschwarzwald. Unlängst hat sich auch Frickingen/Bodensee für diesen Weg von Riedlingen beraten lassen. Info: Senator Josef Martin, Färberweg 20, 88499 Riedlingen, www.martin-riedlingen.de/senioren/ (außerdem: Spiegel Special 8/2006)

- **Münnerstadt/Bayern:** In diesem Ort hat ein »ambulanter Betreuungsdienst« zu einer relativ dichten Besiedlung mit psychisch Kranken und Suchtkranken geführt, die dort einzeln oder in einer WG (höchstens zwei bis drei Personen) wohnen und sowohl über ein Tageszentrum und ein Integrationscafé als auch im Dienstleistungsbereich der Dorfwirtschaft Zuverdienst- und damit Rehabilitationsmöglichkeiten gefunden haben, was einen ungewöhnlichen Grad an Lebensweltnormalisierung und Inklusion darstellt, das Ganze von einem selbständigen Sozialpädagogen organisiert. Info: Willi Michel, Ambulanter Betreuungsdienst, Jörgentorgasse 7, 97702 Münnerstadt.

e) Sonstige neue Sozialraum-Wege:

- **Magdeburg:** Die Stadt hat einen eigenen Fonds für Sozialraum- und Nachbarschaftsinitiativen geschaffen, zwar nicht so üppig organisiert wie etwa in Seattle, aber immerhin ein Anfang. Info: Bürgermeister
- **Chemnitz** hat sich gleich nach der Wende auf einen aufregenden Weg begeben, indem die Stadt und die Initiatoren »Heim gGmbH« von vornherein die Förderung der Integration sowohl der Alterspflegebedürftigen und Dementen als auch der psychisch Kranken und der Behinderten gleichermaßen im Augen hatten und fördern wollten. Zahlenmäßig drückt sich das so aus: Waren 1995 305 Bürger stationär im Heim betreut (226 Mitarbeiter), so war die Zahl der Heimplätze 2010 zwar auf 374 (bei 532 Mitarbeitern) gewachsen, jedoch war die Zahl der ambulant in eigenen Wohnungen betreuten Pflegebedürftigen und/oder Behinderten inzwischen bei 1.852 angelangt. – Meines Erachtens eine geradezu ideale Voraussetzung dafür, nun auch ein Sozialraumbudget (für alle diese Gruppen) zu schaffen, was wiederum der weiteren Ambulantisierung förderlich wäre, zumal inzwischen auch noch ein fast vollständiges Fördernetz für Säuglinge und Kinder hinzugekommen ist. Info: Karl Friedrich Schmerer, Heim gGmbH, Lichtenauer Weg 1, 09114 Chemnitz, www.heimggmbh.de
- Ein Beispiel dafür, wie sehr immer mehr auch **Stiftungen** sich der Sozialraum-Kultivierung – gerade auch dem »gemeinschaftlichen Wohnen« (mit und ohne Demenz-Wohneinheiten) – widmen, ist

der Band »Raus aus der Nische – rein in den Markt!« mit vielen gelungenen Beispielen und praktischen Hinweisen für die Verfahrensvereinfachung, gemeinsam herausgegeben von der Schader-Stiftung, Karlstraße 85, 64285 Darmstadt, www.schader-stiftung.de, und der Stiftung trias, Martin-Luther-Straße 1, 45525 Hattingen, www.stiftung-trias.de

- **Frankfurt-Ostend** bietet ein bescheidenes, aber für die Sozialraumvernetzung bedeutsames Beispiel; denn dort führt eine Sozialarbeiterin regelmäßig Beratungsgespräche mit Dementen und ihren Familien in einer Arzt-Praxis (Waldschmidtstraße) durch, was um so ergiebiger ist, als es in dieser Stadt jetzt auch schon in sieben Vierteln Nachbarschaftszentren gibt. (Frankfurter Rundschau, 14.05.2008)
- In **München** setzt sich die Idee der legendären »Weißen Feder« (Kooperation von Pflege-Profis und psychisch Kranken in der häuslichen Pflege) fort, und zwar mit dem neuen Träger Condrobs, Goethestraße 11, 80336 München, www.condrobs.de. Verwandt damit sind die in England und den Niederlanden schon realisierten **Ex-In-Projekte** (experience involvement), wo in einem psychiatrischen Team ein Arbeitsplatz für einen (fortgebildeten) psychisch Kranken reserviert ist, weil dessen subjektive Erfahrung genauso bedeutsam ist wie die objektive Fachlichkeit der übrigen Teammitglieder. Bei uns etwa in Bremen und Hamburg. Info: www.ex-in.info. Und in der **Hospizbewegung** kann man jetzt zwei Typen unterscheiden: Von den 1.300 ambulanten Hospizen werden jetzt ca. 500 von einem, von den Krankenkassen finanzierten, Profi koordiniert und damit zum Versorgungssystem gerechnet, während die anderen wie bisher als mehr oder weniger reine Nachbarschaftsinitiativen wirken. Schließlich werden in manchen Regionen allmählich auch die **Ortsbeiräte** sozialraum-sensibel.
- **Bremen** hat sich etwas Originelles einfallen lassen; denn hier haben Bürger den Verein »Ambulante Versorgungslücken« gegründet (mit Themen wie »Stürze«, »Pillen im Internet«, »Trinken Sie genug?«, »Geriatrie als Chance« und dem regelmäßigen Mitmach-Café). Info: www.ambulante-versorgungslue cke.de
- **Hamburg** schließlich: Hier hat das »Hamburger Abendblatt«

Bürgerjournalisten als Stadtteilreporter angeheuert. Unter »Mein Quartier« berichten 20 Blogger online, und einmal wöchentlich stehen die besten Geschichten in der gedruckten Ausgabe. Da auch die gesamte Redaktion sich daran beteiligt, wird das – ab 2011 – als Aufbruch »in das Zeitalter des sublokalen Journalismus« verkündet. Info: Hamburger Abendblatt, 18.11.2010, www.abendblatt.de/hamburg/mein-quartier/

• Und last not least ist nun auch die **Deutsche Gesellschaft für Hauswirtschaft** für unsere Themen wach geworden. Deren »Fachausschuss Haushalt und Wohnen« hat einen ganzen Band dazu herausgegeben: Wohnen – Facetten des Alltags, Hohengehren-Baltmannsweiler: Schneider 2010.

Für den von der Länge der Liste genervten Leser noch der Hinweis: Meine Auswahl verdankt sich nicht nur den Projekt-Besonderheiten (natürlich subjektiv, also potenziell ungerecht), sondern auch der geografischen Verteilung, damit alle, die sich etwas angucken wollen, es nicht zu weit haben; denn es entspricht meiner Erfahrung, dass man vom Angucken (selbst von negativ empfundenen Beispielen) immer mehr lernen kann, als wenn man nur darüber liest.

4. Kirchengemeinde – Diakonie/Caritas – jüdisch-christliche Religion

Wie die Kirche ein Teil der Zivilgesellschaft ist, so ist deren Basiseinheit, die Kirchengemeinde, territorial (zumindest grob) deckungsgleich mit der säkularen Basiseinheit des dritten Sozialraums, also des Stadtviertels oder der Dorfgemeinschaft. Also wird die Kirchengemeinde – schon rein soziologisch – auch einige der Eigenschaften haben, die wir dem dritten Sozialraum zuschreiben, zum Beispiel Nachbarschaftsmentalität, Fähigkeit zur Selbstorganisation und Integrationsbereitschaft. Umso mehr, als dafür auch die Besonderheiten der jüdisch-christlichen Religion sorgten, nämlich – neben dem Monotheismus – vor allem die Neigung, vom »Letzten«, vom Schwächsten, Bedürftigsten und vom Fremden her zu denken und auch entsprechend zu handeln, obwohl dies die Menschen nicht selten überfordert.

So kann man mit einem gewissen Recht sagen, dass die Kirchengemeinden in der Vormoderne – schon mangels Alternativen – auch Sozialzentren waren. Nur wenn das Armutsgebot Jesu über die Orden hinaus zu wörtlich genommen wurde, wie zur Zeit der Hl. Elisabeth, des Franz von Assisi und der freien Glaubensgemeinschaften, die zum Zwecke ihrer Verfolgung »Sekten« genannt wurden, reagierte die Kirche repressiv, die ihrerseits in der Konkurrenz mit dem Kaisertum den Besitz als brauchbares Machtinstrument erkannt hatte, noch bevor er als Eigentum zu einem zunehmend wichtigen Wirtschaftsfaktor wurde.

All dies änderte sich dramatisch mit dem epochalen Umbruch der Industrialisierung, vor allem als im Namen des Fortschritts die wissenschaftlich-technische Bearbeitung von Sachen auf die Bearbeitung von Menschen übertragen wurde und – nach dem Motto stationär vor ambulant – flächendeckende Institutionssysteme für die schwerer Hilfsbedürftigen (zugleich Leistungsminderwertigen und Störenden) geschaffen wurden. Denn jetzt wurden die Kirchen staatstragend, indem sie – als immer schon fürs Soziale zuständig – die Trägerschaft für diese Institutionen übernahmen, wodurch – in Durchführung der Trennungsgesellschaft – Diakonie und Caritas entstanden, die nicht selten argumentierten: Wie durch die Ausgrenzung der Störer und Minderwertigen, die ja dadurch nur ihrer Heilung zugeführt werden sollten, die Produktivität der Fabriken gefördert werde, so würden auch die Kirchengemeinden auf diese Weise störungsfrei, was (unabhängig davon, ob es damals eine Alternative dazu gab) heute der selbst behinderte Behindertenpastor Ulrich Bach den kirchlichen Sündenfall der Umwandlung der Kirchengemeinden in »Apartheidsgemeinden« genannt hat.[92] Theologisch bedeutete dies den Verrat des obersten biblischen Gebots der untrennbaren Einheit von Gottesdienst und Menschendienst. Der katholische Theologe Johann Baptist Metz nennt dies ähnlich »die unzertrennbare Einheit von Gottes- und Nächstenliebe«.[93]

Die Folgen dieses Verrats am obersten biblischen Gebot und damit die Trennung der Menschen in Leistungsfähige und Leistungsminderwertige sind vielfältig: die Apartheids-Gemeinde macht zugleich auch den dritten Sozialraum irreversibel unvollständig und führt so zur Apartheids- oder Trennungs-Gesellschaft, die dadurch zur Marktgesellschaft wird, weil der Markt sich jetzt nicht mehr auf die Erwerbswirtschaft beschränkt, sondern auch den Bereich des Gemeinwohls »vermarktet«. Aus der Gottesreligion wird – nach Karl Barth – eine »Menschenreligion«, wo der Mensch hinreichend Sinn in sich selbst findet. Kirchengemeinde und Diakonie – früher nur als Einheit zu denken – sind getrennt, wobei die Leute dem sozialen Engagement der Diakonie Beifall zollen, die Kirchengemeinde, jetzt auf »Gottesdienst pur« reduziert, aber überflüssig finden und massenhaft aus der Kirche austreten. Und auch die tief verwurzelte Rivalität zwischen Angehörigen und Bürgerhelfern im ambulanten Bereich und den wissenschaftlich geschulten Profis im stationären Bereich findet darin ihren heute noch spürbaren letzten Grund.

Wie weit sind wir nun bis heute mit dem Durchdenken und der Bearbeitung dieser Hypothek gekommen? Zunächst mal ist es bemerkenswert, wie oft man heute lesen kann, dass wir irgendwie in einem Epochenwandel stehen. Da schreibt der Religionssoziologe Franz-Xaver Kaufmann von der »Kirchenkrise«, die aber auch eine »Gotteskrise« sei.[94] Da spricht einmal Kardinal Lehmann von der »Epochenschwelle« und dem »Epochenübergang«[95], erkennbar zum Beispiel am Zerfall der volkskirchlichen Gestalt der Kirche; zum anderen schreiben drei evangelische Sozialpfarrer vom »Umbruch von der Industrie- zur Dienstleistungsgesellschaft«[96]. Und schließlich

92 Ulrich Bach: Ohne die Schwächsten ist die Kirche nicht ganz, Bausteine einer Theologie nach Hadamar, Neukirchen: Neukirchener Verlag 2006. Mit seinem Untertitel verweist Bach auf die tödlichen Konsequenzen der Ausgrenzungsbewegung bis hin zur Barbarei des Fortschritts der Nazi-Euthanasie.
93 Die ZEIT, 15.4.2010. Mit diesem Votum begründet Metz den »Satz von der elementaren Gleichheit aller Menschen auf die Anerkennung einer Autorität, die allen zugänglich und zumutbar ist, auf die Autorität der Leidenden«; denn darauf sehen sich alle Menschen, »ob religiös oder säkular«, verpflichtet – die globale »Basis eines Friedensethos für eine strikt pluralistische Weltöffentlichkeit«.
94 Kirchenkrise: Wie überlebt das Christentum? Freiburg: Herder 2011
95 Neue Caritas, Jahrbuch 2011, S. 63
96 Wolfgang Belitz, Jürgen Klute, Hans-Udo Schneider: Menschen statt Märkte – Für eine Neuorientierung der Kirche im dritten System, Münster: LIT Verlag 2006, S. 12

formuliert Meinhard Miegel im Gespräch mit der Stiftung einer katholischen Kirchengemeinde in Bonn, dass wir »in der Epochenwende«[97] stehen.

All das spricht dafür, dass das Bewusstsein des Umbruchs von der Industrie- in die Dienstleistungsgesellschaft inzwischen auch im kirchlichen Raum angekommen ist, weshalb wir uns nicht wundern müssen, dass wir – wie in allen bisher behandelten Gesellschafts- bereichen – dasselbe fatale und destruktive Phänomen wiederfinden: während wir eigentlich schon in der Dienstleistungsgesellschaft leben, denken wir immer noch in den ehedem doch so erfolgreichen Begriffen der Industriegesellschaft und zwar je höher in der Hierarchie, je mehr es um die Verantwortung für Macht und Geld geht, desto mehr. So wird etwa in der gehobenen Administration – wie früher in den Fabriken – an einem streng hierarchischen Selbst- verständnis und eher quantitativer Leistungssteigerung festgehalten, und das auch finanzielle Problem der Massenaustritte wird – McKinsey-beraten – überwiegend betriebswirtschaftlich (analog zur Autoindustrie) durch Schließung oder Fusion von Kirchengemeinden gelöst – nach dem früher äußerlich bewährten Modell der Kultur- als »Menschenreligion«, ohne es zu wagen, nicht selbstbestimmt-zen- trisch, sondern »ex-zentrisch« vom Anderen, Unbekannten, Verborgenen oder Fremden her zu denken, sei es sozial der andere Mensch (Menschendienst) oder sei es Gott (Gottesdienst), wie es von den Stiftern gerade der jüdisch-christlichen Religion ursprünglich vorgesehen war.

Zur Vermeidung von Missverständnissen sei auch hier noch einmal betont, dass natürlich alle gesellschaftlichen Gegebenheiten – und damit auch die kirchlichen – auch der volkswirtschaftlichen Analyse bedürfen, wozu auch die Fusion/Schließung von Kirchengemeinden

---

97 Simone Stein-Lücke, Thomas Schwitalla: Gemeinde im Aufbruch, Selbsthilfe in der Epochenwende, Bonn: Bouvier 2007, S. 97. Auch die Ev. Trinitatis- Kirchengemeinde in Bonn betreibt eine eigene Stiftung, um in Selbsthilfe eigene diakonische »Menschendienst«-Projekte zu finanzieren, mehrere Kirchenge- meinden zum Beispiel auch in Bielefeld.

gehören mag. Wenn dies aber nur oder überwiegend (nach dem Paradigma der Industriegesellschaft) betriebswirtschaftlich erfolgt, wonach sich größere Einheiten besser rechnen, auch wenn es sich um »Produkte« des zivilgesellschaftlichen Gemeinwohls handelt, dann kann trotz aller Sonntagsreden von Kooperation nur Konkurrenz, der Kampf aller gegen alle, dabei herauskommen. Hier haben die katholischen Geschwister einen gewissen Vorteil; denn sie haben an der Spitze ihrer »an sich überholten« Hierarchie »nur« den Papst, während bei den Evangelischen (spätestens seit dem »Kirchenkampf«) die stärkere Bindung an den – heute markt-abhängigen – Staat zu Buche schlägt. Daher ist es kein Wunder, dass meines Wissens von allen Wohlfahrtverbänden beim »Diakonischen Werk« die »Sozialwirtschaft« am meisten betriebswirtschaftlich kalkuliert wird (als hätte man Spaß, den Vorsprung der Privaten aufzuholen) und am häufigsten von »Unternehmern« (Dienstgebern) und von »Kunden« gesprochen wird, auch wenn man weiß, dass »Kunde« etymologisch der »Bekannte« ist, der besonders »regelmäßig im selben Geschäft einkauft«.

Das ist aber nur die eine Seite der von der Tradition der Industriegesellschaft noch geprägten Machthaber, zuständig für die äußere Gestalt der Kirche. Dagegen steht – wie in der übrigen Gesellschaft – eine Basisbewegung von unten, mehr vom Faktum der heutigen Dienstleistungsgesellschaft bestimmt, eine Bewegung, die ihren größeren Freiraum mehr für die Weiterentwicklung der inneren Gestalt der Kirche in Anspruch nimmt.[98] Diese Ambivalenz äußert sich etwa schon in der Frage von Martin Pott »Wie werden Administrationsräume zu Lebensräumen?« und der Antwort, dass Kirche dort sei, wo wir Menschen »Gottes Liebes-Botschaft« leben und verkünden (Neues Caritas Jahrbuch 2011, S. 60). So schreibt Helmut Klages, dass die Zunahme der Potenziale der Alten uns vom »Jugendwahn« befreit und dem Priestertum aller Glaubenden Mut zu einer »stillen Revolution« gemacht habe, nicht mehr wie bisher »auf den Tod zu«, sondern mit einem »nach vorn hin offenen

---

98 Unlängst tagte (als kleines Beispiel) in der Kölner Karl-Rahner-Akademie der »Verein zur Umwidmung von Kirchensteuer«, also zur Korrektur auch dieses »deutschen Sonderweges«, in Kooperation mit der Leserinitiative von »Publik e.V. « (Okt. 2010).

Zukunftshorizont« zu leben, weshalb es, da alle Menschen radikal gleich sind, neue Verantwortungsrollen nur für alle Generationen in der »Tätigkeitsgesellschaft« geben könne.[99] Und der katholische Theologe Erich Garhammer spricht sogar von der »antiselektionistischen Revolte« gegen die Priorisierung der Starken und Gesunden, woraus sich – wie bei Hiob – das »Umsonst« des Gebens wie des Nehmens ergebe.[100]

So auch der Vorschlag aus Jürgen Habermas' Friedenspreisrede, wonach wir bereits in der »postsäkularen Gesellschaft« leben, weil die an sich weiterzuentwickelnde Säkularisierung ihr (industriegesellschaftliches) Kernversprechen nicht hat halten können, dass der Mensch genug Lebenssinn aus sich selbst beziehen könne, vielmehr dafür des Anderen (des anderen Menschen oder Gottes oder einer Mischung aus beidem) weiterhin bedürfe. Als Mediziner fällt mir dazu eine vielleicht hilfreiche Metapher ein: Man kann wohl sagen, dass die Industrialisierung sich vom Denken her weitgehend der Aufklärung verdankt, und zwar der ersten, kognitiven und damit neurologisch linkshirnigen Aufklärung. Die Folge davon war, dass die Menschen seither an einer gewissen Einseitigkeit litten (mitverantwortlich für die Perversionen der Industriegesellschaft), weil ihre komplementär-entgegengesetzten, aber genauso notwendigen gefühlsmäßigen Fähigkeiten, Grundbedürfnisse und Normen vernachlässigt blieben. Deren Nachreifung wurde daher immer dringlicher, wozu es einer zweiten, mehr emotionalen (oder besser: psychosozialen) und damit neurologisch rechtshirnigen Aufklärung bedurfte. Dem Umbruch von der säkularen Industrie- zur postsäkularen Dienstleistungsgesellschaft würden dann – natürlich nur grob schematisch – folgende Bewegungen entsprechen: erstens vom Menschenbild des Individualismus zu dem des Beziehungswesens; zweitens von der mehr zentrischen zur mehr ex-zentrischen anthropologischen Positionierung (Plessner); drittens von der rein aktiven Orientierung an Leistungssteigerung zur auch passiven emotionalen Befähigung; viertens vom bloßen Konkurrenz- zum auch Koopera-

99 In: Platz für Potenziale? Ev. AG für Altenarbeit in der EKD, Herrenhäuser Straße 12, 30419 Hannover, S. 11-16 (7.6.2006)
100 In: Orientierung, Zürich, 71:237-240, 2007

tionsverhalten; fünftens von der reinen Freiheits- zur auch Gleichheitsorientierung; sechstens von der puren Selbstbestimmung zur auch Fremdbestimmung (Tagesdosis an Bedeutung für Andere); siebtens von der radikalen Leidensbeseitigung bis zum Selbstmitleid zur Leidensfähigkeit (Frankl) und Leiden am Anderen; achtens von der Vorsorge zur auch Fürsorge und neuntens von der wertenden Trennungsgesellschaft zur auch Mischungsgesellschaft, also der Inklusions- und Vielfaltsgesellschaft ... usw.

Schon sprachlich scheint dieses Schema ganz nützlich zu sein; nehmen Sie als Beispiel »Fürsorge«: Als wir noch 68er waren, war dies das verpönteste und autoritärste Wort überhaupt, wer es nur in den Mund nahm, war unten durch; denken Sie nur an die »fürsorgliche Belagerung« oder das »Helfersyndrom«. Zwanzig Jahre später kam der kluge Amerikaner Warren T. Reich (a.a.O.) und identifizierte geradezu die Nazi-Medizin mit dem »Verrat an der Fürsorge« – im Namen der glorreichen (und leistungsorientierten) »Vorsorge«. Das löste in mir einen großen Schrecken aus: Hatte ich vielleicht doch mehr Nazi-Denken in meiner Kindheit und Jugend verinnerlicht, als ich wahrhaben wollte? Immerhin waren in Nürnberg die »NS-Helden« meiner Kindheit von den »Besatzern« aufgehängt worden! Gleichwohl blieb auch in der Folgezeit »Fürsorge« auch bei der jüngeren Generation ein Unwort. Aber etwa ab 1980 (Warum gerade dann?) hat sich der Gebrauch dieses Wortes wieder zunehmend normalisiert, anfangs freilich über den schamhaften Umweg, dass man das englische Wort »care« mit »Sorge« eindeutschte, während heute »Fürsorge« sich wieder in aller Unschuld – mit Recht – im allgemeinen Sprachgebrauch befindet, deutlich daran ablesbar, dass die Organisatoren des Caritas-Kongresses 2010 mir das Thema »Keine Selbstbestimmung ohne Fürsorge« gaben.

Andererseits habe ich lange darüber gegrübelt, warum es mir in meiner zwölfjährigen Zugehörigkeit zum Präsidium des Ev. Kirchentags anfangs nie gelungen ist, das Thema »Alterung« zu einem zentralen Thema eines Kirchentags zu machen, wobei meine Kollegen nicht selten argumentierten, dass die Alten doch »ihr« Zentrum hätten und die Zukunft der Kirchen (traditionelles, aber inzwischen falsches Argument) doch in der »Jugend« liege. Erst in Köln und Bremen gab es – nicht zuletzt dank Monika Bauer – eine solche zentralere Kirchentagsveranstaltung, zum Beispiel mit der Folge, dass ich nun in der Zeit zwischen den Kirchentagen häufiger von Kirchengemeinden zwecks Beratung eingeladen werde.

Überhaupt scheinen die Kirchengemeinden, nach meiner Erfahrung, in der Breite in den letzten zehn Jahren alters-sensibler geworden zu sein, mit oder ohne Zusammenhang mit ihrem eigenen Überlebens-kampf. Es hat den Anschein, als ob der Zusammenhang mit der historischen Schuldverstrickung der Kirchen im 19. Jahrhundert mit der institutionellen Ausgrenzung der Leistungsschwachen und inso-fern auch mit dem Verrat am obersten biblischen Gebot der Einheit von Menschen- und Gottesdienst allmählich bewusster würde. Jedenfalls finden Kirchengemeinden – auch dies ein Symptom der heutigen Dienstleistungs-Mischungsgesellschaft – immer neue Wege und Formen der überfälligen Wiedervereinigung von diakonischer Professionalität und (noch vorhandenem) kirchengemeindlichem Nachbarschaftspotenzial der Bürger und zwar – auch das ist Symptom und »Zeitansage« – zumeist auf dem kleineren, sozial-räumlichen Territorium der Kirchengemeinde; denn weil der Trend nicht mehr, wie früher, zur großräumigen Strategie der Diakonie- und Caritas-Profis geht, hat nun seit der Vormoderne zum ersten Mal wieder der kleinere Sozialraum der Kirchengemeinde einen Standortvorteil. Während noch die Pflegereform, die zu den überre-gionalen Sozialstationen führte, anfangs als Erfolg gefeiert wurde, wird zunehmend bewusst, dass dies (auch mit der Abschaffung der Gemeindeschwestern) zu einer »Entdiakonisierung der Kirchenge-meinden« geführt hat, weshalb man für die noch vorhandene Krankenpflege-Vereinsstruktur gehalten ist, neue Aufgaben zu finden. Daher gibt es heute allerorten neue zeitgemäße Mischungs-Begriffe wie »Diakonieverein«, »Diakoniekirche«, »Ge-meinde-Caritas«, »lokale Gemeinwesendiakonie« oder »Gemeinde-diakonie«[101]; denn damit sei man an der »Spitze der Bewegung«: nur von unten, von kleinen Einheiten her, sei eine sich erneuernde Gesellschaft möglich. Gelegentlich, wenn auch mit der unvermeid-lichen zeitlichen Verzögerung, kommt man auch schon »von oben« auf die Idee, dass Kirche die »Dienstleisterin für Gemeinden«[102] sei. 1970 formulierte der damals noch junge Theologe Joseph Ratzinger für das Jahr 2000 die Vision des »ehrenamtlichen Priesteramts«, wo man »bewährte Christen, die im Beruf stehen, zu Priestern weihen würde«[103]. Jetzt, einige Etagen in der Hierarchie höher, hört man ebenso wenig von solcher Rückkehr zum Urchristentum wie von dem »Halbtagspfarrer«, der in einem anderen Beruf etwas dazuverdient, vom heutigen Präses der evangelischen Kirche.

Gleichwohl wächst die Bewegung von unten weiter. So gibt es als Gegengewicht gegen die jetzt zu groß und anonym gewordenen Kirchengemeinden und Pastorale die evangelischen »Hauskreise« sowie auf katholischer Seite die Bewegung der KCGs (Kleine Christliche Gemeinschaften), die ebenso vom »Bibel-Teilen« wie – als Nachbarschaft – vom »Leiden-Teilen« leben und wo das »gemeinsame Priestertum der Getauften gelebt werden kann – und zwar von allen!«[104].

Wenn Sie nun selbst Ihre Kirchengemeinde mit der Beherzigung des ersten biblischen Gebots der Einheit von Gottes- und Menschendienst »rebiblifizieren«[105] und damit zugleich »resozialisieren« und zukunftsfähig machen wollen, wo und wie fangen Sie damit – je nach dem Entwicklungsstand Ihrer Kirchengemeinde und den sonstigen Umständen – am besten an, auch nach Schwierigkeitsgraden:

---

101 Arnd Götzelmann: Gemeindediakonie – Chancen für ein lebendiges Gemeindeprofil in: Pfälzisches Pfarrerblatt 11:399-409, 2004
102 Martin Hoffmann, in: Korrespondenzblatt des Bayer. Pfarrer-Verein 124:125-128, 2009
103 Paul M. Zulehner: Alte: ein Gemeindeschatz, in: Lebendige Seelsorge 59:229-233, 2008
104 Regens Christian Hennecke: Kleine christliche Gemeinschaften verstehen. Ein Weg, Kirche mit den Menschen zu sein. Würzburg: Echter 2009. Eine besonders dichte KCG-Besiedlung gibt es in der Diözese Hildesheim, wo dann auch, wie erwähnt, alle acht zu schließenden Pfarrhäuser für Hilfsbedürftige umgewidmet wurden. Ähnlich gibt es in Köln die »Sozialraum-Pastorale«.
105 Bei dieser Gelegenheit sei daran erinnert, dass Emmanuel Levinas in etlichen seiner Schriften die erste und uns geläufige Version dieses »obersten Gebotes« im Alten Testament für eine Fehl-Übersetzung Luthers hält, typisch für die »Mensch-Vergottung« des Renaissance-Zeitgeistes; denn statt »Du sollst Gott lieben ... und deinen Nächsten wie dich selbst« müsse das zweite Satzglied eigentlich heißen: »und deinen Nächsten; denn das bist du selbst«.

1. Da Ihre Kirche oder Ihr Gemeindehaus oft der einzige hinreichend große Raum Ihres Sozialraums ist, machen Sie sich zum Gastgeber für die regelmäßigen Treffen aller Bürger und Vereine, die sich für diesen Sozialraum engagieren wollen.

Dies hat zum Beispiel für den Stadtteil Lüneburg-Kreideberg die Paulus-Gemeinde getan, was dazu geführt hat, dass die Kommune diese Treffen als offizielle Stadtteilrunde anerkannt hat. Dicht dabei hat übrigens der »Paritätische« den »Pflegestützpunkt« für dieses Viertel organisiert, aber zugleich auch zu einem »Nachbarschafts- und Begegnungszentrum« ausgeweitet. So entsteht ein »Sozialraum-Parlament«.

Ein anderes Beispiel ist die Kreuzberger Heilig-Kreuz-Gemeinde (Zossener Straße 65, 10961 Berlin), die – für mich auf wundersame Weise – ihre Kirche zugleich für den gottesdienstlichen und den sozialen Gebrauch (mit Beratungsstelle, Nachbarschaftscafé usw.) der Gemeinde und dem Sozialraum zugänglich gemacht hat; das muss man einfach, um die Idee zu verstehen, gesehen haben.

Als drittes Beispiel für die gleichzeitige räumliche Nutzung einer Kirche für den Gottes- und Menschendienst wähle ich die Nürnberger Lukas-Kirchengemeinde (Coburger Straße 10, 90491 Nürnberg): Hier ist der große Vorraum mit hoher symbolischer Bedeutung zur Anlaufstelle für den allgemeinen Sozialdienst umgebaut: Man geht also entweder zu seinem Sozialdienst oder »noch einen Schritt weiter« in den Kirchenraum.[106]

2. Der kirchliche Besuchsdienst, den es fast überall, aber meist nur »noch« für den Blumenstrauß zum Geburtstag gibt, wird zu einem Nachbarschaftsverein so sinnvoll in Richtung psychosozialer Begleitung und materieller Dienstleistung ausgeweitet, dass der Sinn keine Frage mehr ist, zumal man auf diese Weise gerade die

---

106 Paul-Hermann Zellfelder-Held: Solidarische Gemeinde, Ein Praxisbuch für diakonische Gemeindeentwicklung, Freimund-Verlag, Ringstraße 15, 91564 Neuendettelsau, 2002: Der Autor hat dieses Beispiel mit 100 anderen praktischen Beispielen eingebettet in eine theologische Reflexion der Gemeindediakonie, weil »Ursprung und Quelle der Diakonie das Heilige Abendmahl ist. Diakonie ist letztlich nur Diakonie, wenn sie sich als Diakonie vom Altar aus versteht.«, S. 13

»Letzten« erreicht, die wegen Isolation, Demenz oder Depression sich nicht mehr von sich aus melden können. Das ist eine so nahe liegende Idee, dass sie fast immer erfolgreich umgesetzt wird, auf die die Beteiligten dennoch meist nicht kommen, weil sie zu dicht dran und von der Tradition zu geprägt sind.

Ein geradezu schulbuchmäßiges Beispiel, wie man das macht, ist vom Kirchenkreis Delmenhorst organisiert worden.

In einem anderen Beispiel sind für den ganzen Landkreis Schwandorf die noch vorhandenen Krankenhilfe-Vereine an vier Kirchengemeinden zu Nachbarschaftsvereinen umgerüstet worden. Dies ging von den zuständigen Caritas-Sozialstationen aus: Werthstraße 44, 92421 Schwandorf. Allein dieser Schritt hat zum Beispiel bewirkt, dass die Zahl derer, die zu Hause sterben wollten, aber nur zu 30% – wie üblich – sich diesen letzten Wunsch erfüllen konnten, sich auf 60% verdoppelt hat.

Weitere Beispiele: In Iserlohn ist in allen 15 Kirchengemeinden je ein Bürgerhilfe-Koordinator gewählt worden. In Moers ist durch Kooperation zwischen dem diakonischen Werk und der Stadt in jedem Stadtteil ein »Nachbarschaftshaus« entstanden, wodurch zum Beispiel auch mit Hilfe von 30 »Kümmerlingen« für Senioren neun fortlaufende Aktivitätsgruppen entstanden sind. Und das Diakonische Werk Westfalen (Friesenring 32-34, 48147 Münster) hat 23 lokale Nachbarschaftszentren oder -initiativen in einer Broschüre liebevoll mit den je eigenen Profilen beschrieben.

3. Mehrgenerationenhäuser werden gelegentlich auch von durch Aktivitäten »vorbelasteten« Kirchengemeinden getragen, so von der Katharinen-Gemeinde in Reutlingen und von einer Kirchengemeinde in Bottrop. Für die meisten Kirchengemeinden ist diese ministerielle Idee aber zu groß. Dennoch können auch sie ein Kernelement der Mehrgenerationenhäuser übernehmen, nämlich das gemeinsame Mittagessen, gerade für die, die zu alt oder zu jung für die Erwerbsarbeit sind, wodurch man über die Befriedigung eines organischen Bedürfnisses die gewünschte Begegnung von Alt und Jung zustande bringt (von mir schon als das »Kibbuz-Prinzip« beschrieben).

Als Beispiel gelingt das sogar in einem Dorf, nämlich in Mindelheim/Memmingen. Von der dortigen Kirchengemeinde kann man lernen, wie man das pragmatisch macht: Angefangen hat sie mit einem Tag und dann mit zwei Tagen in der Woche. Als ihre Kapazitäten damit erschöpft waren, hat sie die lokale Caritas um zwei weitere Tage gebeten. Und danach waren der Erfolg und die Vorleistung so beeindruckend, dass die restlichen Tage von der Kommunalverwaltung übernommen wurden. So oder so ähnlich macht man das.

Weitere Beispiele sind die Kirchengemeinde Gelsenkirchen-Bulmke und die Diakoniekirche Mannheim, von denen aber gleich noch die Rede sein wird.

4. Nicht nur, weil »die Letzten die Ersten sein werden«, ist langfristig nur eine Kirchengemeinde glaubwürdig und zukunftsfähig, die ihre »Letzten« in die Mitte nimmt; und auf die Frage, wer die »Letzten« sind, hat man heute zum Beispiel mit den alterspflegebedürftigen und dementen Singles anzufangen. Dies umzusetzen, hat schon einen höheren Schwierigkeitsgrad und verlangt einen längeren Atem, ist aber, wenn man nur wirklich will, immer möglich, sichert zudem die Existenz der Kirchengemeinde gegen Gefahren wie Fusion oder Schließung.

Und wie macht man das nun wieder? Die Methode der Wahl ist wohl weniger die »Gastfamilie« (allenfalls auf dem Lande) oder die 24-Stunden-Pflege in der eigenen Wohnung, sondern die sozialraumbezogene ambulante Wohnpflegegruppe. Sie sollte angesichts unserer Gesellschaftsentwicklung zur Grundausstattung jeder Kirchengemeinde gehören, wenn auch erst (wegen der Länge der Entwicklungszeit) mittelfristig. Oft habe ich von engagierten Bürgern gehört: »Früher war unser Viertel/unser Dorf erst vollständig, wenn die Zahl der Kindergartenplätze stimmte; heute muss auch die Zahl der Pflegeplätze in der Vertrautheit des eigenen Viertels stimmen!« Und was für den Sozialraum im Allgemeinen gilt, muss umso mehr auch für die Kirchengemeinde gelten.

Auch hier lernt man wieder am besten von Beispielen, und etliche Kirchengemeinden haben es – direkt oder indirekt – vorgemacht, wie man eine eigene ambulant betreute WG zustande bringt:

»Tabellenerster« bei den Kirchengemeinden ist meines Wissens Gelsenkirchen, und hier wieder besonders der Stadtteil Bulmke-Hüllen. Die dortige Kirchengemeinde ist nicht nur Träger einer ambulanten WG, hat nicht nur ein Mittagessen organisiert, sondern hat ebenfalls, in Kooperation mit anderen, auch mit der Stadt, eine Fülle an tragfähigen Nachbarschaftsinitiativen zustande gebracht, in einem »Stadtteil-Leitfadennetzwerk-Mosaik« nachzulesen, zu beziehen über Seniorenbüro, Ev. Gemeindehaus, Florastraße 119, 45888 Gelsenkirchen. Über Pfarrer Henning Disselhoff (Auf Böhlingshof 15, 45888 Gelsenkirchen) kann man auch den »Entwicklungsbericht des Ev. Gemeindehauses Bulmke in Gelsenkirchen zu einem offenen Gemeinde- und Stadtteilzentrum« beziehen.

Ungemein anregend ist auch die kirchliche Sozialstation Hockenheim e.V., Obere Hauptstraße 47, 68766 Hockenheim: Nicht nur, dass sie ökumenisch von der Kath. und Ev. Gemeinde getragen wird; die Dienstleistungsgesellschaft begünstigt die Mischungsgesellschaft eben auch in konfessioneller Hinsicht. Vielmehr ist sie auch Trägerin sowohl einer ambulanten Dementen-WG, eines Demenzcafés und auch eines ambulanten Hospizdienstes - realisiert also vollständig die Gemeinwohl-Norm »vom Letzten her«. Weitere Beispiele sind, wie schon beschrieben: Diözese Hildesheim; Rendsburg (Kooperation Diakonie und Kirchengemeinde: es entsteht gerade die siebte ambulante WG) und das Ev. Johanneswerk Bielefeld. Aber auch beide »Großeltern« der ganzen WG-Bewegung sind hier einschlägig; denn Ettenheim ging ursprünglich von der kath. Frauenhilfe aus und die 70 Bielefelder WGs verdanken sich hauptsächlich der (mit der Sozialstations-Reform abgewickelten) kath. Gemeindeschwester Theresia Brechmann, die auf diese Weise genötigt war, sich etwas Neues und Zeitgemäßeres auszudenken.

Sie sehen, dass eine Kirchengemeinde auch allein eine ambulante WG tragen kann, wobei eine eigene Stiftung hilfreich ist (alle Kirchengemeinden sollten eine Stiftung haben!). Jede Kirchengemeinde kann zu diesem Zweck auch eine Kooperation eingehen. Mögliche Partner sind vor allem die für den Sozialraum verantwortliche Wohnungsbaugesellschaft, die Kommune, eine Angehörigen-Auftragsgemeinschaft, ein Nachbarschaftsverein oder eine Genossenschaft; es lässt sich heute aber auch schon ein befreundetes Pflegeheim, wenn es sozialraum-integriert ist, dazu verführen, die eigene Platzzahl zu erhöhen, indem es eine ambulante WG ausgründet und nun die Mitarbeiter die stationäre und die ambulante Arbeitsweise miteinander vergleichen können.

Es liegt auf der Hand, dass insbesondere in ländlichen und schrumpfenden Regionen (Ostländer) die Existenz einer Kirchengemeinde vital davon abhängt, dass sie sich »resozialisiert«, also ein eigenes zukunftsfähiges Hilfesystem erst für Pflegebedürftige, dann durchaus auch für Behinderte und psychisch Kranke mitsamt den damit verbundenen Einnahmequellen, sich selbst zulegt. Das sei den davon noch meist wenig berührten Kirchenverwaltungen ins Stammbuch geschrieben.

5. Abschließend noch eine (bisher seltene) Entwicklungschance, die darauf Bezug nimmt, dass Kirchengemeinden als Teil der Zivilgesellschaft nicht nur verantwortlich sind für Pflegebedürftige und Behinderte, sondern auch für Arme und Arbeitslose:
Hier betreibt die Kirchengemeinde Waldbröl nicht nur eine Tafel, sondern auch ein Möbellager samt »Jobcenter« zur beruflichen Wiedereingliederung Arbeitsloser sowie ein »Kaufhaus für Alle«[107] die sämtlich von den Gemeindemitgliedern als Bürgerhelfer wesentlich mitbetrieben werden.[108] Von hier aus wäre es übrigens nur ein weiterer Entwicklungsschritt, die in den umliegenden Dörfern oft in Konkurs gehenden einzigen Einkaufsläden zu übernehmen, als Integrationsbetrieb anerkennen zu lassen und somit arbeitslosen Behinderten zu regulären Arbeitsplätzen zu verhelfen.
Und in Mannheim ist die Lutherkirche zur Diakoniekirche resozialisiert worden, getragen von der Kirchengemeinde, dem Diakonischen Werk und u. a. dem Mannheimer Arbeitslosenzentrum – wenn man so will – ein Rückgriff in die Vormoderne, als die Kirchengemeinden zugleich Sozialzentren waren; denn hier gibt es nicht nur weiterhin Gottesdienst, sondern auch einen Mittagstisch sowie eine Wohn- und Arbeitsberatung.[109]

Gerade diese Beispiele leiten über zu einer letzten Frage: Wenn es schon so ist, dass die positiven Entwicklungschancen der Dienstleistungsgesellschaft auch für die »Normalisierung« der Kirchengemeinden immer wieder durch die gleichzeitige

107 siehe: www.kaufhaus-fuer-alle-waldbroel.de
108 epd sozial, 1/2008
109 epd sozial, 24/2010

Marktradikalisierung in Frage gestellt werden können[110], wir aber wissen, dass das »Sozialraumbudget« die einzige Finanzierungsform für soziale Dienste ist, mit dem wir bei fortdauernder Marktwirtschaft gemeinwohlorientiert arbeiten können, nämlich vom »Letzten« ausgehen dürfen, ohne dafür finanziell bestraft zu werden, wäre es dann nicht an der Zeit, dass die resozialisierten Kirchengemeinden sich ebenfalls für so etwas wie ein Sozialraumbudget einsetzen?

5. Schule – Hochschule – Erwachsenenbildung

Die Verantwortung des Bildungssystems (und der Kultur) für eine neue Altenkultur kommt in der Reihenfolge jetzt dran, weil der dritte Sozialraum (das Viertel, die Dorfgemeinschaft) territorial nicht nur etwa einer Kirchengemeinde entspricht, sondern auch dem Basiselement des Bildungssystems, also dem Einzugsbereich einer Grundschule. Warum das hier überhaupt Erwähnung findet, hängt wieder mit einer Grundnorm der Dienstleistungsgesellschaft zusammen (lebenslanges Lernen), zugleich aber auch mit der Inklusionsforderung der UN-Behindertenrechtskonvention, wonach man – im Unterschied zum Umgang mit Sachen – beim Umgang mit Menschen gerade diese nicht direkt oder frontal anzielen darf, sondern seine Aufmerksamkeit eher auf alle anderen Menschen im Sozialraum zu richten hat, was den Bürgern als »Integrationsexperten« intuitiv leichter fällt, den wissenschaftlich-technischen Profis – zielgruppenorientiert – aber immer noch schwer fällt. Daher haben für den Umgang mit Alten gerade die Jungen eine besondere Bedeutung, was im Übrigen den Wünschen der meisten Alten (Integration von Jung und Alt) nicht immer, aber meistens entspricht.

Daher finden Sie auch in allen Kapiteln nie nur neue Umgangsformen mit Alten, sondern auch mit Behinderten, psychisch Kranken,

---

110 So zum Beispiel wenn die Einbettung der Hospizbewegung in die Palliativmedizin dazu führen würde, dass »Seelsorger« und »Spiritualität« von den Krankenkassen bezahlt werden.

Suchtkranken, Kindern und Jugendlichen und selbst auch Migranten. Denn – inklusions-orientiert – gibt es hier in der Grundhaltung und auf der Beziehungsebene kaum Unterschiede; lediglich auf der sekundären Ebene der hilfreichen therapeutischen oder pädagogischen Techniken finden wir – freilich genauso wichtige – Differenzen, was die Leistungswirksamkeit und Zweckmäßigkeit betrifft.

Dies scheint insbesondere im Übergang von der industriellen Trennungs- zur Dienstleistungs-Mischungsgesellschaft ziemlich breit verallgemeinerbar zu sein, wenn Sie nur mal an den leistungs-kritisch gemeinten, verbreiteten »Denk-Zettel« denken: »Schneller, weiter, höher – aber wohin?«. Hierzu ein paar Antwort-Beispiele auf diese rhetorische Frage: So ist meine Angst, solange sie sich auf etwas Reales bezieht, zweckmäßig und nicht weiter aufregend; wird daraus aber eine »Angst vor der Angst«, wird meine Angst zum Selbstzweck, dann ist sie krankhaft und bedarf der Hilfe. Produziere ich als Unternehmer reale Güter, dann weiß ich auch, was ich mit meinem Gewinn mache; löst sich aber mein Profit von der Realwirtschaft und wird zum Selbstzweck, kann dies zu einer gemeingefährlichen Krankheit führen, die der gesellschaftlichen Steuerung bedarf. Habe ich mit meiner Berentung plötzlich 100% freie Zeit, kann ich nur bis zu einem gewissen Grad zweckmäßig mit ihr umgehen und sie genießen; jenseits davon, nicht mehr auf einen realen Zweck bezogen, wird sie zum Selbstzweck, macht mich krank, sodass ich die zu viele freie Zeit etwa als kreative oder als soziale Zeit nicht für mich, sondern für Andere verausgaben und damit an die Realität meines Sozialraums rückbinden muss. Das gilt sogar für das Philosophieren, mit seinem Umbruch von der idealistischen oder materialistischen Philosophie zur Phänomenologie mit ihrem notwendigen intentionalen Bezug auf die Realität eines anderen Gegenstandes oder Menschen.
Das gilt auch – und damit nähern wir uns allmählich dem eigentlichen Thema dieses Kapitels – für die Zunahme der Jugendgewalt, die zwar überwiegend nur eine »gefühlte« ist, aber wo sie doch existiert, weil der jugendliche Aktivitätsdrang nicht weiß, wohin, und daher zum Selbstzweck wird, reagieren bisher Staat und Markt nur so, dass wir »Jugend als eine Krankheit betrachten, die es zu therapieren gilt«, während es darauf ankäme, den durch die Dienst-

leistungsgesellschaft wieder ermöglichten Sozialraum für die Jugendlichen mit Bedeutung und Arbeitschancen anzureichern und letztlich wohl auch, das Recht auf Arbeit in der Verfassung zu verankern.[111] Und schließlich die Schüler und Studenten: Wenn hier der noch industriegesellschaftliche Druck zur permanenten Leistungssteigerung (zugunsten der Rendite-Steigerung) einseitig ständig erhöht wird, sodass Leistung sinnentleert sich zum Selbstzweck pathologisiert, werden die Schüler und Studenten deshalb zwar nicht zu einem Drittel depressiv (DAK-Bericht 2011)[112], aber selbst der Arbeitsmarkt der Dienstleistungsgesellschaft fordert schon längst ein neues Gleichgewicht zwischen dem durchaus wichtigen Leistungsstreben einerseits und Persönlichkeitsbildung, sozialem Engagement, langfristig-historischem Epochen-Denken, Team- und Kooperationsfähigkeit andererseits.

In der Tat gerät allmählich auch die Schul-Landschaft in Bewegung, wenn ihr auch der Abschied von der faszinierenden Industrieleistungsgesellschaft noch schwerer fällt als den Kirchengemeinden. So lassen sich etwa in Göttingen, von der Caritas ausgehend, 165 Schüler für zwei Stunden in der Woche auf die Lebenswelt von Dementen in häuslicher Umgebung ein, wirken bei der Tafel mit oder übernehmen Hausaufgabenbetreuung in einem Nachbarschaftszentrum. Es ist dies eine Kooperation mit mehreren Gymnasien und Realschulen, wo man sich dann durchaus auch schon mal wieder mit der Biografie der Hl. Elisabeth beschäftigt.[113] Insgesamt sind 45% der 14- bis 15-Jährigen ehrenamtlich engagiert (epd sozial, 29/2011).

---

111 Tilman Lutz: Jugendgewalt im gesellschaftlichen Kontext – Worüber reden wir eigentlich? in: Sozialpsychiatr. Informationen 3/2008, S. 30-34

112 Das ist überwiegend eine Schutzbehauptung der vom Markt instrumentalisierten Wissenschaft; denn wirkliche, krankheitswertige Depressionen sind relativ umweltstabil, lassen sich anthropologisch über 2% hinaus kaum vermehren; aber sie sind hervorragend dazu geeignet, dass insbesondere im Gesundheitswesen viele Leute und Institutionen viel und leicht Geld an ihnen verdienen.

113 In: Sozialcourage 4/2008. In derselben Stadt Göttingen bietet zudem die »Basisgruppe Medizin« der Medizinstudenten den umliegenden Kliniken an, stationäre Demente zwischenzeitlich nach Hause zu begleiten, um zu erfahren, ob sie dort genauso verwirrt sind wie in der ihnen fremden Umgebung der Klinikstation, weil die Studenten gelernt haben, dass diese Fremdheitsverwirrtheit der häufigste Grund für vorschnelle und falsche Heimverlegungen darstellt, weil das Klinikpersonal »nicht dazu kommt«.

Dabei ist die Perspektive »Inklusion« nachhaltiger als die der bloß persönlichen Prävention.

In Baden-Württemberg sehen die Curricula zumindest schon für die Realschulen so etwas wie Praxisprojekte für soziales Engagement vor. Da dies allein schon dem Arbeitsmarkt förderlich wäre, fragt man sich, wieso nur für Realschulen und wieso nur in diesem Bundesland? Muss man hier nicht schon von Pflichtversäumnissen sprechen? Offenbar leben die Schule-Verantwortlichen im Geiste noch in der Industriegesellschaft. Aber immerhin: ein Einstieg!

Das Mindeste, was man heute erwarten kann, wäre, dass sämtliche Lehrpläne sämtlicher Schultypen in geeigneter Weise den Schülern die Tatsache bewusst machen, dass wir heute nicht mehr nur in zwei Sozialräumen – Privat und Öffentlich – leben, sondern dass es dazwischen wieder einen dritten Sozialraum (Viertel, Dorfgemeinschaft) auch erlebnismäßig gibt und dass während die ersten beiden Sozialräume heute eher nur für die gesund-egoistischen Eigeninteressen da sind, nur der dritte Sozialraum für die Realisierung von Gemeinwohl, Nachbarschaft und Inklusion verantwortlich ist.

Ich gebe gerne zu, dass auch mich erst die Kinder aus einem Dutzend Schulklassen auf die Realität des dritten Sozialraums gebracht haben, mit denen ich über die Rahmenbedingungen und Folgen unseres Gütersloher Prozesses diskutiert habe, sämtliche bisher lebenslänglich institutionalisierte psychisch Kranke und schwierige geistig Behinderte in eigene Wohnungen und eigene Arbeit aus einem Einzugsbereich von eine Million Einwohnern zu integrieren, d. h. alle Bürger mit Behinderung und alle sonstigen Bürger ohne Behinderung in einem Inklusionsprozess aufeinander zuzubewegen.[114]

Um beide Seiten besser »miteinander bekannt zu machen«, hatten wir nämlich zunächst vom Landeskrankenhaus Gütersloh aus, später von den mehr als sieben Trägervereinen aus, ab Anfang der 1980er-

114 Klaus Dörner: Ende der Veranstaltung, Neumünster: Paranus 2001

Jahre einen »Arbeitskreis Tödliches Mitleid« mit engagierten Lehrern der Schulen insbesondere des Landkreises Gütersloh gegründet. Seither gibt es bis heute (als nun schon jahrzehntelange Tradition) Vereinbarungen mit bis zu zwölf Schulen jeden Typs (von der Grundschule bis zum Gymnasium), wonach jeder Schüler einmal in seiner Schulkarriere Gelegenheit haben sollte, in einem begleiteten Praxisprojekt erst psychisch Kranke und geistig Behinderte, später zunehmend auch Demente als Bürger möglichst in der eigenen Wohnung, an seinem eigenen Arbeitsplatz, also in seinem Sozialraum persönlich kennenzulernen. Das Ganze wird zunächst theoretisch in der Schule vorbereitet, wobei sich die Auseinandersetzung der Schüler mit etwas, das jeder kennt, nämlich mit seiner Fremdenangst (der Mutter aller Ängste) besonders bewährt hat. Und nach dem Ende dieses Begegnungspraktikums erfolgt die theoretische Nachbereitung, zum Beispiel mit der Frage, für welche anderen Unterrichtsfächer die gemachten neuen Erfahrungen der Schüler hilfreich seien; kaum ein Fach fiel dabei heraus. Daraus hat sich eine umfangreiche neue Begegnungskultur entwickelt, zum Beispiel mit Sponsorenläufen im lokalen Stadion zugunsten von neuen Zuverdienst-Arbeitsmöglichkeiten der Ex-Patienten, sodass wir sowohl über die (jeweils fünf) Sponsoren als auch über die regelmäßigen Elternabende (mit neugierigen oder befremdeten Fragen der Angehörigen) einen ziemlich breiten Teil der Bevölkerung in den Inklusionsprozess einbeziehen konnten.[115]

Zu einer solchen wechselseitigen Bereicherung durch die Begegnung der zwei öffentlichen Anstalten Schule und Krankenhaus/Heim führen inzwischen auch viele andere Wege, etwa der Arbeitskreis »Irre menschlich« in Hamburg, wo die fortgebildeten Psychiatrieerfahrenen eine aktivere Rolle spielen.[116]

Schließlich habe ich noch über einen Brief von einem anderen einschlägigen Weg erfahren, der an jedem Ort jederzeit mit ziemlich

115 Erfahrungen von Lehrer- oder Schul-Seite sind etwa zu beziehen über Hans-Werner Küster, Feldstraße 16, 33330 Gütersloh
116 Info: www.irre-menschlich.de, ähnlich zum Beispiel auch in Leipzig: www.irrsinnig-menschlich.de

geringem Aufwand gegangen werden kann[117]: Zunächst erzählt dieser Sozialarbeiter eines ambulanten Pflegedienstes, dass seit die Stadt Mülheim nicht mehr zentral, sondern stadtteil-orientiert Workshops zur Altenintegration durchführt, alle staunen, wie viele Initiativen von Bürgern wie von Profis es gibt. Und dann berichtet er von einer Anfrage: Ausgerechnet die Schülervertretung eines benachbarten Gymnasiums wolle einen »Altenbesuchsdienst« organisieren und bäte den ambulanten Pflegedienst um Hilfe und Vermittlung. Jetzt seien in der Tat seit zwei Jahren fünfzig Schüler aktiv geworden, die paarweise vereinsamte Alte regelmäßig besuchen. Beide Seiten fühlen sich gleichermaßen beschenkt und erfinden immer neue Ideen. Je mehr er sich zurückhalte, so seine Profi-Erfahrung, desto besser laufe es, gerade weil etwas chaotisch und unüberschaubar. Die Schüler hätten ihn überzeugt, »dass uns die demografische Entwicklung zu einer heilwerdenden, gesunden Gesellschaft werden lässt«; und dann kommt sein zauberhaftes Fazit: »Der anarchische Mix macht es!« – Und damit hat er den Begriff von Thomas Klie (Ev. FH Freiburg) der »geteilten Verantwortung« zwischen Bürgern und Profis mit Leben gefüllt.

Die andere, genauso wichtige Bedeutung der Schule ist die alte Forderung nach einem integrierten Unterricht für Kinder/Jugendliche mit und ohne Behinderung, unlängst durch die UN-Behindertenrechtskonvention noch einmal – gegen die industriegesellschaftlichen Bedenken von Verwaltung, Lehrern und teilweise auch Eltern (»Leistungssteigerungsorientierung«) – mit neuem Schwung versehen, was auch bitter nötig ist; denn Deutschland liegt hinsichtlich dieser Schul-Inklusion auf einem der letzten Tabellenplätze, am wenigsten noch in Bremen und am meisten nicht etwa in den Ostländern, sondern in Niedersachsen. Denn während in Deutschland das viergliedrige Schulsystem (Förder-, Haupt-, Realschulen und Gymnasien) Exklusion festschreibt, zumal der trennungsgesellschaftliche Spezialisierungswahn es inzwischen auf zehn verschiedene Typen von Förderschulen gebracht hat, geht das in Skandinavien, Kanada oder Italien bereits erfolgreich bewährte

117 Brief von Peter Behmenburg, Brunostraße 8, 45472 Mülheim/Ruhr

Inklusionskonzept davon aus, dass Behinderung lediglich eine Normalvariante menschlichen Lebens ist, ähnlich wie wir spätestens seit Whitehouse (a.a.O.) wissen, dass wir auch die Demenz nur als Normalvariante menschlichen Alterns anzusehen haben. Zudem hat Schulinklusion nur eine Chance, wenn alle Beteiligten akzeptieren, dass im Bildungsauftrag der Schule Leistungsförderung und (soziale) Persönlichkeitsbildung zumindest gleichgewichtig sind. Dafür sind aber die Chancen so lange noch schlecht, wie die Bevölkerung immer noch von den industriegesellschaftlichen Normen des 19. Jahrhunderts geprägt ist. So hat sich etwa in Österreich gezeigt, dass die völlige Wahlfreiheit der Eltern, also die reine Privatisierung dieser Entscheidung, das Förderschulsystem eher noch begünstigt hat.

Bei so tiefgreifenden Umbrüchen kommen wir offenbar mit dem nur moderierenden Staat nicht aus. Wir bedürfen hier wohl auch des behutsam steuernden Staates. Das kann man wohl nicht nur ganz gut vom Bremer Senat lernen, sondern auch in Skandinavien ist die Inklusion wohl nur deshalb weitgehend gelungen, weil man sich hier zunächst auf die Inklusion der Kindergärten beschränkt hat; erst als die akzeptiert war, machte man sich an die Inklusion des Schulsystems; und erst danach war dann auch die Inklusion für erwachsene Behinderte möglich. Und der kanadische Schulinspektor berichtet, dass der Inklusionserfolg in seinem Land vor allem dadurch zustande kam, dass man sich im ersten Schritt darauf beschränkt, das aber auch staatlich verfügt hat, zunächst mal lediglich alle Schüler mit Förderbedarf eines Sozialraums mit ihren für sie engagierten Förder-Lehrkräften schlicht und einfach in die zuständige allgemeine Schule zu »versetzen«, wo sie erst mal nur eine spezielle Klasse bildeten. Man ist damit der obersten Norm aller Sozialprofis gefolgt: »Erst platzieren, dann integrieren«. Nicht zuletzt dank der jetzt größeren Nähe entwickelte sich fast von selbst eine Inklusionsdynamik, wo erst die Lehrer, dann die Schüler und schließlich auch die Eltern beider Seiten sich gegenseitig ansteckten – dies aber auch nur, weil man sich gegenseitig eine lange Entwicklungszeit gönnte.[118]

118 Gordon Porter: Es ist möglich! Der Umbau des Schulsystems in Kanada, in: Behinderte Menschen 3/2010

Trotz aller Schwierigkeiten hat die Zahl der integrierten Gesamtschulen bzw. der Inklusionsschulen in der letzten Zeit auch in Deutschland zugenommen. Ein ganz kleines, aber methodisch lehrreiches Beispiel ist die Förderschule in Ennigerloh/Westfalen: Dort haben die Verantwortlichen zunächst den Gesamtprozess zur Inklusion konzeptuell in so viele kleine Schritte aufgeteilt, dass der Übergang zwischen den Schritten nicht unüberwindbar große Widerstände auslösen konnte. Und bei der Umsetzung hat man darauf geachtet, dass man nach jedem Schritt allen Beteiligten (Lehrern, Schülern, Eltern und auch der Kommune) so viel Zeit gegeben hat, wie sie für die Akzeptanz brauchten; und erst wenn alle diesen Schritt akzeptieren konnten, wurde der nächste gewagt. Mit dieser – scheinbar zeitraubenden – Methode ist man jetzt schon ziemlich weit gekommen.

Ein anderes Beispiel ist wieder die Ev. Stiftung Alsterdorf in Hamburg: Sie hat schon seit langer Zeit mit ihrer Bugenhagen-Schule einen Schultyp betrieben, in der jede Klasse sowohl behinderten-integriert und interessanterweise auch altersgemischt ist. Jetzt hat sie sich einerseits auch zur gymnasialen Oberstufe bis zum Abitur ausgeweitet und zum anderen dieses Modell der »Schule unterm Kirchturm« auf drei anderen Hamburger Stadtviertel übertragen – immer in Kooperation mit der jeweiligen Kirchengemeinde, was einen neuartigen Sozialraumbezug (in Kombination mit Kap. 4) bedeutet. Hier erleben die Schüler zurzeit den Übergang von der eigenen Hilfsbedürftigkeit zur Helfensbedürftigkeit hautnahe.[119]

Schließlich noch ein Wort zur »umgekehrten« Integration – ein Schultyp, der, obwohl inzwischen in Europa weit verbreitet, gleichwohl ziemlich unbekannt geblieben ist. Hier werden Schüler ohne Behinderung in eine Förderschule so lange eingeschult, bis ein bekömmliches Mischungsverhältnis entstanden ist. Das erste Beispiel hierfür ist meines Wissens das Pfalzinstitut Frankenthal.[120]

Schon wegen der skandinavischen Erfahrung, dass die vorschulische Inklusion die schulische zu bahnen habe, hier wenigstens ein Beispiel für das Riesenthema der Bildung (im weiteren Sinne) der Kinder von 0 bis 6 Jahren, von mir wegen einer für uns einschlägigen methodischen Sozialraum-Besonderheit ausgewählt[121]: Hier werden auf Initiative von der vor allem für den Landkreis zuständigen

Kinderklinik Lauchhammer (Leiter Hendrik Karpinski) allen Familien, die im Landkreis ihr Kind bekommen, Hilfen angeboten, darunter vor allem ein fortgebildeter Bürgerhelfer (hier »ehrenamtlicher Pate« genannt) für die familiäre Begleitung in der eigenen Wohnung für die Entwicklung des Kindes in den nächsten Jahren. Entscheidend ist, dass dies für *alle* Familien gilt, weshalb Unterstellung von Hilfsbedürftigkeit nicht sofort als Kränkung erlebt und – aufgrund industriegesellschaftlicher Prägung – abgelehnt werden muss: »Wenn es alle tun, werde ich als Einzelperson oder Einzelfamilie dadurch nicht abgewertet!« Zudem wird die absolute Freiwilligkeit der Teilnahme (etwa wie in Finnland) mit Anreizen ergänzt: Nicht-materielle Anreize (zum Beispiel Infos), aber durchaus auch materielle Anreize (nennenswerte finanzielle Vorteile). So ist offenbar eine sehr hohe Akzeptanzquote zu erreichen.

Spannend ist nun die Rollenzuschreibung, auf die die Paten, auch durch die ARGE, sorgfältig vorbereitet werden. Die Kontakte dürfen möglichst oft sein, aber nur so, wie die Familie es sich wünscht, weshalb ein Pate zwischen einer und sechs Familien begleitet; nur die ersten zehn Kontakte sind obligat vereinbart, festgemacht an der Sinn-Vermittlung von Impf- und Vorsorgeterminen. Der Pate ist somit Begleiter, Navigator (durch das Hilfesystem), Zuhörer und Erinnerer – ohne jegliche therapeutische Zielrichtung. Entscheidend

---

119 Info: Ev. Schulstiftung Hamburg e.V., Horner Weg 17, 20535 Hamburg, www.evshh.de
120 Umgekehrte Integration, eine Idee mit Zukunft? In: Behinderte Menschen 3/2010: Insofern Bildung weniger dem ersten oder zweiten Sektor (Staat oder Markt) zugehört, sondern eher dem dritten Sektor (Zivilgesellschaft/Gemeinwohlbereich), dieser aber auf die Logik verpflichtet ist, »stets mit dem Letzten zu beginnen« (wenn ich nämlich mit dem »Vorletzten« beginne, habe ich genau damit über den »Letzten« das Todesurteil gefällt), ist in der Tat die Methode der »umgekehrten Integration« die logischere, entspräche auch mehr der Radikalität der Inklusion.
121 Verein für Kommunalwissenschaften, Straße des 17. Juni 112, 10623 Berlin: Dokumentation der Fachtagung 2006 »... Vom Neben- zum Miteinander von Pädiatrie und Jugendhilfe« 2006, hier: Hendrik Karpinski: Entwicklung von Kindern in Beziehungen im »Netzwerk Gesunde Kinder« – im Landkreis Oberspreewald-Lausitz

ist aber noch etwas Anderes: Die Paten sollen sich selbst langfristig überflüssig machen, indem sie die einzelne Familie bewusstseinsbildend aus der industriellen Traditionsprägung ihrer Isolation und Engführung befreien und sie so in die real existierende Dienstleistungsgesellschaft »beamen«, nämlich sie für ihre Sozialraumressourcen sensibel machen, die Blutsverwandtschaft um die Wahlverwandtschaft erweitern (Mobilisierung von Tante, Großmutter oder Schulfreundin oder Nachbarn oder sonstige lokale Bürgerhilfe), worauf heute noch nur wenige Familien von selbst kommen können, um sie so tragfähiger zu machen und sie auf diese Weise an das »ganze Haus« oder an das »ganze Dorf« zu erinnern, das man braucht, um auch nur ein Kind zu erziehen. Insofern haben die Paten die strategische Bedeutung des »vermittelnden Dritten« – notwendig für alle zwischenmenschlichen Beziehungen, aber insbesondere für »helfende Beziehungen«. Und insofern ist hier auch der Begriff »Pate« angemessen; denn seit je hat man den pater materialis von dem pater spiritualis unterschieden, also den leiblichen Vater und den Paten, also den »Vater fürs Geistige«, wenn man hier nur von der Beschränkung auf das männliche Geschlecht abstrahiert (vgl. die »Paten-Bewegung« in Kap. III. 3).

Insgesamt kämpft vor allem die »Bundesarbeitsgemeinschaft Gemeinsam leben – gemeinsam lernen«[122] seit über zwanzig Jahren für die Schulinklusion. Aber noch 2006 lag die Zahl der behinderten Schüler an Regelschulen, wenn auch steigend, gerade mal bei schlappen 15,6% (Bremen 44,9%, aber Niedersachsen 4,7%). Dieses jämmerliche Ergebnis im internationalen Vergleich, das in der Sache keine Erklärung findet (»Man könnte, wenn man wollte!«), scheint mir nun wesentlich von uns allen mitverschuldet zu sein, vor allem von uns als Profigemeinschaft. Wir haben die genannte Eltern-BAG viel zu sehr und viel zu lange allein gelassen, indem eben jeder Sozialprofi sich für seine Zielgruppe eingesetzt hat und dies schon schwer genug fand. Und dabei hat kaum jemand wahrnehmen können (das gilt durchaus auch für mich), obwohl wir das von Skandinavien hätten lernen können, dass die Inklusion der

---

122 BAG Gemeinsam leben – gemeinsam lernen, Falkstraße 106, 60487 Frankfurt/Main, www.gemeinsamleben-gemeinsamlernen.de

Kindergärten und Schulen die Voraussetzung für alle anderen Inklusionsprozesse in der Gesellschaft darstellt. Wenn also die Eltern behinderter Kinder seit Langem einsam für ihre Ziele gekämpft haben, haben sie zugleich auch für unser aller Ziele gekämpft, und – gemessen daran – haben wir sie beschämend allein gelassen. Insofern sind wir alle verantwortlich dafür, dass dies beim gegenwärtigen Aufwind durch die Behindertenrechtskonvention nicht wieder passiert. Das gilt wahrscheinlich auch für die Schul-Abteilungen der Ministerien: Allein sind sie zu schwach und können sich dem Druck der doch so bewährten Tradition nicht widersetzen; vielmehr brauchen sie es, von allen anderen Abteilungen oder Ministerien unterstützt oder unter Druck gesetzt zu werden. Billiger ist Inklusion nicht zu haben.

Was nun die Hochschulen und Universitäten angeht, gilt einmal, was die Behinderten-Inklusion betrifft, Ähnliches, während wir zum anderen bei der Alten-Inklusion schon weiter sind. So haben oder sind etwa viele Universitäten heute bereits »Senioren-Universitäten«. Einige von ihnen, zum Beispiel Köln, beschränken sich dabei durchaus nicht nur auf die wissenschaftlichen Lernbedürfnisse in diversen Fachbereichen, sondern reflektieren auch die Praxis der immer noch selektiven Lebensmöglichkeiten der Menschen im dritten oder vierten Lebensalter oder starten Forschungsprojekte, um dies zu ändern, zumal solche Sozialraumprojekte universitär eher noch selten sind, wenn man mal von Institutionen wie zum Beispiel der Ev. und Kath. Fachhochschulen in Freiburg absieht, von deren Ergebnissen ich in diesem Buch immer wieder Gebrauch mache.

Ich beschränke mich hier auf ein weiteres einschlägiges Beispiel, auf das Potsdamer Projekt »Gut leben im (hohen) Alter – Konzepte sozialraumorientierter Unterstützung von Selbstsorge, Selbstorganisation und Vernetzung im demografischen Wandel«[123]. Hier hat man zwei, demografisch möglichst unterschiedliche Untersuchungs-Regionen festgelegt, das Potsdamer Stadtviertel Schlaatz und den Havellandkreis, in denen es aber schon Bürgerhilfe- und Profi-Initiatoren

123 Fachhochschule Potsdam, Prof. Dr. Jutta Bott, Friedrich-Ebert-Straße 4, 14467 Potsdam

gibt, mit denen die Hochschule von Anfang an kooperiert, um die beiden Projektziele zu erreichen, nämlich einmal auf der Handlungsebene das Hilfesystem im Sinne der Alten-Inklusion zukunftsfähig zu machen[124] und zum anderen für die Ebene der Lehre Kriterien zu entwickeln, an denen sich die notwendige Umprofessionalisierung des Profi-Nachwuchses orientieren kann.

Schließlich noch die Erwachsenenbildung: Hier kann man ohne Übertreibung sagen, dass die Volkshochschulen sowie die Ev. und Kath. Erwachsenenbildung gerade in Fokussierung der Alten-Inklusion zunehmend zu Schulen oder Hochschulen der neuen Bürgerhilfe- oder Nachbarschaftsbewegung geworden sind.

Als Beispiel wähle ich das »Ev. Zentrum für innovative Seniorenarbeit« des Ev. Erwachsenenbildungswerks in Düsseldorf[125]– im Konsortium mit dem Diakonischen Werk und der Ev. Kirche, sprich den Kirchengemeinden – für das Rheinland. So ist ein imponierendes, sich jedes Jahr verbesserndes Programm für das Miteinander der Jungen und Alten entstanden, für Profis ebenso wie für Bürgerhelfer, Nachbarn, für Menschen im dritten, ebenso wie im vierten Lebensalter. Das Medium scheint auf den ersten Blick nur Kultur und Bildung zu betreffen; aber wenn man genauer hinsieht, haben alle Programmteile immer auch Bezug zum Wohnen und zu den Alltagsproblemen insbesondere der Alten: Hier ist also die Wiedervereinigung von diakonischer Professionalität und kirchengemeindlichem Bürgerengagement praktisch geworden.

Dabei geht es immer wieder darum, den eigenen engen Sozialraum, der auch noch für Hochbetagte erreichbar ist, auch kulturell neu zu entdecken und attraktiv zu machen. So lassen sich junge Menschen oder auch Rentner zum Kulturbotschafter ausbilden, betreiben

124 einschließlich solch innovativer Ideen wie einer Schüler-Firma (Pro Alter durch Jugend)
125 Ev. Erwachsenenbildungswerk Nordrhein, Gerrit Heetderks, Karin Nell, Graf-Recke-Straße 209, 40237 Düsseldorf, www.zentrum.evangelische-seniorenarbeit.de

»Kultur auf Rädern« oder den mobilen »Kulturkoffer« und erwerben dafür den – inzwischen patentierten – »Kulturführerschein«. Es gibt das »MouseMobil« für die PC- und Internetnutzung zu Hause. Es gibt die Sensibilisierung für Nachbarschaftsbeziehungen (»InterNetz«), die Vermittlung von »Erfahrungswissen für eigene Bürgerinitiativen«, das Erleben interkultureller Begegnungen oder die Fortbildung zum »Keyworker«, wo ich als Bürgerhelfer mich zum Multiplikator mache im Überschneidungsbereich von Kultur- und Sozialarbeit. Dabei werden die Pflegeheime nie außen vor gelassen, wenn sich auch die Fragen zunehmend auf die neuen Möglichkeiten des Wohnens zu Hause beziehen. So ist es nicht verwunderlich, dass man inzwischen auch einen »Kulturführerschein-Wohnen« erwerben kann. Und auch nicht erstaunlich ist es, dass das in Düsseldorf Gelernte im (schon in Kap. 4 gewürdigten) Stadtviertel Gelsenkirchen-Bulmke in einem Theatersaal zu einer ganzen Veranstaltungswoche »Herzens Sachen« (August 2008) führt, wo jeden Abend das Sprachbild »Herz« immer neu variiert wird, vom »Herz-Schrittmacher« (einem Theaterworkshop) bis zur »Herz-Sprechstunde« (Sprechen über wichtige Anliegen).

Vielleicht gibt es keinen besseren Abschluss dieses Kapitels als einige Fragen: Hat es etwas miteinander zu tun, wenn erstens der Arbeitsmarkt der Dienstleistungsgesellschaft immer häufiger zur Qualifizierung nicht nur technische Spezialisierung verlangt, sondern auch Allgemein- und Persönlichkeitsbildung, wenn zweitens an den Unis seit etwa dreißig Jahren die Kulturwissenschaften zu einer Art neuer Leitwissenschaft geworden sind, wenn drittens für die Wirtschaft die Kultur einer Stadt oder einer Region ein Standortvorteil ist und wenn viertens die Neurologen von der Gleichgewichtigkeit der linkshirnigen Kognitionen und der rechtshirnigen Emotionen sprechen? Und gilt dann aber auch fünftens, dass der Grenzwert dieses Trends dort zu suchen ist, wo Bildung und Kultur auch dort den Marktgesetzen unterworfen werden, wo diese nichts zu suchen haben, etwa im Gemeinwohlbereich? Der Sprach-Seismograf Hugo von Hofmannsthal schreibt, dass im Vergleich zu anderen Sprachen die deutsche Sprache auf der mittleren, gesellligen, gemeinschaftsbildenden Ebene (K. D.: Im mittleren dritten Sozialraum der Nachbarschaft) relativ arm sei. Und von einem indischen Schüler der gehobenen Klasse erzählt er, dieser habe in seiner Schulzeit zwei Praktika über je drei Monate zu absolvieren, um einmal zu lernen, wie man mit Kultur gibt, und zum anderen, wie man mit Kultur nimmt.

6. Kommune – Stadt – Landkreis

Mit der Kommune betreten wir nun zum ersten Mal den Sozialraum des Öffentlichen – jedenfalls, wenn wir dem Sprachbild der sich erweiternden konzentrischen Kreise für die Kapitel-Gliederung weiterhin folgen wollen.[126] Insbesondere in Deutschland, wo das »Staatsbürgerrecht« gilt, waren die Gemeinden als Kommunen – im Unterschied zu Bund und Ländern – stets ohne eigene Kammer, sodass die demokratische Idee der Selbstregierung der Bürger, was Macht und Geld angeht, meistens in einer nachrangigen Position war, nicht zuletzt in Krisenzeiten.

In einer solchen leben wir zweifellos auch in der Gegenwart. Zusätzlich bringen aber die uns hier interessierenden Probleme so viel früher einmal Bewährtes durcheinander, dass niemand zu beneiden ist, der heute in der Kommunalpolitik oder -verwaltung tätig ist, es sei denn, er habe Spaß am Unbekannten, Unbestimmten und auch Neuen – zurzeit wohl der einzige Überfluss der Kommunen. Wie soll ein Bürgermeister oder Landrat die Daseinsvorsorge für Menschen wahrnehmen, die ziemlich plötzlich über ein neues »drittes Lebensalter« verfügen, sich dessen aber noch kaum bewusst sind? Wie soll er mit dem auch neuen Nachbarschaftspotenzial des dritten

126 Kommune bedeutet Gemeinde im Rechtssinn. Sie leitet sich historisch ab von der griechischen polis, vom italienischen Stadtstaat des Mittelalters und von der Kommunal-Gesetzgebung der Französischen Revolution. Gemeint war immer die Idee der Selbstregierung oder Selbstverwaltung der Bürger einer Gemeinde. Radikal realisiert war diese Idee nur in der »Pariser Kommune«, deren Ziel ein Bund souveräner Gemeinden war; sie wurde jedoch schon nach zweieinhalb Monaten 1871 von den die Nation repräsentierenden Kräften zerschlagen. Gewissermaßen privatisiert hatte die Idee noch einmal eine kurze Blütezeit während der 68-er Studentenbewegung als arbeitsteilige Wohngemeinschaft. Wenn man so will, fußt selbst der Begriff »Kommunismus« ursprünglich auf der Idee der Selbstregierung der Bürger.

Sozialraums umgehen? Und das alles während eines Epochenumbruchs zur Dienstleistungsgesellschaft, der die seit Langem gewohnten Geschlechts- und Generationsbeziehungen bis in die Familien hinein durcheinanderwirbelt? Wie soll er schließlich die Forderung umsetzen, seine Kommunalverwaltung von dem seit 100 Jahren erfolgreich tradierten Säulenkonzept auf ein noch gar nicht richtig bekanntes Sozialraumkonzept umzustellen?[127] Und das alles möglichst gleichzeitig!

Wollen wir uns der Beschreibung der neuen Kommunal-Aufgaben zumindest nähern, könnten wir vielleicht damit anfangen, dass es im Privatbereich um das »ganze Haus« geht, auf der Ebene des dritten Sozialraums um die Nachbarschaft, um das »ganze Stadtviertel« oder das »ganze Dorf« (das erforderlich ist, um auch nur ein Kind zu erziehen), auf der Ebene der Kommune aber um die »ganze Landkreisgemeinschaft« und die »ganze Stadt«. Diese letztere kommunale Ganzheits-Perspektive ist aber entscheidend; denn einmal haben die Bürger- und Profiinitiativen im dritten Sozialraum des Gemeinwohls meistens eher Bewegungscharakter, weshalb sie der Organisationskraft der Kommunen bedürfen, um hinreichend stabil und vor allem verallgemeinerbar und damit zu einem neuen Hilfesystem zu werden; und zum anderen können nur so die an sich durchaus empirisch nachweisbaren Keime der neuen Bürgerhilfe- oder Nachbarschaftsbewegung darüber hinaus zu relevanten Beiträgen auf dem Weg zur Bürgerkommune und zur Zivilgesellschaft werden. Es versteht sich, dass eine solch ungeheure Vernetzungsarbeit nur als Querschnittsaufgabe zu leisten ist, an der sämtliche Abteilungen der Kommunalverwaltung zu beteiligen sind. Dieses Aufgabenspektrum reicht von Prozessen der Bewusstmachung durch die Schulen und alle anderen Bildungskanäle über die Beratung, wo der (kostenträchtige) Dschungel der trägerabhängigen Beratungsstellen zu reduzieren ist auf eine trägerunabhängige Beratungsstelle (zum Beispiel nach dem Modell eines einzigen Pflegestützpunktes für 20.000 Einwohner, also für einen Sozialraum), über die Einbeziehung der Ressourcen der freien

127 Deutscher Verein für öffentliche und private Fürsorge, vgl. Fußnote 39

Wirtschaft bis zur kommunalstrukturellen Abgrenzung des dritten Sozialraums als dem einzigen Sozialraum für Nachbarschaft, Integration und Inklusion.

Wie die Kommunen Schritte auf diesem steinigen, aber epochal-reizvollen Weg zurücklegen können, dazu zunächst einige systematische Vorschläge. Als Ersten lasse ich Konrad Hummel zu Wort kommen, dem Baden-Württemberg u. a. die Idee der »Seniorengenossenschaften« (Riedlingen, Steinen) verdankt, der in seiner Zeit als Augsburger Sozialdezernent zur Integration von Migranten und von Sozial-Benachteiligten ein tragfähiges Netz von Stadtteilmüttern und Paten etabliert hat und der jetzt seine Erfahrungen in den »Bundesverband für Wohnen und Stadtentwicklung« eingebracht hat.[128] Seine Anleihe beim angelsächsischen Pragmatismus erlaubt Hummel die Formulierung eines deutsch-englischen normativen Spannungsfeldes für »gute Nachbarschaften« in sechs Erfahrungsregeln:

1. Stadtquartiere sollten einerseits so durchmischt wie möglich sein; aber andererseits sind auch homogene (sogar parallelgesellschaftliche) Quartiere so lange kein Problem, wie es darüber hinaus reale Beziehungen zu anderen Menschen gibt.

2. Institutionen (vor allem ordnungspolitische) sollen verstehend tätig sein; aber genauso wichtig ist ihr klares, präsentes, schnelles und erfahrbares Auftreten.

3. Mehr (formale) Bürgerbeteiligung, bis zum Bürgerbegehren, sind sinnvoll; aber mindestens so wichtig ist die reale Berücksichtigung der Bürger bei konkreten kommunalen Maßnahmen.

4. Höhere Transferleistungen für benachteiligte Gruppen sind in der Regel gerechtfertigt; aber – wo man die Wahl hat – sind Investitionen in die Infrastruktur (zum Beispiel Schule) langfristig wirksamer.

5. Zwar kann man davon ausgehen, dass die »Sickereffekte« der meisten Förderungen irgendwann auch bei den »Randständigsten«,

---

128 Konrad Hummel: Gute Nachbarschaften, Lernlandschaften und die neuen Herausforderungen der Bürgergesellschaft in: Forum Wohnen und Stadtentwicklung 3/2009, wo er die englische Regierungsstudie »What works in community cohesion« von 2007 zugrunde legt.

»Letzten« ankommen; die größte Wirkung hat es jedoch, wenn man mit den »Letzten«, »Bedürftigsten«, »Ausgegrenztesten« beginnt, was zwar am schwierigsten ist, sich aber auch buchstäblich auszahlt – daher auch eine Kernthese dieses unseres Buches.

6. Die höchste Priorität im Sinne nachhaltiger Wirksamkeit kommt der Schule zu; jedoch nur einer Schule, die für alle bedeutsam und offen ist, also für das Gemeinwesen, als gleichermaßen »Liegenschaft für öffentliche Anliegen«, Lern- und Schutzort, Podium für Aktivitäten, Beratungsstelle für Familien und Aushandlungsort unterschiedlicher Zielgruppen.

Für Hummel geht es also nicht um mehr Staat, mehr Beteiligung und mehr privates Unternehmertum, sondern um eine Balance tatsächlich vernetzter Maßnahmen und tatsächlich erfahrbarer Beziehungen. »… Es zählt, was wirklich in negative Teufelskreise der Segregation eingreift und stark macht, an einer partizipativen Dienstleistungsstruktur (Koproduktion im Sozialstaat) mitzuwirken.«

Zu welch unterschiedlichen Handlungsstilen die Anwendung der Hummel'schen Regeln insbesondere auf Armutsviertel führen können, macht Gerd Held im selben VHW-Heft mittels eines Ländervergleichs deutlich[129]: In den USA, konkret in Chicago mit seinem Community Organizing-Ansatz, wo »Nachbarschaft« historisch besser als bei uns etabliert ist, erfolgt zunächst die Meinungsbildung über die anstehenden Probleme basisdemokratisch in den »Beat-Meetings« (je 9.000 Einwohner), von der Grundhaltung geprägt, dass alle Bürger sich auch als »Miteigentümer ihres Quartiers« verstehen und damit auch nach außen Machtansprüche haben (vgl. Obamas »Nachbarn an die Macht!«), während sie alle anderen, vor allem den Staat und die Sozialprofis als fremd empfinden. Auf Initiative dieser Meetings kommen die handlungsbevollmächtigten Gremien, die »Community Development Cooperations« (CDC)

129 Gerd Held: Wenn die Armut regiert. In den Armutsstadtteilen der USA und Frankreichs werden zwei ganz unterschiedliche Governance-Kulturen sichtbar, in: Forum Wohnen und Stadtentwicklung Heft 3/2009, S. 135-14, Download unter www.vhw.de/publikationen

zustande, die beauftragt sind, in Verhandlungen mit den anderen Beteiligten die Probleme zu lösen. Frankreich mit seiner mehr zentralistischen Problemlösungstradition setzt im armutsbedingten Krisenfall viel mehr auf eine große Zahl von Sozialprofis und auch auf Polizei. Beide Stile haben Vor- und Nachteile. In den USA setzt man mehr induktiv (bottom up) auf die Beteiligung aller und den freien Bürgerwillen, woraus sich das Engagement ergibt, das zu stabilen Problemlösungen führen soll - mit dem Risiko, dass man nicht überall dieses Ideal realisieren kann, während man in Frankreich mehr deduktiv (top down) auf einen hohen Beteiligungsgrad der Bürger verzichtet, dafür aber mit größerer Wahrscheinlichkeit zu flächendeckenden, verallgemeinerbaren Ergebnissen kommt.

Das leitet zu dem Hinweis über, dass auch in Deutschland die Kommunen es sich inzwischen nicht mehr leisten können, nicht etwas vom Amerikanischen Community Organizing lernen zu wollen, zumal es zum Beispiel in Berlin und Hamburg bereits einige halbwegs gelungene Übersetzungsversuche gibt, nicht zuletzt Leo Penta verdankt und seinem »Deutschen Institut für Community Organizing« an der »Katholischen Hochschule für Sozialwesen Berlin«.[130]

Beim Lernen sollte man nicht so sehr gleich an die 1:1-Übertragbarkeit denken, sondern sich erst mal auf die Grundhaltung und auf den Prozess von »Community Organizing« beschränken, denn allein schon der implizite Territorialbezug ist für unsere deutsche Traditionsprägung so fremd und schwer zu verstehen (ähnlich wie bei »neighbourhood« oder »inclusion«), dass zumindest ich lange Zeit brauche, um mich davon bereichern lassen zu können. Deshalb hier nur ein paar Stichworte für Community-Organizing-Prinzipien: Mich beeindruckt schon der strenge Sozialraumbezug der Bürger eines Viertels oder einer Dorfgemeinschaft, die die kommunale Selbstregierung oder Kultivierung ihres Sozialraums wollen, die

---

130 Leo Penta (Hg.): Community Organizing, Menschen verändern ihre Stadt, Hamburg: Körber-Stiftung 2007

Vermutung, dass es in diesem (kleinen) Sozialraum ca. 40 Vereine und Organisationen gibt, die auch an ihrem Gemeinwesen interessiert sind, wenn man sich nur erst mal auf die Suche gemacht hat, dass es zum Wachstum eines Bürgerengagements erst einmal eine ganze lange Zeit geben muss, wo es nur um die Herstellung vertrauensvoller Beziehungen zwischen sich bisher fremden Menschen und Vereinen gehen darf, bevor jeder sein Interesse vorbringt und man sich dann um eine Prioritätenliste streitet und dass man daher zur Prozessbegleitung einen Community-Organizing-Experten hinzuzieht, den man von Anfang an selbst finanziert und bei dem es von Beginn an klar ist, dass er nach spätestens drei Jahren wieder verschwindet, gleichgültig, ob bis dahin eine selbstorganisierte Bürgergemeinschaft für diesen Sozialraum zustande gekommen ist oder nicht. Allein schon letztere Radikalität oder Ernsthaftigkeit (»friss oder stirb«) wäre in Deutschland kaum denkbar. Gewöhnungsbedürftig ist vielleicht auch, dass es sich hier um die Einmischung in die eigenen Angelegenheiten handelt, um die Demokratisierung der Demokratie, dass man ein gewaltloses Machtbewusstsein haben kann, dass es hier kein Zentrum geben darf, dass man für eine einzige Beziehung ca. zwanzig Gespräche braucht, dass es keine dualen, sondern nur komplexe Beziehungen gibt, dass hier die »engagierten Gemäßigten« entscheidend sind, dass hier der Andere wirklich »der Andere« ist und nicht die Projektionsfläche unserer Ängste oder Wünsche und dass hier die »Sanften Künste« (Zuhören, Mitdenken) kultiviert werden, während alle bestrebt sind, all dies durch die Erfindung neuer Rituale zu verstetigen. Soweit zum hilfreichen US-Import des »Community Organizing«.

Ein ganz anderer Denkansatz kommt vom »Berlin-Institut für Bevölkerung und Entwicklung«[131] in Zusammenarbeit mit dem »Generali Zukunftsfonds«: Hier werden sämtliche städtischen und ländlichen Kommunen der Bundesrepublik kartografiert und nach

---

131 Schillerstraße 59, 10627 Berlin, www.berlin-institut.org: Die demografische Lage der Nation. Was freiwilliges Engagement für die Regionen leistet, Berlin 2011

22 Indikatoren auf ihre Zukunftsfähigkeit hin bewertet. Hilfreich ist der Hinweis, dass ländliche Kommunen in der Regel kompensatorisch größere Investitionen für die Infrastruktur des Bürgerengagements (Gemeindehäuser, Nachbarschaftscafés oder befristete professionelle »Ortsbetreuer«) benötigen, um passive Gemeinden in aktive zu verwandeln. Daher auch der Vorschlag für eine »Stiftung für den ländlichen Raum«. Bedauerlich ist nur, dass der als Standortvorteil bewertete Grad des Bürgerengagements und des Abbaus von ausgrenzenden Institutionen unter den 22 Indikatoren nicht vorkommt, vermutlich weil dies schwerer zu messen ist. Es versteht sich, dass gerade in dieser Perspektive auch alle Berichte über das »Bund-Länder-Programm Soziale Stadt« (www.sozialestadt.de) lehrreich sind; werden davon doch bisher bundesweit mehr als 520 Stadtviertel in 330 Städten und Gemeinden mit ihren teils originellen neuen Vernetzungs-Ideen erfasst.

Ganz anders, aber mindestens ebenso wertvoll ist die Perspektive von Roland Roth: »Auf dem Wege zur Bürgerkommune? Bürgerschaftliches Engagement und Kommunalpolitik in Deutschland zu Beginn des 21. Jahrhunderts«[132]. Er beschreibt eindrucksvoll, wie die Kommunen in der Bundesrepublik nach einem jahrzehntelangen »Dauerschlaf« zwischen den 70er- und 90er-Jahren unbestreitbar erhebliche Fortschritte in Richtung auf eine Bürgerkommune gemacht haben, bringt dies freilich auch in Zusammenhang damit, dass zeitgleich die finanziellen Spielräume der öffentlichen Hände geschrumpft sind und dass es auch vermehrt wieder zu menschenrechtlichen Einschränkungen in der Bundesrepublik gekommen ist, wenn auch selbst in dieser Krisenzeit die Bürgerrechte, zwar nicht für die Armen, jedoch durchaus für die Frauen, für die Alten, für die Jungen, für die Ausländer und für die Behinderten an Gewicht zugenommen haben. Daher kommt er zu dem Ergebnis, dass man das Wachstum der Bürger- und Menschenrechte für alle nur stabilisieren und krisenfest machen könne, wenn »eine Kommunalisierung ... der

132 In: Eckhard Schröter (Hg.): Empirische Policy- und Verwaltungsforschung. Lokale, nationale und internationale Perspektiven. Opladen: Leske + Budrich 2001, S. 133-152

Staatsorganisation im Sinne einer Macht- und Ressourcenver-
lagerung nach unten« durchgesetzt würde. Dazu passt ganz gut ein
Gutachten der Katholischen Fachhochschule München für das
Bayerische Sozialministerium »Zum Wert Bürgerschaftlichen
Engagements in Bayern«[133]; denn basierend auf den Daten einer
Untersuchung in Würzburg und im Landkreis Cham, ergibt sich,
dass im Durchschnitt der Einsatz von einem Euro Kosten für bürger-
schaftliches Engagement einen Nutzen von 7,42 Euro erwirtschaftet.

Für den engeren Rahmen des kommunalpolitischen Veränderungs-
bedarfs zur Inklusion der alterspflegebedürftigen und behinderten
Bürger gibt es ähnlich viele Hilfen. Die wohl bisher aufwendigste
wissenschaftliche Untersuchung stammt von der »Nationalen
Akademie der Wissenschaften« und konzentriert sich zumindest im
Band 9 der Serie »Altern in Deutschland«[134] auf die Chancen des
demografischen Wandels. Unter Verweis auf die besondere Verantwortung der Kommunen zum menschheitsgeschichtlich einmaligen
Gesellschaftsumbau zu einer »Gesellschaft für alle Lebensalter« lau-
ten die Empfehlungen, den einzelnen Bürgern erstens die Chancen
eines (gegenüber der Industriegesellschaft) unerwartet positiven
neuen Altersbildes zu vermitteln, sie zweitens anzuregen, sich lebenslang so oft wie möglich weiterzubilden, sich drittens von einseitigen
Erwerbsbildern zu lösen (zweite Karriere) und viertens ihre
Mitverantwortung für die eigene Gesundheit zu pflegen. Die
Empfehlungen gegenüber den Unternehmen und den Tarifparteien
sind: Ältere Menschen länger zu beschäftigen oder neu einzustellen,
da die Sicht der Industriegesellschaft (Produktivitätsrückgang der
Älteren) nicht mehr gilt, wenn man zweitens die Arbeitsorganisation
altersbezogen anpasst, drittens den Tätigkeitswechsel der Bürger
erleichtert und viertens ständig in die Qualifikation der Mitarbeiter
investiert. Und die Empfehlungen gegenüber Medien, Verbänden,
aber auch dem Gesetzgeber sind: erstens aktiv auf die Revision eines

133 Walter Häcker, Doris Knaier: Studie Hohe Wertschöpfung, in: Sozialwirtschaft
3:22-25, 2009
134 Jürgen Kocka, Ursula Staudinger: Gewonnene Jahre – Empfehlungen der
Akademiengruppe Altern in Deutschland (Bd. 9), Halle: Nova Acta Leopoldina
2009

negativen Altersbildes hinzuwirken, zweitens das Konzept des drei-
gliedrigen Lebenslaufes (Ausbildung, Erwerbsarbeit, Ruhestand), wie
in der Industriegesellschaft gültig, zu begraben, drittens neue
Möglichkeiten zur gesellschaftlichen Partizipation für alle
Lebensalter – im Sinne einer Tätigkeitsgesellschaft – zu schaffen und
viertens den für uns noch klassischen Generationenvertrag zu erneu-
ern, also den Gegebenheiten der heutigen Dienstleistungsgesellschaft
anzupassen.

Naturgemäß konkreter wird das »Kuratorium Deutscher Altershilfe«, was die Umsetzungsstrategien für die Kommunen angeht[135]:
Hier gehe es zunächst um die Strukturveränderungen der Altenhilfe
im Sinne des Wechsels von der Versorgungs- zur Mitwirkungs-
gesellschaft, der Kleinräumigkeit der Angebote und der Stärkung der
Vernetzung in den Wohnvierteln, was nur mit Hilfe des Umbaus der
Kommunalverwaltung vom Säulenprinzip auf das Sozialraumprinzip
der schon erwähnten »Eckpunkte« des »Deutschen Vereins für
öffentliche und private Fürsorge« möglich sei und was die Mit-
wirkung aller Bürger im Viertel sowie die Vernetzung aller lokalen
Akteure voraussetze. Alle Bausteine dieses Umsetzungskonzeptes
sind reichhaltig anhand gelungener Beispiele konkretisiert.

Noch konkreter ist der Verein »Aktion Demenz« geworden, der
bundesweit mit beachtlichem Erfolg alle Städte und Dörfer zur
Teilnahme an dem Projekt auffordert: »Wie werden wir eine demenzfreundliche Kommune?«[136]. Hier sind die Kommunen gebeten, selbst
initiativ zu werden oder eine schon vorhandene Bürgergruppe oder
einen Verein mittels organisatorischer Hilfen zur Realisierung dieser
Idee zu motivieren. Wenn dabei auch jede Kommune ihren eigenen
Weg findet, hat sich nach meiner Erfahrung am ehesten ein etwa vier-
schrittiger Prozess bewährt: Im ersten Schritt stellen die Initiatoren
das Projekt in einer öffentlichen Veranstaltung vor und werben um

---

135 Ursula Kremer-Preiß: Bedingungen und Herausforderungen für die Kommunen
    bei der Umsetzung quartiersnaher Versorgungsangebote, KDA, An der
    Pauluskirche 3, 50677 Köln, www.kda.de
136 Aktion Demenz e.V., Karl-Glöckner-Straße 21E, 35394 Gießen, www.aktion-
    demenz.de

Mitstreiter. Danach ist es sinnvoll, in mehreren Workshops von »Experten« für die verschiedenen Aspekte des Themas zu lernen. Im dritten Schritt findet nun ein stadtweites Bürgerforum statt, für das man jetzt, dank guter Vorarbeit, die Präsenz aller wichtigen Beteiligten, auch aus Verwaltung, Politik und Wirtschaft anzielen darf, eine Prioritätenliste der identifizierten Probleme aufstellt und zu deren Bearbeitung – als vierten Schritt – feste Arbeitsgruppen gründet, die von nun an in regelmäßigen Abständen (auch im Rahmen von »Aktionswochen«) öffentlich über ihre Ergebnisse berichten.

Katrin Grüber vom »Institut Mensch, Ethik und Wissenschaft« hat aus Anlass der Umsetzungspflicht der UN-Konvention für die Rechte von Menschen mit Behinderungen ebenso wie mit Altenpflegebedarf einen ganzen Aufgabenkatalog für Kommunen entwickelt[137], der von der Stadtentwicklung bis zur Verkehrspolitik reicht, also eine kommunale Querschnittsaufgabe darstellt, zumal Inklusion ja alle Menschen mit und ohne Behinderung eines Sozialraums gleichermaßen betrifft, sodass zum Beispiel Berlin jetzt nicht mehr nur einen Behindertenbeauftragten hat, sondern alle elf Senatsbehörden über eigene Arbeitsgruppen zum »Disability Mainstreaming« verfügen. Deshalb und weil nach dem Sozialraum-Konzept die Spezialisierung auf »einzelne Zielgruppen« an Bedeutung verliert, schlägt Katrin Grüber vor, künftig eher vom kommunalen Weg zur »menschengerechten Stadt« zu sprechen.

Schablon beschreibt diesen Inklusionsprozess aus der Perspektive von »Community Care«[138]: Er sieht diese Perspektive als Vorstufe für »Community Organizing« und dies wieder als Vorstufe von »Enabling Community«. Diesen letzteren Begriff operationalisiert die Ev. Stiftung Alsterdorf in Hamburg in elf Schritten oder Empfeh-

---

137 Institut Mensch, Ethik und Wissenschaft (Warschauer Straße 58A, 10243 Berlin, www.imew.de): Zusammen Leben ohne Barrieren – Die Umsetzung der UN-Behindertenrechtskonvention in Kommunen, Sankt Augustin: Konrad-Adenauer-Stiftung 2010
138 Kai-Uwe Schablon: Community Care: Professionell unterstützte Gemeinweseneinbindung erwachsener geistig behinderter Menschen, Marburg: Lebenshilfe-Verlag 2009

lungen für Kommunalpolitik, Verwaltung und sozialer Arbeit.[139] Im Kontext dieser angelsächsischen Rahmenbegriffe erweist sich Grübers Vorschlag der »menschengerechten Stadt« als durchaus zukunftsträchtig. Das findet seine Bestätigung, wenn der Behindertenpastor Klaus von Lüpke seine Stadt Essen schlicht und ergreifend »Essen – Menschenstadt« nennt, was man sich vermutlich nur leisten kann, wenn man selbst viel dafür getan hat, dieser Provokation gerecht zu werden. Dass das auf ihn zutrifft, verrät schon sein Buch[140], für mich die beste Entfaltung der Bedeutung des für uns so schwierigen Begriffs »Inklusion« von innen heraus. Außerdem hat von Lüpke darin noch mal den Sinn seiner Erfindung des »Bürgerjahres« dargestellt: Für bisher 200 »unbeleckte« Bürger, die so sind, wie sie sind, Arbeitsplätze für ein bis zwei Jahre, wo man so viel/wenig verdient, dass man zur Not davon leben kann und wo man in der Regel im Tandemverfahren mit einem Behinderten »gemeinsam etwas tut«. Im Übrigen ist diese Erfindung ein lehrreiches Symbol dafür, dass unsere Dienstleistungsgesellschaft Tätigkeits- und Mischungsgesellschaft sein kann, Letztere nicht nur nach Diagnose und Lebensalter (auch für Profis gilt »One for all«), sondern auch für den Bürger-Profi-Mix, wo beide Seiten trotz der erhaltenen Eigenheit ihres Beitrags aufeinander zu wachsen; insofern ist das Bürgerjahr im Sinne dieser Entwicklung ein gelungener »Zwitter«. Zudem gibt es für die Mischungsgesellschaft gelungene Modelle nicht nur durch »gemeinsam etwas tun« (zum Beispiel außer in Essen auch in Integrationsfirmen andernorts), sondern auch durch »gemeinsam Wohnen«, wie schon mehrfach (zum Beispiel Lebensräume/Stiftung Liebenau oder Reutlingen) dargestellt; dabei ist der Sozialraum- und Nachbarschaftsbezug in Münster (»Wohnen im Drubbel«) besonders aufregend[141]: hier in Münster gibt es näm-

---

139 Herausgeber: Ev. Stiftung Alsterdorf und Kath. Hochschule für Sozialwesen: Enabling Community, Gemeinwesen zur Inklusion befähigen! Elf Empfehlungen für innovatives Handeln in Kommunalpolitik, Verwaltung und sozialer Arbeit. 2009; zu beziehen über die Herausgeber
140 Klaus von Lüpke: Von der Kultur des Zusammenlebens in Vielfalt, Entwicklungsperspektiven inklusiver Behindertenhilfe, Essen: Die blaue Eule 2010
141 Ursula Hoppe: Wohnen im Drubbel, in: Georg Theunissen, Kerstin Schirbort (Hg.): Inklusion von Menschen mit geistiger Behinderung, Stuttgart: Kohlhammer 2006, S. 170-176

lich schon mehrere »Drubbel«, im größten und ältesten (seit 15 Jahren) etwa wohnen zwölf geistig behinderte Bürger/Mieter in neun Wohnungen in einem Komplex mit insgesamt 24 Wohnungen, also zugleich getrennt und doch untermischt, mit entsprechend vielen nichtbehinderten Nachbarn – also genau der Weg, der nun auch die Wohnwirtschaft systematisch zu gehen beginnt.

Also kann ich mir nur viele Bürgermeister unter den Lesern wünschen, die in der nächsten Zeit den arroganten Mut aufbringen, ihre Stadt Hamburg, Dresden, Freiburg, Görlitz oder Cottbus öffentlich zur »menschengerechten« oder »Menschenstadt« zu erklären; denn – eigentlich weiß das jeder von uns – nur wenn man sich ein zwar gesetzlich vorgeschriebenes, aber dennoch atemberaubendes Ziel vorgibt, setzt man sich hinreichend unter Druck, dem Anspruch zu entsprechen und sich überhaupt auf diesen Weg der ständigen »Lernüberraschungen« zu begeben, von dem man heute (in der Mischungsgesellschaft) – im Unterschied zu früher – wissen kann, dass er in der Konkurrenz der Städte eher einen Standortvorteil darstellt.

Aber was sollen nun die vielen Landräte unter meinen Lesern machen? Ihnen empfehle ich erst mal, den nächsten Urlaub (ersatzweise: einen Betriebsausflug) für das schöne Oberösterreich zu planen. Dort hat nämlich 1996 eine interessante Entwicklung begonnen, von der vermutlich alle ländlichen Regionen lernen können. Natürlich brauchen Sie zu Ihrer systematischen Information auch die Behördenspitze, also den Bezirkshauptmann von Perg. Aber ich kann Ihnen zudem als Basis-Informationsquelle über die bäuerliche Alltagspraxis der ambulanten Betreuung Alterspflegebedürftiger die Obfrau Christine Langeder in Mitterkirchen empfehlen.[142] Damals – 1996 – gab es ziemlich gleichzeitig zwei gleichsinnige Initiativen: einmal die Aufforderung von der Bezirksbauernkammer Perg, einen Verein »Betreutes Wohnen am Bauernhof« zu gründen, und zum anderen die Festlegung von Seiten des Bezirkshauptmanns, dass in

---

142 Christine Langeder, Obfrau – Verein Betreutes Wohnen am Bauernhof, Kraglhof, A-4343 Mitterkirchen 26, www.betreuteswohnen-ab.at

allen Gemeinden des Bezirks Perg je nach Anzahl der Bewohner die benötigte Menge an »Betreubaren Wohnungen« für Alterspflegebedürftige gebaut oder beschafft werden muss, was zu einem Bedarfsentwicklungsplan vom Sozialhilfeverband Perg führte. In der Folge wurde die Familie Langeder mit zwei Wohnungen für Betreutes Wohnen am Bauernhof offiziell anerkannt, was inzwischen auch für andere Bauernhöfe gilt. Frau Langeder, die nun auch selbst eine Altenbetreuerausbildung absolviert hat, hält diesen dritten Weg für ein gutes Mittelding zwischen dem Heim, das nicht mehr gewollt wird, und der eigenen Wohnung, die oft nicht mehr möglich ist.

Und ich wünsche mir ganz viele Landräte, denen es jetzt wie Schuppen von den Augen fällt, nämlich dass die Dorfbewohner oft noch zu sehr vom Traditionellen des Altenhilfesystems des Industriezeitalters geprägt und außerdem zu nah dran sind, um aus dem notwendigen Abstand heraus auf solche oder ähnliche neue Ideen zu kommen, die ja einzig dem von allen geteilten Wunsch dienen, dass kein Dorfmitbewohner nur wegen Pflegebedarf die Vertrautheit seines Heimatdorfs verlieren muss. Ich würde das nicht so großmäulig behaupten, wenn ich es nicht in einigen Dutzend Dörfern anlässlich einer Vortragsveranstaltung oder einer Beratung selbst erlebt hätte, dass man auf einen nahe liegenden Weg nicht kommt, eben, weil er einfach zu nahe liegt. Und deshalb bin ich fest davon überzeugt, dass jeder Landrat erkennen kann, dass er den Dorfbewohnern gegenüber seinen Distanz-Vorteil auszunutzen hat und ihnen von außen (von mir aus auch von oben) – wie der österreichische Bezirkshauptmann – deutlich machen kann, wie sie bei der zu erwartenden Zahl an Alterspflegebedürftigen heute schon damit beginnen, für den entsprechenden »betreubaren« Wohnraum und damit auch für ein dorfeigenes Hilfesystem zu sorgen; denn indem man keinen alterspflegebedürftigen/dementen und später auch keinen psychisch kranken und keinen geistig behinderten Dorfbewohner mehr nach außen (zum Beispiel in ein Heim) weggibt, erfüllt man nicht nur 1. die Wünsche der Betroffenen, sondern man sichert auch die Existenz des eigenen Dorfes, indem man 2. attraktive Arbeitsplätze für Fachpflegekräfte usw. im eigenen Dorf schafft, 3. für ungelernte, aber ebenso wichtige Haushalts- und Betreuungsarbeitsplätze einen Teil der Dorf-Arbeitslosigkeit abbaut, 4. das Leerstandsproblem mildert oder löst; mit nur leichter Übertreibung kann man paradox sagen: Nicht je weniger, sondern je mehr Alterspflegebedürftige, Demente und Behinderte ein Dorf hat (notfalls aus Heimen zurückholt), desto 5. auch wirtschaftlich lohnender für das ganze Dorf lässt sich ein dorfeigenes Hilfesystem finanzieren und 6. zum Standortvorteil, auch für gewerbliche Investoren kultivieren, wenn man nur verstanden hat, dass wir in einer Dienstleistungsgesellschaft leben.[143]

Anhang

Jetzt folgt noch eine Aufzählung solcher Kommunalentwicklungen, von deren Besonderheiten wir in Richtung auf Verallgemeinerbarkeit etwas lernen können – natürlich nur nach meiner subjektiven Einschätzung und auch nur im Telegrammstil.

Ich beginne mit den Landkreisen:
* Für den **Werra-Meißner-Kreis** hat sich 1993 »Aufwind - Verein für seelische Gesundheit e.V.« zuständig gemacht für die gesamten ambulanten Hilfeleistungen des Wohnens und Arbeitens, zunächst nur für psychisch Kranke, von vornherein sozialräumlich, dezentral auf die einzelnen Kommunen und auch Dörfer ausgerichtet. Dieser Verein ist seit Jahren dabei, seine Verantwortlichkeit auf ambulante Hilfen für alle hilfsbedürftigen Gruppen auszuweiten (»One for all«), also auch auf die Alterspflegebedürftigen, andere Behinderte und Benachteiligte, einschließlich der Vernetzung mit Nachbarschaftsinitiativen. Die dortigen Erfahrungen dürften von allgemeinem Interesse sein. Ansprechpartner: Hartmut Kleiber, Bremer Straße 1, 37269 Eschwege bzw. www.aufwind-wmk.de

---

143 Das »Themenpapier« des Deutschen Landkreistages (Lennéstraße 11, 10785 Berlin, www.landkreistag.de) mit dem Titel »Unterstützung und Hilfe im Alter« vom 30.11.2010 ist ein erster Schritt in diese Richtung, allerdings noch bei Weitem zu schüchtern – angesichts des Kampfes um die nackte Existenz vieler Dörfer in Regionen mit schrumpfender Bevölkerung, inzwischen keineswegs mehr nur in den Ost-, sondern auch in den Westländern.

- **Lahn-Dill-Kreis:** Hier gehen wesentliche Impulse für die kommunale Entwicklung der ambulanten Hilfen von der Kreispflegekonferenz aus. Info: Kreisausschuss, Karl-Kellner-Ring 51, 35576 Wetzlar
- **Landkreis Böblingen:** In Leonberg gibt es die ambulante WG »Offene Herberge«, trialogisch betreut von einem Bürgerhelfer, einem Psychiatrieerfahrenen und einem Sozialprofi. Info: www.offene-herberge.de
- **Landkreis Esslingen:** Entwicklungsmotor ist neben dem Kreisseniorenrat (www.kreisseniorenrat-esslingen.de) die Altenhilfe-Fachberatung und hier vor allem die inzwischen legendäre und bundesweit bekannte Inge Hafner. Nirgends dürfte es mehr »demenzfreundliche Kommunen« und umfangreiche Nachbarschaftsnetzwerke, sozialräumlich organisiert, geben als hier. Frau Hafner gibt auch das geradezu vorbildliche Informationsblatt zur Altenarbeit heraus mit dem Titel »S'Neueschte«; nur beispielsweise finden Sie im Jahrgang 28, Nr. 1 (Januar 2007) den zugleich ganz alltagspraktischen wie auch poetisch-verdichteten Text: »Wie baue ich Nachbarschaft?«.
- **Passau** und ländliche Umgebung: Die Caritas hat hier wie auch sonst vielerorts Paten für arbeitssuchende Jugendliche geschaffen, weil aber der Begriff »Pate« oft als etwas »paternalistisch« empfunden wird, hat man hier den Begriff »SymPaten« erfunden. Info: Caritas Jahrbuch 2009, S. 270
- **Schaumberg-Blies:** Wie schon in Ravensburg haben sich hier als »Gastfamilie« auch Alleinerziehende bewährt. Info: Caritas Jahrbuch 2009, S. 282
- **Thüringen:** Gegenwärtig werden dort Erfahrungen mit 50 »Versorgungsassistentinnen in er Hausarztpraxis« gesammelt, besonders in ländlichen Regionen für chronisch kranke Alte.
- **Niedersachsen:** Hier arbeiten seit 2002 220 »Familienhebammen« in 40 Kommunen zur Begleitung junger Familien für das ganze erste Jahr.
- **Landkreis Diepholz:** Der Kreis (www.diepholz.de) selbst hat unter dem Titel »Kümmern statt Kummer – Alter hat Zukunft« zeitversetzt vier Ideenwettbewerbe ausgeschrieben und großzügig finanziert. Daraus sind u. a. sieben sozialräumlich verteilte »Seniorenservicebüros« zur Vermittlung von Altershilfebedarf

und Nachbarschaftshilfe hervorgegangen. Insgesamt wurden 14 Projektideen ausgewählt und umgesetzt; von ihnen wurden neun Projekte über den Förderzeitraum hinaus fortgesetzt und finanzieren sich nun selbst. Ideenwettbewerbe scheinen also ein wichtiges und erfolgreiches Medium der Kommunalpolitik zu sein. Info: Bausteine Demenz, 5/2010

- **Landkreis Mainz-Bingen:** In wenigen Jahren hat der Kreis 33 »Familienpaten«, meist Senioren im dritten Lebensalter, an begleitungsbedürftige Familien vermittelt. Bundesweit wird die Zahl der ehrenamtlichen Paten auf 20.000 geschätzt, wofür es zumindest 1.000 Vermittlungsstellen gibt. Info: epd sozial, 51/2010

- **Landkreis Herzogtum Lauenburg:** Er scheint sich durch eine besondere Dichte des Engagements aller Beteiligter für die Alten-Inklusion auszuzeichnen; denn hier gibt es nicht nur zwölf ambulante Wohnpflegegemeinschaften, zwölf Ergotherapie-Praxen, die wie Zuverdienstfirmen funktionieren, ein Sozialraum-Budget und von Seiten der psychiatrischen Abteilung am Johanniter-Krankenhaus Geesthacht für psychisch Kranke das »Home Treatment«, wodurch jetzt für die 180.000 Einwohner nur noch 22 Betten erforderlich sind. Vielmehr dürfte sich dieses Engagement auch im Kreis-Sozialausschuss ausdrücken; denn dieser hat sich zu einem »interfraktionellen Arbeitskreis« aufgeschwungen, um zu einer gemeinsamen Altenpolitik zu finden, woraus denn auch der »Leitfaden Seniorenbetreuung« entstanden ist. Zu beziehen über: Kreis-Gesundheitsamt, Barlachstraße 4, 23909 Ratzeburg, Tel.: 04541/12394

- **Brandenburg:** Seit der landesweiten Einführung der »Regionalbudgets« oder »Sozialraumbudgets« 2007 konnte das Brandenburger Arbeitsministerium 52 Millionen Euro zur Stärkung der kommunalen Beschäftigungspolitik geben, womit 9.400 Arbeitslose zusätzlich qualifiziert oder wieder beschäftigt werden konnten. Dadurch haben sich die kommunalen Spielräume erweitert, und Kommunen können vor allem Langzeitarbeitslose in Projekte zur regionalen Entwicklung einbeziehen. Info: epd sozial, 13/2009

Und nun die Beispielsammlung für die Städte:

- **Bielefeld** ist nach eigenen Angaben seit 2004 die erste Kommune mit einer Stabsstelle für »demografische Entwicklungsplanung«.
- **Gießen**: Wer lernen will, wie man die Inklusion Behinderter »macht«, muss diese Stadt besuchen, wo man – angestoßen von den Angehörigen der »Lebenshilfe« und der legendären Maren Müller-Erichsen – schon Anfang der 80er-Jahre für das Wohnen der Behinderten vom Heim auf Wohngruppen umstieg und 1985 alle besonders aggressiv-verhaltensgestörten Behinderten aus den umliegenden Psychiatrischen Landeskrankenhäusern als Bürger in ihre Heimatstadt zurückholte; Inklusion bedeutet auch, sich die zugehörigen »Läuse« in den eigenen Pelz zu setzen und dies, der Vollständigkeit wegen, auch noch zu begrüßen. Aber auch in allen anderen Hinsichten ist hier ein Inklusions-Leuchtturm entstanden, so etwa, wenn man in die eigenen Behinderten-Kindergärten und in die eigene Gesamtschule (die erste in Trägerschaft der »Lebenshilfe«) die nicht-behinderten Kinder und Schüler integrierte. Info: Lebenshilfe, Grüninger Weg 29, 35415 Pohlheim-Garbenteich, www.lebenshilfe-giessen.de
- **Aachen**: Der Verein Öcher Frönnde hat mit seinem »Nachbarschaftsring« inzwischen 50 Bürger für kostenlose Dienstleistungen bei in eigener Wohnung lebenden Hilfsbedürftigen aktiviert, wobei man für jede Stunde Punkte sammelt, die man später als »Zeitrente« für den eigenen Bedarf umsetzen kann, wobei jetzt schon etliche Arbeitslose unter den Aktiven wieder ins Arbeitsleben zurückgefunden haben. Info: Pro Alter 2/2009 bzw. www.oecher-froennde.de
- **Hofheim**: Die Stadt hat – wie vorher schon Kassel, und noch davor Dänemark – öffentlich bekundet, dass weitere Pflegeheime politisch unerwünscht seien.
- **Speyer**: Hier ist möglicherweise das erste Todesopfer des Hartz-IV-Systems »produziert« worden: Ein (wohl psychisch kranker) 20-Jähriger hatte mehrere Termine seiner Arbeitsagentur verstreichen lassen, wodurch seine Sozialhilfe bis auf Null »korrekt« heruntergekürzt wurde; also hat er »korrekt« nichts mehr eingekauft, sondern sich verhungern lassen. Der Oberstaatsanwalt hat – vermutlich ebenso korrekt – das Ermittlungsverfahren

wegen Verletzung der Fürsorgepflicht eingestellt. Bisher habe ich noch nichts von einem Erschrecken des Bundestages gehört; denn menschenrechtlich darf es kein Sozialhilfegesetz geben, das zu 100% durchrationalisiert ist. Vielmehr bedarf es einer Toleranzzone an der Basis, wo man nicht entscheiden kann, ob jemand etwas nicht will oder nicht kann. Info: epd sozial, 8/2008

- **Hamburg** hat (vor der letzten Wahl 2011) ein Konzept für »Nachbarschaftskontore« oder »Bürgeragenturen« vorgelegt, wodurch auf der sozialräumlich niedrigsten Ebene der einzelnen Stadtviertel die Vernetzung aller Nachbarschaftsinitiativen gefördert werden soll, durchaus auch im Sinne einer Gehstruktur, um auch das mittlere Drittel derjenigen Bürger zu erreichen, die sich nicht von selbst als Nachbarn aufdrängen, sondern der Ansprache bedürfen, um dann (paradox?) freiwillig als Nachbarn tätig sein zu wollen. Info: Sozialbehörde, Hamburger Straße 47, 22083 Hamburg
- **Schönebeck:** Hier – in der Nähe von Magdeburg - gibt es immerhin bereits drei ambulante Wohnpflegegruppen, was für Sachsen-Anhalt bemerkenswert ist, während in **Mannheim** von 50 Langzeit-Arbeitslosen, die als Wohnbetreuer tätig geworden sind, inzwischen 30 eine feste Anstellung haben. Info: demenz, 5/2010
- **Duisburg** ist für die Caritas von Bedeutung, weil dort inzwischen jeder der neu-organisierten Pastoralräume über ein eigenes Caritas-Zentrum verfügt, was Udo Schmälzle in »Vom Sozialfall zum Sozialraum« anhand von 22 Caritas-Pastoral-Kooperations-Projekten untersucht hat und Prälat Peter Neher auch unter dem Aspekt der Wiedervereinigung von kirchengemeindlichem Bürgerengagement und diakonischer Professionalität diskutiert. Info: Caritas-Jahrbuch 2010
- **»Montag Stiftung** Jugend und Gesellschaft«: Sie ist Herausgeberin von »Kommunaler Index für Inklusion«, ein Arbeitsbuch, das freilich z. T. noch an der eigentlichen Provokation von »Inklusion« vorbeigeht, insofern auch kritisch lehrreich. Zugleich ist immerhin die für Inklusion zentrale Denkanregung dort operationalisiert, wonach in der Regel alle dualen, polaren (digitalen?) Begriffs-Beziehungen – wie: behindert vs. nicht-behindert – als abstrakte Kunstprodukte gelten, weil sie nur aus der Perspektive einer komplexeren Ganzheit

(Sozialraum) diskutiert werden können. Info: Raiffeisenstraße 2, 53113 Bonn bzw. www.montag-stiftungen.de

- **Triest/Italien:** Auch heute noch lohnt sich ein Besuch dieser Stadt, um sinnlich zu erfahren, was an der heutigen »Post-Psychiatrie« anders und besser ist als an der (industriegesell-schaftlichen) »Psychiatrie«: Man kommt mit einem Minimum an Betten aus und hat dafür ein Maximum an flexibler Begleitung im eigenen Sozialraum, egal, ob für eine akute Krise oder für das Wohn- und Arbeitsbedürfnis. Wenn ich nicht eigenen Vorurteilen aufsitze, kommt dem in Deutschland der Landkreis Herzogtum-Lauenburg noch am nächsten. Info: Soziale Medizin (Schweiz) 1:51-52, 2008
- **Heidelberg** hat ein durchaus anregendes, eigenes Modell zumindest für die Inklusion aller möglichen Behinderungsarten entwickelt. Es sind dies die »Diakonischen Hausgemeinschaften« (angestoßen von Ingo Franz), über die ganze Stadt verstreut, aber mit einem »Gemeinschaftszentrum« für jeden Sozialraum und mit zunehmender Ausweitung des Hilfesystems auch in guter Kooperation mit der Wohnungswirtschaft. Info: Heinrich-Fuchs-Straße 85, 69126 Heidelberg, www.diakonische-hausgemein-schaften.de
- **Arnsberg:** Hier hat der Bürgermeister die ganze Stadt zur »Lern-Werkstatt Demenz« ausgerufen; wie – das fragen Sie ihn selbst!

Abschließend sind wir jetzt vielleicht besser gerüstet, um noch einen Blick auf die »Stadtentwicklung«, die »Stadtpolitik« oder – wie man gelegentlich heute hört – auf die »Stadtbaukunst« zu riskieren, zumal die Kommunen jetzt die Aufgabe haben, sich zu Inklusionsge-meinschaften zu entwickeln, die ihrerseits jetzt nicht mehr nur aus den Wirtschaftsbürgern (Bourgeois) und den Staatsbürgern (Citoyen), sondern zunehmend auch aus den Bürgern als Nachbarn bestehen, mit Schnittmengen zum privaten wie zum öffentlichen Bereich, denen also der Ferne noch nah und der Nahe auch fern ist, die insofern mit ihrer Nachbarschaftsmentalität die Lebendigkeit des Viertels und des (dritten) Sozialraums ausmachen – und das in einer Dienstleistungsgesellschaft, die zumindest im Unterschied zur Industriegesellschaft u. a. auch eine Mischungsgesellschaft und somit eine Sozialraumgesellschaft ist.

So kann heute der Stadtsoziologe Hartmut Häußermann[144] schreiben: Wenn die Städte immer noch auf Konkurrenz und damit auf Segregation und Ausgrenzung unliebsamer Bevölkerungsgruppen setzen, dann knallt es irgendwann – wie zum Beispiel in Paris oder Berlin. Daher sind die Städte zur Inklusion geradezu verurteilt, zumal sie ohnehin bei schrumpfender Bevölkerung sich wieder auf die Rekultivierung der Innenstädte zu konzentrieren haben, wozu der zunehmende Haushalts-Typ, wo beide Partner im tertiären Dienstleistungsmarkt arbeiten, noch beiträgt. Zur dazu erforderlichen billigen Wohnraumbeschaffung könne man von Frankreich lernen, wo Gemeinden mit mehr als 20.000 Einwohnern gezwungen werden, sozialen Wohnungsbau für mindestens 20% ihres Bestandes zu betreiben, wenn sie nicht Strafe zahlen wollen.

Ähnlich drückt das der Architekt Christoph Mäckler[145] aus, dessen »Zehn Grundsätze zur Stadtbaukunst heute« 2010 auf einem Düsseldorfer Kongress verabschiedet wurden und die zumindest zum Teil der UN-Behindertenrechtskonvention (UN-BRK) verwandt sind:
Erstens für die Stadttheorie gilt »Komplexität statt Reduktion« (=UN-BRK).
Zweitens zum Stadtbild »Städtebau statt Fachplanung« (=Verpflichtung der Spezialisten aufs Ganze).
Drittens zur Stadtarchitektur »Gebautes Ensemble statt individualistischer Event-Architektur« (=Sozialraumbezug).
Viertens zur Stadtgeschichte: »Langfristige Stadtkultur statt kurzfristiger Funktionserfüllung« (Mäckler: »Wir müssen uns auf eine Vor-Moderne besinnen« = wie zum Beispiel auf die vor-industrielle Nachbarschaft).
Fünftens zur Stadtidentität: »Denkmalpflege statt Branding« sowie sechstens zur Stadtgesellschaft: »Stadtquartier statt Wohnsiedlung und Gewerbepark« (=Sozialraumbezug sowie Aufhebung der Trennung von Wohnen und Arbeiten).
Siebtens zur Stadtpolitik: »Stadtbürger als Gestalter statt anonymer Immobilienwirtschaft« (= Bürger gestalten auch als Nachbarn, zum Beispiel Community Organizing).

144 Hartmut Häußermann u. a.: Stadtpolitik, Frankfurt: Suhrkamp 2008
145 Frankfurter Rundschau, 5.8.2010

Achtens zur Stadtökonomie: »Einzelhandel statt Ketten« (= zum Beispiel CAP-Läden).
Neuntens zum Stadtverkehr: »Stadtstraßen statt Autoschneisen« sowie zehntens zur städtischen Umwelt: »Nachhaltig bauen statt schnell verpacken« (= ökologischer Stadtumbau).
Alle zehn Grundsätze gelten nicht nur für Städte, sondern auch für Dörfer.

Also: Zumindest die normativen Ähnlichkeiten mit der Vielfalts- und Inklusionsgemeinschaft des Sozialraumkonzeptes der UN-BRK sind unverkennbar – auch dies ein notwendiger Stoff für zukunftsfähige Schulbildung.

7. Marktwirtschaft – Marktgesellschaft – Gemeinwirtschaft

Heiligabend 1989 in Gütersloh: Mir begegnet in der Innenstadt eine alte Dame, Margret Bluschies, 82 Jahre, chronische Wahnpsychose, beginnende Altersdemenz, war 42 Jahre im Heimteil des Landeskrankenhauses, lebt jetzt seit zwei Jahren in einer (kaum betreuten) Wohngruppe. Wir kennen uns seit Jahren, man kann sagen, wir sind befreundet. Sie stürzt auf mich los, umarmt und küsst mich: »Ich bin glücklich, komme gerade aus meiner Zuverdienstfirma, habe zum ersten Mal in meinem Leben Weihnachtsgeld gekriegt!« – Uns beiden kommen die Tränen.

Hintergrund: Frau Bluschies gehört zu den 435 Menschen mit psychischer Erkrankung oder geistiger Behinderung aus dem Einzugsbereich von einer Million Einwohnern, die wir, wie schon angedeutet, ausnahmslos alle in siebzehn Jahren in eigene Wohnungen integrieren konnten, weil wir einmal für nachbarschaftliche Einbettung gesorgt haben und zum anderen für die Befriedigung ihres erstaunlicherweise ungebrochenen Arbeitsbedürfnisses – für die »Leistungselite« auf 100 sozialversicherungspflichtigen Arbeitsplätzen in Integrationsfirmen und für die »ganz Kaputten«, die zum Arbeiten gar nicht geboren zu sein schienen, auf 300 Zuverdienstarbeitsplätzen in zwölf Zuverdienstfirmen, wo jeder in völliger Freiheit kommen und gehen kann, wann er will, und so viele Stunden arbeitet, wie ihm bekömmlich ist, um auf seine »Tagesdosis an Bedeutung für Andere« zu kommen – bei leistungsgemäßer Entlohnung für diese »Stundenlöhner«. Menschen wie Frau Bluschies hatten uns selbst zur Erfindung der Zuverdienstfirmen angeregt – etwa mit dem Argument: »Für uns bedeuten ein oder zwei Stunden Arbeit so viel wie für die ›Normalos‹ acht Stunden.« Da zu unserer anfänglichen Verblüffung fast alle zumindest vom Zuverdienst Gebrauch machten (auch wenn sie es finanziell nicht benötigt hätten), verdanken wir ihnen den anthropologischen Lehrsatz: »Jeder Mensch will notwendig sein«. Für die Finanzierung prägten wir den Satz: »Bei uns findet betreutes Wohnen am Arbeitsplatz statt«. Und insgesamt haben solche Erfahrungen uns darin bestärkt, dass die oberste Norm nicht nur in der Gemeinwesenarbeit, sondern auch in der Gemeinwirtschaft sein muss: »Mit dem Letzten beginnen«. Arbeitslose könne, dürfe und müsse es daher gar nicht geben.

Auf dieser Erfahrungsbasis haben wir das damalige Landesarbeitsamt NRW zur Begutachtung unseres Systems eingeladen, weil wir argumentierten, wir hätten hier am Beispiel des denkbar »härtesten Kerns« der Arbeitslosen gezeigt, wie weit man kommen kann, wenn man nur niedrigschwellig genug anfängt. Die Arbeitslosen-Experten waren zwar auch sichtlich beeindruckt, zugleich aber auch – bürokratisch – überfordert. Zumindest war die Zeit für sie offenkundig noch nicht reif, selbst wenn man die Zwänge des Marktes außer Acht lässt, für den eine hinreichende Zahl an Arbeitslosen eine existenziell notwendige Voraussetzung ist.[146]
Dabei waren wir damals selbst noch industriegesellschaftlich borniert, hatten uns überwiegend auf leichte Industriemontage- oder Verpackungstätigkeiten für den Zuverdienst beschränkt. Je mehr wir aber auch die Dienstleistungsbranche, also das Arbeiten mit Menschen, entdeckten, wurde uns deutlich, dass gerade die leistungsschwachen Behinderten oder psychisch Kranken einen eigenen kostbaren Wert einbringen, den Profihelfer nicht zu bieten haben,

---

146 Gesamtdarstellung der Gütersloher Deinstitutionalisierung in: Klaus Dörner (Hg.): Ende der Veranstaltung, Neumünster: Paranus 2001

nämlich Zeit. Wenn also die psychisch Kranken etwa bei der »Weißen Feder« in München oder heute auch in Geesthacht sich in Pflegebeziehungen einbringen, dann müssen die Pflegeprofis mehr oder weniger im Minutentakt funktionieren, während die psychisch Kranken schlicht dableiben, präsent sein können, einen Luxus an Zeit für Andere darstellen, was ihnen bei den Pflegebedürftigen im Vergleich immer wieder große Anerkennung einbringt. Die Geesthachter haben dafür den genialen Begriff geprägt, dass solche psychisch Kranken die »slow-worker« sind. Damit ist erstmals seit 200 Jahren die Langsamkeit der Leistungsfähigkeit aus einem Kriterium der Minderwertigkeit zu einem solchen des Reichtums positiv umgewertet worden.[147] In diesem Zusammenhang ist es bemerkenswert, dass – nach Schmuhl[148] – an die Stelle von diskriminierenden Bezeichnungen (zum Beispiel Krüppel, Idioten, Irre) immer dann die wertneutralere Bezeichnung »Behinderte« getreten ist, wenn die Wirtschaft wegen Arbeitskräftemangel gezwungen war, auch auf leistungsmäßig Beeinträchtigte zurückzugreifen, nämlich einmal sogar in der Frühzeit des Nationalsozialismus (30er-Jahre) und zum anderen nach 1945 zur Zeit des Wirtschaftswunders. Zeichnet sich also heute schon ein gehobenes Interesse der Wirtschaft an Menschen, die wegen Krankheit, Behinderung oder auch Alter leistungsgemindert sind, ab, so wird dies noch unvorstellbar zunehmen, wenn Kaufmann mit der Prognose Recht hat, dass die Zahl der nach heutigen Kriterien Erwerbstätigen von 2015 bis 2040 von 38 auf 26 Millionen in Deutschland zurückgehen wird – mit deutlichen Verbesserungschancen für die Inklusion gerade auch in den Arbeitsmarkt.[149] Der Kreis der als erwerbsfähig Wertgeschätzten wird sich jedenfalls dramatisch ausweiten und damit wird auch das »slow-working« entsprechend an Wertschätzung gewinnen. Dem entspricht dann vielleicht auch die nur scheinbar verrückte

147 Hinweise und Literatur dazu über Matthias Heißler, Johanniterkrankenhaus, Am Runden Berge 3, 21502 Geesthacht
148 Hans-Walter Schmuhl: Exklusion und Inklusion durch Sprache – Zur Geschichte des Begriffs Behinderung, Institut Mensch, Ethik und Wissenschaft, Berlin 2010
149 Franz-Xaver Kaufmann, in: Ursula Staudinger u. a. (Hg.): Was ist Alter(n)?, Berlin: Springer 2008, S. 132-134

Empfehlung des Chefvolkswirts der Deutschen Bank Thomas Mayer, zum Ausgleich des Exportüberschusses die Binnennachfrage zu stärken, indem bei steigenden Löhnen die Produktivität dadurch gesenkt wird, dass man nicht mehr – wie bisher – einfache Arbeiten durch Maschinen ersetzt, sondern im Gegenteil etwa den Ticketverkauf am Bahnhof oder den Schrankenwärter wieder einführt, was sich so ausnimmt, als wolle man – in gewissen Grenzen – zu vorindustrieller Gemütlichkeit zurückkehren.[150]

Jedenfalls – insofern vermutlich alle Epochen mehrdimensional beginnen und eindimensional enden – hat es für mich etwas Befreiendes gegenüber der industriellen Unilinearität (zum Beispiel des Fortschritts, des Wachstums oder der Leistungssteigerung), heute wieder in mehr Richtungen auch gleichzeitig denken zu dürfen. So verstehe ich auch den Dreiklang meines Titels für dieses Kapitel, den ich ja auch als »Volkswirtschaft – Betriebswirtschaft – Gemeinwirtschaft« hätte formulieren können. Denn während bis vor Kurzem wie ein Naturgesetz die weitere Verbetriebswirtschaftlichung der Volkswirtschaft und die Privatisierung des Öffentlichen feststand und die Marktwirtschaft nicht nur widerstandslos, sondern mit Hilfe diverser staatlicher Gesetze insbesondere durch Vermarktlichung des Gesundheits- und Sozialwesens (per Machtergreifung) sich zur Marktgesellschaft aufschwang, was noch zur Zeit der seligen sozialen Marktwirtschaft gerade alle Marktwirtschaftler als Ziel vehement bestritten hatten, darf man heute, spätestens seit dem internationalen Finanzskandal und seit die Zivilgesellschaft wieder Lebenszeichen von sich gibt, ohne sich lächerlich oder verdächtig zu machen, zumindest wieder die Frage stellen, warum der Markt aus einem menschendienlichen Lebensmittel derart zum metaphysischen Selbstzweck verkommen und den Staat derart ins Macht-Abseits verdrängen konnte.[151]

150 Frankfurter Rundschau, 20.2.2010
151 Jürgen Habermas: Euro-Skepsis, Markteuropa oder Europa der (Welt)Bürger?, in: Peter Ulrich/Thomas Maak: Die Wirtschaft in der Gesellschaft, Bern: Haupt 2000, S. 154: »Heute sind eher die Staaten in Märkte, als die Volkswirtschaften in staatliche Grenzen eingebettet.«

Daran schließt sich die Folgefrage von Claus Offe[152] an, wie die drei ma-krosozialen Ordnungsprinzipien Staat, Markt und Gemeinschaft wieder ins Gleichgewicht zu bringen sind, wobei diese drei Prinzipien sich zueinander verhalten wie Vernunft, Interesse und Leidenschaft, wie Gleichheit, Freiheit und Identität, wie Rechte, Verträge und Hilfsbedürfnisse, wobei keines dieser Prinzipien die anderen monopolisieren dürfe, was in einer permanenten Diskussion auszuhandeln sei, wozu Habermas freilich anmerkt, dass einzig Märkte nicht demokratisierbar seien. Gleichwohl muss es um eine multizentrische Schwebe aller drei Prinzipien gehen. Dabei ist der Beitrag von »Gemeinschaft«, die kulturelle Zugehörigkeit zu lokalen Sozialraum-Assoziationen, zuständig für die moralischen Energien, die auch den Fortschritt befeuern, ebenso wie für kulturelle Identität.

Die weitergehende Folgefrage stellen Gahrmann und Osmers[153], denen zufolge sich aus der bisherigen eindimensionalen Jagd nach Kostensenkung und damit nach Gewinnmehrung die Effizienzsteigerung als ein Dopingmittel erweist, das zwar Mensch wie Natur auslaugt, ohne aber dass in der Realökonomie jemand etwas davon hätte, wobei die heute Arbeitenden umso gefährdeter sind, je mehr Rendite sie von ihren Geldanlagen einfordern.

Schließlich fragt Ulrich[154] nach den Grenznormen für einen menschendienlichen Markt, wie er ursprünglich gedacht war: »Randnormen setzen dem Markt buchstäblich ›Grenzwerte‹ nach humanitären, sozialen und ökologischen Gesichtspunkten und schützen so jene Lebenssphären vor der Ökonomisierung, in denen Markt und Wettbewerb nicht herrschen sollen. Es geht hier beispielsweise um Marktgrenzen zeitlicher Art (Arbeits- und Ladenöffnungszeiten), ökologischer Art (Emissions- bzw. Immissionsgrenzwerte), Arbeits- und sozialpolitischer Art (Minimallöhne und gewährleistetes Existenzminimum). ... Im Fall von Gütern und Dienstleistungen, für

---

152 Claus Offe: Staat, Markt und Gemeinschaft, in: Ulrich/Maak, a.a.O. S.105-129
153 Arno Gahrmann, Henning Osmers: Zukunft kann man nicht kaufen, Bad Honnef: Horlemann 2004
154 Peter Ulrich: Der entzauberte Markt, Freiburg: Herder 2002, S. 175f.

deren angemessene Verteilung der Markt generell als ungeeignet erachtet wird (zum Beispiel öffentliche Infrastruktur, Gesundheits-, Bildungs- und Kulturgüter), kann dieser ganz oder teilweise durch ein anderes, in der Regel administratives Versorgungsprinzip ersetzt werden. ... Wer dagegen blindwütig dem Markt über alles huldigt, gehört auf die Länge wohl eher zu den Totengräbern einer lebensdienlichen Wirtschaft.«

Da wir nun auf keinen Fall zu diesen gehören wollen, haben wir – gerade im Interesse des segensreichen Wirkens der Marktregeln in der Güterproduktion – ziemlich gute Argumente, deren Übertragung auf die helfende Bearbeitung von Menschen im Gesundheits- und Sozialwesen abzulehnen, den Markt auf die Marktwirtschaft zu beschränken und damit zu verhindern, dass die Marktwirtschaft zur Marktgesellschaft verkommt; denn zumindest das Gesundheits- und Sozialwesen gehört im Kern eher zur Gemeinwirtschaft, zumal viel dafür spricht, dass die Marktregeln (wie Wettbewerb, Fusionen und insbesondere der Expansionszwang) die Zahl der Kranken eher erhöht als vermindert, wofür es inzwischen viele raffinierte Wege gibt (Tausch kommt von »täuschen«) – vor allem im unkontrollierbaren psychischen Bereich.[155] Deshalb ist es so bedrohlich, dass fast schon der Hälfte der Patienten beim Praxisbesuch eine privat bezahlte individuelle Gesundheitsleistung (IGeL) aufgeschwatzt wird, wodurch sie sich unmerklich in wirkliche »Kunden« verwandeln. Und wenn mit dem Hinweis auf die jetzt schon 4,4 Millionen Arbeitsplätze im Gesundheitswesen dieses als Jobmotor angepriesen wird, wird regelmäßig vergessen, dass mit weiteren Arbeitsplätzen auch mehr bisher gesunde Bürger als behandlungsbedürftig krank umdefiniert werden müssen. All dies geschieht vor dem historischen Hintergrund, dass einerseits den Bürgern früher für ein undefinierbares Unwohlsein im Kulturhaushalt fast ein Dutzend Erklärungsmuster (von den sozialen und politischen bis zu weltanschaulichen und religiösen Mustern) zur Verfügung stand, die heute auf die einzige Alternative krank oder gesund – mit entsprechenden Anreizen und sekundären Krankheitsgewinnen – zusammengeschrumpft sind, während auf der anderen

155 Klaus Dörner: Helfende Berufe im Markt-Doping, Neumünster: Paranus 2008

Seite früher Ärzte – wie Richter oder auch Offiziere – im Dienste des Gemeinwohls standen, weshalb sie als »Honoratioren«, also als Ehrenamtliche kein Entgelt für ihre Tun bekamen, heute noch mühsam daran ablesbar, dass sie stattdessen ein »Honorar« erhalten.

Der gegenwärtige Umbruch aus der Industrie- in die Dienstleistungsgesellschaft bedeutet nun zwangsläufig eine neue Chance, zwischen Marktwirtschaft und Gemeinwirtschaft wieder besser zu differenzieren, freilich ohne die Garantie, dass wir diese Chance auch nutzen. Jedenfalls haben die Gesundheits- und Sozialprofis künftig ihr berufliches Selbstverständnis erstens weniger aus hierarchischen Institutionen, sondern mehr aus der Lebenswelt der Menschen zu entwickeln. Sie haben zweitens jetzt die ziemlich einmalige Chance, ihr Handeln endlich wieder beziehungswissenschaftlich zu begründen, also nicht mehr von einer zu bekämpfenden Sache, der Krankheit, auszugehen, sondern von der Beziehung zwischen Menschen. Und sie haben drittens – dies nun, ob sie wollen oder nicht – die Dienstleistungs- als Mischungsgesellschaft zur Kenntnis zu nehmen, also etwa auch den Bürger-Profi-Mix zu lernen, ungeachtet aller narzisstischer Kränkung, die das für sie bedeuten muss, dies freilich wieder gegengerechnet mit der Chance und auch dem narzisstischen Gewinn, etwa ein ganzes Dorf zu retten, indem sie es mit einer altersgemischten und sozialraum-autarken Hilfekultur ausstatten.

Die Bürger ihrerseits haben gemeinwirtschaftlich die Dienstleistungs- als Tätigkeitsgesellschaft zur Kenntnis zu nehmen und deren Chancen zu nutzen, wonach Erwerbsarbeit, Familienarbeit und Gemeinwohlarbeit gleichberechtigt nebeneinanderstehen. Sie haben zum Zweiten kreative Konsequenzen daraus zu ziehen, dass der industriegesellschaftliche Prozess der Verkürzung der Arbeitszeit bei permanenter Leistungsintensivierung an derart krankmachende Grenzen stößt, dass dafür Alternativen gefunden werden müssen. Und sie haben zum Dritten die alterungsbedingte Vermischung der früher typischen Generationsaufgaben – Lernen, Arbeiten, Ruhestand – wahrzunehmen und daraus völlig neue und chancenreiche Lebensentwürfe zu komponieren.

Insofern finden wir insbesondere im Gemeinwirtschafts-Experimentierfeld des dritten Sozialraums in der beginnenden Dienstleistungsepoche die verrücktesten Versuche. Dafür sind die etwa 18 neuen beruflichen Aus- und Weiterbildungsgänge allein für die Begleitung der Alten – zwischen Bürgerarbeit und Erwerbsarbeit – nur ein harmloses Beispiel. Wilder und gesellschaftsverändernder ist schon das, was mit Obamas Aufruf »Nachbarn an die Macht!« zum Ausdruck kommt; zeigt sich darin doch der politische Realismus, dass die fällige neue Grenzziehung zwischen Markt- und Gemeinwirtschaft ohne Klärung von Machtfragen nicht zu haben ist. Aber geradezu anthropologisch wird es, wenn allmählich das Bewusstsein dafür wächst, dass die uns noch gewohnten Begriffe »Alter« oder »Ruhestand« nur kurzatmige Sozialkonstrukte sind, reine Erfindungen der Industrieepoche und eher noch zu deren Perversionen gehören, zudem lächerlich und krankmachend unphysiologisch, weil Menschen die Trennung von Lebensphasen des Arbeitens und des Ruhens gar nicht leben können.[156] Unübersehbar sind auch schon die empirischen Befunde dafür, dass Menschen von sich aus nach ihrer Berentung entweder dasselbe oder etwas Anderes tun wollen, als ob sie sich vormoderner oder biblischer Ansichten näherten, wonach der Mensch nach Möglichkeit bis zum Tage seines Todes tätig sein (Apfelbäumchen pflanzen) möchte. Dabei muss doch heute noch jeder von uns ab dem Tag seiner Berentung erst mal seine industriegesellschaftliche Prägung als lebensfremde Ideologie durchschauen, der nun auf ihn zukommende »Ruhestand« sei der »wohlverdiente« Lohn für die bisherige lebenslange Leistungssteigerung, für seine immer intensivere Selbstausbeutung und für seinen Beitrag zur betriebswirtschaftlichen Effizienzsteigerung im Dienste der Kostensenkung und Gewinnmaximierung – in der Regel für Andere. Und danach braucht jeder von uns – ich habe es selbst durchlitten – auch noch die Kraft und die Fantasie für das Bildungserlebnis, auf das er oft nur mit Hilfe der Generationen-Solidarität von Kollegen oder Freunden kommt, dass Lebenszeit nichts anderes als die Synchronisierung von Arbeitszeit, Freizeit und sozialer Zeit ist.

---

156 Josef Ehmer: Das Alter in Geschichte und Geschichtswissenschaft, in: Staudinger, a.a.O., S. 149-172

Zumindest auf dem Hintergrund unserer industriellen Prägung ist nun jedoch das dritte Lebensalter, obwohl ein Sozialkonstrukt, ein so unerwartetes und neuartiges Geschenk, dass die Dienstleistungsepoche sich davon strukturierende Impulse für ein menschengemäßes Verhältnis zwischen Markt-, Staats- und Gemeinwirtschaft erhoffen kann; denn schon jetzt spricht vieles dafür, dass wir für diese 15 bis 20 Jahre (zwischen dem 60. und dem 85. Lebensjahr), bei veränderter, aber erhaltener Leistungsfähigkeit, in denen wir nicht nur die Möglichkeit zu so etwas wie einer »zweiten Karriere« haben, sondern auch dazu verurteilt sind, dass wir uns in dieser Zeit die Träume erfüllen können, die wir immer schon gehabt hatten, an deren Realisierung uns jedoch die industriegesellschaftlichen Gegebenheiten gehindert haben – zur Abrundung unseres Lebens als eines Gesamtkunstwerks. Schon nach unseren wenigen seit dreißig Jahren vorliegenden Erfahrungen gehören folgende Punkte dazu:

1. Befand ich mich während meiner Erwerbsarbeit in einer Art Durchlauferhitzer, kann ich mir in meiner zweiten Karriere ein Tätigsein in freier Zeit oder in Ruhe aussuchen, weil ich jetzt frei in der Wahl bin, aber Ruhe nicht mehr mit Untätigkeit verwechseln muss.
2. Während meine Karriere in der Zeit meiner Erwerbsarbeit nach dem Grad meiner Spezialisierung erfolgreich war und ich mich dem Konkurrenzzwang des gesund-egoistischen Eigeninteresses sowohl meines Betriebs/Instituts als auch meiner selbst unterwerfen musste (beides war nie mein Ideal!), muss ich zwar nicht, aber ich kann mich in meiner zweiten Karriere dem Gemeinwohl widmen, wozu ich immer schon notwendig sein, Bedeutung für Andere haben wollte. Nach meinen früheren Träumen kann ich mir jetzt ein Projekt der Gemeinwirtschaft aussuchen und zum Beispiel einen gemeinnützigen Verein gründen. Ich kann mich jetzt geradezu in die Zeit der griechischen Polis hineinfantasieren oder in eine andere vormoderne Epoche, wo es üblich war, dass die Ehrenamtlichen, also die Honoratioren, für ihre Engagement fürs Gemeinwesen, zum Beispiel auch fürs Helfen, kein Geld nahmen, allenfalls, wenn es ökonomisch nicht anders ging, ein Honorar bekamen.
3. Während ich in meiner Erwerbsarbeitszeit zumindest meistens lohnabhängig und auch sonst abhängig von einem mehr oder weni-

ger großen und hierarchisch organisierten Betrieb geblieben bin, keine Zeitsouveränität und nur eingeschränkt Verantwortung hatte, obwohl auch all das nicht gerade zu meinen Träumen gehörte, werden in der Gemeinwirtschaft gerade diese meine unternehmerischen Qualitäten gefragt sein; denn weil sozialraumbezogen, wird mein Gemeinwohlprojekt so kleinräumig sein, dass nur wenige Freunde sich – egal, in welcher Form – die unternehmerische Verantwortung ebenso wie die ausführende Arbeit teilen, wobei Zeit kaum eine Rolle spielt und es selbstverständlich auch mit den Unternehmer-Kollegen der Marktwirtschaft zu guten Geschäften kommt.

4. Während es in meiner Erwerbskarriere meinem Betrieb in der Regel ziemlich egal war, zu welchem Zeitpunkt ich ein- oder aussteige, schaffe ich in meiner zweiten Karriere zumeist etwas, was für das Gemeinwohl meines Sozialraums von bleibendem Wert ist, wie klein auch immer ein solcher Mosaikstein für ein größeres Ganzes sein wird. Vielleicht wird mein Enkel noch auf Spuren davon stoßen. Und da – wie wir schon gesehen haben – jeder Mensch einmal im Leben unsterblich ist, kommt dann auch für mich der Tod zu spät.

5. Während mich in der Erwerbsarbeitszeit die Finanzierung meines Arbeitsplatzes nicht sonderlich interessiert hat, abgesehen von meinem Bewusstsein, dass ich mit einem Teil meiner Arbeitszeit immer auch für die Rendite der Aktionäre sorge und damit selbst zu der Gefahr beitrage, dass Geld zum Selbstzweck pervertieren und zur nächsten Spekulationsblase führen kann, ist in meiner zweiten Karriere die Finanzierung meines Gemeinwirtschafts-Projekts zwar oft eine extrem frustrierende und langwierige Angelegenheit. Wenn ich dann aber zum Beispiel von einer der 18.000 neuen Stiftungen anerkannt bin, habe ich meinen finanziellen Spielraum schon vergrößert. Und wenn mir dann noch gelingt, für mein Gemeinwohlprojekt mit den Kostenträgern ein Sozialraum-Budget auszuhandeln, dann ist mir etwas überaus Kostbares gelungen; denn dies ist die einzige Finanzierungsform, mit der man bei fortbestehender Marktwirtschaft dennoch den kategorischen Imperativ der Gemeinwirtschaft befolgen kann, nämlich nicht mit dem Profitabelsten, sondern »mit dem Letzten« zu beginnen, ohne finanziell dafür bestraft zu werden, weil eben mit Hilfe des Budgets das Geld, von dem ich leben muss, schon gesichert ist.

6. Schließlich haben wir Alten vom dritten Lebensalter mit unserer

Gemeinwirtschaft noch einen Wettbewerbs-Vorteil: Wir sind zwar gegenüber den Mächtigen der Marktwirtschaft absolut ohnmächtig; aber wir können diesen Nachteil in einem gewissen Umfang dadurch ausgleichen, dass wir nahezu beliebig viel Zeit haben. Während es für die Marktwirtschaftler in ihrem ständigen betrieblichen Überlebenskampf darauf ankommt, zur richtigen Stunde die richtige Entscheidung zu treffen, spielt für uns Gemeinwirtschaftler Zeit gleichsam keine Rolle. Wir können es uns leisten, zur Durchsetzung unseres Projekts nach dem zehnten gescheiterten Versuch in Ruhe auf den elften Versuch zu warten, weil er eben nicht sachgemäß, sondern nur menschengemäß sein muss. Und so sind wir zumindest gelegentlich in der Lage, Bretter zu bohren, auch wenn sie für den gesunden Menschenverstand viel zu hart zum Bohren sind. Als Beispiel dafür fallen mir die 2000 Projekte des »gemeinschaftlichen Wohnens« ein, die eine durchschnittliche Entwicklungszeit von sechs bis acht Jahren haben und dennoch fast immer ihr Ziel erreichen, weil dem Kern der Akteure einfach nicht die Puste ausgeht, wobei das Mehr an Lebenserfahrung vielleicht eine Rolle spielt.

Für all diese Perspektiven hat mich in der letzten Zeit am meisten die Dokumentation eines Symposions der Körber-Stiftung vom 4.-5.11.2010 zum Thema »Politische und gesellschaftliche Partizipation Älterer« beeindruckt und hier vor allem die lebendigen Praxisbeispiele aus England und den USA, also etwa »Encore carriers« aus Washington D.C.; aus Dorset, einer ländlichen Region in England; und aus Edinburgh »City for all ages«, was mir wieder mal deutlich gemacht hat, dass die angelsächsischen (und skandinavischen) Länder uns in der praxisbezogenen Reflexion sowohl der Alterung als auch der Dienstleistungsgesellschaft – wie fast immer – um zehn Jahre voraus sind.[157]
Vielleicht ist es ja doch so, dass in der weiteren Entwicklung die Marktwirtschaft mehr von den Pionieren der Gemeinwirtschaft lernen kann als umgekehrt, um die Wirtschaft insgesamt wieder mehr zu einer menschendienlichen Volkswirtschaft zu machen.

---

157 Körber-Stiftung: Politische und gesellschaftliche Partizipation Älterer, zu beziehen über Kehrwieder 12, 20457 Hamburg, www.koerber-stiftung.de

Zur Fantasieanregung in der Landschaft zwischen Markt-, Staats- und Gemeinwirtschaft jetzt wieder ein Blumenstrauß ganz unterschiedlicher Praxisbeispiele:

In **Kassel** und in den fünf angrenzenden Landkreisen, also im »strukturschwachen« Nordhessen, gibt es den »Verein zur Förderung der Solidarischen Ökonomie« (www.vfsoe.de). Darin sind zusammengeschlossen 142 Betriebe der »lokalen Ökonomie« mit 19.000 Beschäftigten, zu zwei Drittel mit Überschüssen, auch sonst reine Wirtschaftsunternehmen, aber hierarchiefrei selbstverwaltet, ökologisch, kooperativ und nachweislich gemeinwesen-verpflichtet. Das Branchenspektrum reicht von der Forstkooperative, der Handwerker-Genossenschaft, der Wassergenossenschaft bis zum Dorfladen und der Wohnungsbau-Kooperative. Info: Prof. Dr. Clarita Müller-Plantenberg, Uni Kassel, Lehrstuhl nicht zufällig »Soziologie der Entwicklungsländer«; denn viele dieser solidarischen Wirtschaftsideen stammen zum Beispiel aus Südamerika – witzigerweise ein ähnlicher Import wie die »kleinen christlichen Gemeinschaften« im kirchlichen Bereich.

Joachim Sikora, Günter Hoffmann haben in »Vision einer Gemeinwohl-Ökonomie«, Kath.-Soziales Institut der Erzdiözese Köln, Bad Honnef 2001, eine Theorie solcher und anderer Gemeinwirtschaftsinitiativen vorgeschlagen: Seit der Kapitalismus sich mit dem neoliberalen Monetarismus von der Realwirtschaft abgekoppelt habe und die Rendite zum Selbstzweck geworden sei, sei eine Gegenbewegung unvermeidlich und vielleicht lebensrettend geworden; deren Kriterien: 1. von der Erwerbs- zur Tätigkeits-Ökonomie; 2. von der Geld-Ökonomie zum »Regio«; 3. vom Zins-System zur »Parkgebühr« für gehortetes Geld; 4. von der Globalisierung zur Entwicklung lokaler Wirtschaftskreisläufe; 5. von der Geld- zur Zeit-Ökonomie; und 6. von der ökologischen Raubbau-Ökonomie zur zirkulären Ökonomie.

Die Lektüre zeigt, dass all diese, hier und da schon realisierten, Ideen mit der Dienstleistungsgesellschaft eher realistischer werden. Natürlich gibt es dagegen auch wieder die Gegenbewegung, nämlich - wie bei der Automatisierung der Industriearbeit - nun auch in der Dienstleistungsarbeit Produktivitätssteigerung durch Senkung der teuren Menschenkosten zu erzielen. Auch wenn man letztlich damit nicht so weit kommen kann wie in der Güterindustrie, lassen sich gegenwärtig solche Bemühungen am Beispiel der großzügigen Förderung der Entwicklung von Pflege-Robotern studieren: »Mein Freund, der Roboter!« In der funktionellen Rehabilitation scheint diese Robotik Akzeptanz zu finden, weniger im Heim, dann aber wieder mehr in der ambulant betreuten Wohnung – als »Servicerobotik«.

Umgekehrt gibt es jedoch auch viele problemlos gelungene Wege, auf denen die Markt- oder Normalwirtschaft von der alterungsbedingten, kleinräumigen Sozialraumorientierung profitiert, so etwa die Wohnungswirtschaft:

- **»Bielefelder Modell«**: Seine dreißigjährige Entwicklungszeit war ein Bildungserlebnis für mich. Am Anfang gab es in dieser Stadt nur eine Wohnungsgesellschaft, die sich sagte: Bei schrumpfender Bevölkerung kriegen wir unsere Siedlungen nicht mehr belegt, können es uns also nicht mehr – wie bisher – leisten, schwierige, störende, behinderte oder demente Mieter ins nächste Heim auszugrenzen, sondern müssen unsere Werbung umdrehen und versprechen, dass die Siedler so verwirrt werden dürfen, wie sie wollen, sie haben dennoch bei uns lebenslange Versorgungssicherheit. Alle anderen Wohnungsgesellschaften brauchten 10, 20 oder 30 Jahre, um sich umzustellen, was zum Schluss dennoch alle getan haben. Symbolischer Endpunkt war der historische Beschluss des Ev. Johanneswerks in Bielefeld, überhaupt keinen weiteren Heimplatz mehr zu bauen, sondern nur noch auf ambulante Betreuung zu setzen. Beeindruckend für mich, dass die epochale, über 100 Jahre scheinbar bewährte Ausgrenzungstradition zwar nicht für immer, jedoch für Jahrzehnte wirksamer sein kann, als der auf der Hand liegende betriebswirtschaftliche Vorteil. Info: Bielefelder Gemeinnützige Wohnungsgesellschaft, Carlmeyerstraße 1, 33613 Bielefeld, www.bgw-bielefeld.de
- **München**: Hier hat die Gewofag schneller gelernt: sie wirbt nun mit »Wohnen im Viertel – zu Hause versorgt – ein Leben lang – Sicherheit rund um die Uhr ohne Betreuungspauschale«. Info: Gewofag, Kirchseeoner Straße 3, 81669 München, www.gewofag.de

Wenn man nun solche Bewegungen wie in Bielefeld und München verallgemeinert – und es gibt sie zunehmend in sämtlichen Regionen Deutschlands –, dann ergibt sich auch hier der scheinbar paradoxe Befund eines epochalen Umbruchs; denn man kann zusammenfassen, dass die

- **Wohnungswirtschaft,** früher ein Ausgrenzungsinstrument, heute dazu übergeht, für viele benachteiligte Gruppen zu einem Inklusionsinstrument zu werden und ihre Wohnbedürfnisse zu normalisieren – und das aus rein betrieblichem Eigeninteresse und in Einklang mit allen Marktgesetzen. Das hat aber nun die vollends verrückte Folge, dass die Wohnungsgesellschaften und nicht zuletzt auch die Wohnungsgenossenschaften dabei sind, den Wohlfahrtsverbänden (und den entsprechenden privaten Trägern) ihr bisheriges Monopol auf das Wohnen zum Beispiel für psychisch Kranke, Behinderte und Demente abzujagen; denn eben diese Wohlfahrtsverbände, obwohl gemeinnützig, haben bisher höchst eigennützig an ihrer industriegesellschaftlichen Ausgrenzungstradition der Behinderten und Pflegeheime festgehalten, und weil sie erheblich davon profitieren, dauert es bei ihnen auch länger, bis sie die Zeichen der Dienstleistungszeit und nicht nur die Bedürfnisse, sondern auch die Fähigkeiten und die Rechte der Benachteiligten erkennen – ein Hintergrund, vor dem man erst die Weitsicht der schon mehrfach erwähnten Ausnahmen richtig würdigen kann. Es ist naheliegend, dass Ähnliches auch für die
- **Bauwirtschaft** gilt: So ist es zum Beispiel von symbolischer Bedeutung, dass und wie eine Arbeitsgruppe mit dem Spektrum von HOCHTIEF Construction AG bis zum Ev. Erwachsenenbildungswerk Nordrhein in einem Workshop das verallgemeinerungsfähige Modell für ein zukunftsfähiges und weitgehend inklusives »WohnQuartier4«erarbeitet hat, wobei die »4« die vier Faktoren umfasst: 1. Wohnumfeld, 2. Gesundheit, Service und Pflege, 3. Partizipation und 4. Bildung, Kunst und Kultur. Hier mussten also mehrfach Brücken zwischen sich bisher fremden Subkulturen geschlagen werden. Zu beziehen über: HOCHTIEF Construction AG, Opernplatz 2, 45128 Essen, www.hochtief.de

Und wenn wir nun schon bei der Aufzählung der Wirtschaftsbranchen sind, die unter dem Einfluss einmal der Alterung und zum anderen der Dienstleistungsepoche in Bewegung geraten, dann wäre die nächste die

• **Landwirtschaft**: Wie schon mehrfach angesprochen, gibt es immer mehr Regionen, bisher vor allem ländliche Regionen, in denen landwirtschaftliche Betriebe ein oder zwei bisher ausgegrenzte Benachteiligte, Behinderte, psychisch Kranke, Alterspflegebedürftige, Demente, – vor allem Singles – aufnehmen und ihnen Familienintegration und ein normales Wohnen und Leben ermöglichen und zugleich damit ihrem Agrarbetrieb nachhaltig die Wirtschaftlichkeit erhalten. Dabei wissen wir spätestens seit den Untersuchungen in Ravensburg, dass das finanzielle Eigeninteresse die gemeinsinnige, menschliche Integrationsbereitschaft in aller Regel (90%) nicht stört, sondern stabilisiert. Info: DGSP-Fachausschuss »Familienpflege«, Reinhold Eisenhut, Rommelsbacher Straße 7, 72760 Reutlingen

Eine weitere Branche ist der

• **Einzelhandel**: Wie bekannt, haben hier die Marktgesetze (Expansion, Fusion, Wettbewerb) so sehr für Effizienzsteigerung gesorgt, dass heute ein Einzelhändler seine Familie kaum noch ernähren kann. Damit gibt es täglich mehr Regionen, auf dem Lande wie in der Stadt, wo Benachteiligte (von Alterspflegebedürftigen bis zu Alleinerziehenden) sich nicht mehr fußläufig versorgen können und in der Gefahr stehen, ihre Heimat zu verlieren. Diese gesellschaftlich vielleicht wichtigste Basisfunktion können aber Menschen mit Behinderung durchaus ausfüllen, weil sie über entsprechende Nachteilsausgleichsmöglichkeiten verfügen. In CAP-Läden (abgeleitet von Handicap), die als Integrationsbetriebe geführt werden, arbeiten Menschen mit und ohne Behinderung in einer bekömmlichen Mischung zusammen. Diese Bewegung boomt, es gibt bereits über 100 solcher Länden. Wer sich dafür interessiert, kann sich bei der Edeka-Zentrale in Sindelfingen beraten lassen, weil dieser Konzern offenbar nach dem Verursacherprinzip Verantwortung empfindet. In **Unna** gibt es eine ähnliche Kooperation mit Rewe. Man kann sich aber auch ganz allein in dieses Geschäfts- und zugleich Integrationsfeld begeben: So hat Frank Kröller, Leiter eines AWO-Heims für psychisch Kranke (Nassauische Straße 13, 56470 **Bad Marienberg**) mit seinen Behinderten ein Dorf nach dem anderen in seiner Region mit einem Einzelhandelsladen beglückt, jetzt auch schon in den Nachbarkreisen, sodass die psychisch Kranken dort als die Helden der Nation gefeiert werden; die meisten von ihnen sind schon längst keine Heimbewohner mehr, sondern Mitarbeiter in der zukunftsfähigen Dienstleistungsgesellschaft; jetzt strahlt diese Geschäftsidee auch schon bis nach **Westfalen** aus (Sozialwerk St. Georg). Neuerdings gibt es auch schon ein Dutzend Seniorenkaufhäuser mit auf ältere Menschen zugeschnittenen Alltagsprodukten, so etwa in Heusweiler/Saarland (epd sozial, 40/2008). – Als Nächstes kommt sogar die

- **Hotelbranche:** 1993 entstand in **Hamburg** mit dem »Stadthaushotel« (www.stadthaushotel.de) das europaweit erste mindestens zu 50% von Behinderten betriebene Integrationshotel. Heute gibt es allein in Deutschland 30 davon, die sich zum »Embrace-Hotelverband« (www.embrace-hotels.de) zusammengeschlossen haben. Unlängst habe ich im ersten Integrationshotel von **Krakau** übernachtet. Daneben gibt es inzwischen eine Unzahl von Cafeterias oder Kantinen für Schulen, Behörden, Kaufhäuser oder wirtschaftliche Großbetriebe, zunehmend auch Restaurants des gehobenen Geschmacks.

Ähnliches gilt für die Branche der

- **Stadt- und Grünflächenreinigung und Gartenpflege:** Hier hatten wir schon in Gütersloh Mitte der 80er-Jahre den Einstieg in die Dienstleistungsgesellschaft gefunden und Vollzeit- oder Teilzeitarbeitsplätze für Behinderte realisiert. Heute hat zum Beispiel die Ev. Stiftung Alsterdorf in **Hamburg** (www.alsterdorf.de) diese Wirtschaftsbranche als »Sozialraumpflege« in allen Bezirken für die Behinderten erschlossen und verallgemeinerungsfähig gemacht, ähnlich auch Hephata in **Mönchengladbach** (www.hephata-mg.de). Besonders lehrreich ist die Geschichte einer Gruppe von Eltern geistig Behinderter, die vor 25 Jahren mit einem integrativen Kindergarten begonnen haben, inzwischen aber mit der »Cooperativen Beschützenden Arbeit« (www.cbamuenchen.de) zu einem Wirtschaftsunternehmen geworden sind, das – nur als Beispiel – 2/3 der Containerplätze in **München** funktionsfähig hält. In **Worms** ist die erste Integrationsfirma der kommunale Friedhofsbetrieb. (epd sozial, 6/2011)

Ganz nebenbei gibt es auch einige Orte, deren einziges Kino von Behinderten übernommen und dadurch gerettet wurde. So etwa in **Bremervörde** und **Geisenheim**. – Von hier aus ist es nicht weit bis zur endlos boomenden Wirtschaftsbranche der

- **Haushalts- und Pflegedienste:** Ein welch kostbares Geschenk die Beschäftigung von psychisch Kranken oder Behinderten als »slow-worker« für Pflegehaushalte ist, haben wir bereits in früheren Kapiteln beschrieben. Ich erinnere nur an die »Weiße Feder«, heute Condrobs in **München** und an die Übernahme dieses Prinzips in **Geesthacht** durch den Verein »Arbeit nach Maß« unter dem Segel des »Post-Psychiatrie«-Konzepts. Daher hier nur ein paar Gedanken zur Invasion der Behinderten in die diversen Branchen der normalen Marktwirtschaft. Denn eine solche Invasion war und ist ja nur möglich, weil die bisherigen Monopolisten der Behindertenbeschäftigung, insbesondere die Behindertenwerkstätten (BfbM), bereit sind, sich zum Markt zu öffnen, was sie bisher in der Industrieepoche für unmöglich erklärt hatten. Hier sind bemerkenswert die »Empfehlungen des Deutschen Vereins zur selbstbestimmten Teilhabe am Arbeitsleben von Menschen mit Behinderungen ... an der Grenze zwischen Werkstatt und allgemeinem Arbeitsmarkt« vom 18.03.2009 (Michaelkirchstraße 17/18, 10179 Berlin). Diese »Empfehlungen« dienen zugleich auch der Durchsetzung der UN-Behindertenrechtskonvention, insbesondere deren Ablehnung eines Sonderarbeitsmarkts (»Ein Arbeitsmarkt für Alle«), was nicht so utopisch ist, wie die Experten bis dahin gedacht hatten und wie meine lange Wirtschaftsbranchenliste zeigt. Wirksam war auch das »Dieburger Modell« vom Juni

2008 mit dem Nachweis, dass Rehabilitation am Arbeitsplatz mehr bringt als eine noch so spezialisierte Sondereinrichtung (Reha-Werkstatt, Benzstraße 4, 64807 **Dieburg**). Ähnlich das Konzept der »Virtuellen Werkstatt«. Inzwischen sind die Vermittlungszahlen aus der WfbM in den allgemeinen Arbeitsmarkt fast überall sprunghaft angestiegen, nach jahrzehntelanger Stagnation. So bildet die Werkstatt in **Sindelfingen** jetzt auch zum »Alltagsbetreuer« aus und hat mehrere Kooperationen mit Altenpflegeeinrichtungen. Die Werkstatt in Olpe achtet darauf, dass es für jeden Behinderten, der in einen Normalbetrieb vermittelt wird, dort einen persönlichen »Paten« gibt. In **Hamburg** hat »Leben mit Behinderung« auch für die Schwerstbehinderten in den Förderstätten eine berufliche Perspektive entwickelt. Ich erinnere mich noch gern daran, dass schon Anfang der 80er-Jahre ein Teil der **Gütersloher** Langzeitpatienten sich weigerte, in eine Behindertenwerkstatt zu gehen – mit dem Argument »Das ist ja keine richtige Firma, die kann ja nicht pleitegehen«, was uns erst dazu anregte, nach mutigeren Alternativen zu suchen, die wir damals in den Integration- und Zuverdienstfirmen gefunden haben. Was Letztere angeht, die so niedrigschwellig sind, dass auch noch der »Letzte« zu einer Inklusionschance kommt, sind wir für hartnäckige Unterstützung, auch als das noch als utopisch galt, der Freudenberg Stiftung ewig dankbar, so für die Zuverdienst-Dokumentation vom November 2008 (Freudenbergstraße 2, 69469 Weinheim, www.freudenbergstiftung.de). Hierzu auch das »Zuverdiensthandbuch« (BAG Integrationsfirmen, Nagelsweg 10, 20097 Hamburg, www.bag-if.de), zu empfehlen für Leute, die wissen wollen, wie man praktisch den Zuverdienst zur Voraussetzung der obersten Eingliederungs-Norm »mit den Letzten beginnen« macht. – Nicht nur Körperbehinderte schließen sich inzwischen auch in »Genossenschaften« zusammen, um insbesondere am Arbeitsmarkt besser bestehen zu können: In der WAG – Assistenzgenossenschaft **Wien** (Döblerhofstraße 9, 1030 Wien, www.wag.or.at) teilen sich zum Beispiel 200 Behinderte 350 Persönliche Assistenten. – All diese Bewegungen zwischen Markt-, Staats- und Gemeinwirtschaft profitieren auch von der zunehmenden (drei Gründungen pro Tag) Zahl der Stiftungen.

Neben Freudenberg, Bosch, Bertelsmann und Körber, gilt dies besonders engagiert und systematisch auch für den Generali Zukunftsfonds (Tunisstraße 19-23, 50667 Köln, www.generali-zukunftsfonds.de) und die Schader-Stiftung (Goethestraße, 64285 Darmstadt, www.schader-stiftung.de), die zum Beispiel im Oktober 2010 eine Fachtagung »Rendite durch Wohnen und Leben« durchgeführt hat, wo also die Kreditwirtschaft gleich mit am Tisch saß. - Und zum Schluss noch ein paar Gedanken zu den übrigen Arbeitslosen und Armen. Da auch hier jetzt Bewegung zu verzeichnen ist, nenne ich diese Branche die

* **Arbeitslosenwirtschaft**, eng verknüpft mit der **Migranten-wirtschaft**: Inzwischen wissen wir längst, dass es so gut wie keine Arbeitslosen geben muss und daher auch nicht darf; denn einmal werden praktisch alle Menschen nicht nur von dem Grundbe-dürfnis nach Selbstbestimmung, sondern auch von dem Grundbedürfnis nach Bedeutung für Andere zum Handeln ange-trieben (viele Erfahrungen, zum Beispiel die in Gütersloh, bewei-sen das), und zum anderen hätte der Staat beliebig viele Möglichkeiten, Arbeitslosigkeit zu verüberflüssigen, wenn er sich nicht von den Marktlobbyisten zu beschämender Untätigkeit zwingen ließe, für die freilich die »Reservearmee« zwingende Voraussetzung für die Dynamik des Marktsystems ist. Indem sie versprechen, die öffentlichen und nun auch die sozialen Träger mit Konkurrenz und Expansion von ihrer Ineffizienz zu heilen, geben sie sich als Feuerwehr, während sie in Wirklichkeit die Brandstifter sind, die die Armut erst schaffen und erhalten.[158] Und wir fallen fast alle darauf herein. Aber so versteht man schon besser, warum das Recht auf Arbeit aus dem Grundrechte-Katalog des Grundgesetzes ausgeklammert blieb. Dabei wissen wir heute noch genauer als früher, dass Arbeitslosigkeit nicht nur Armut, sondern auch einen höheren Krankheitsgrad und eine

---

158 Heinz-Jürgen Dahme, Norbert Wohlfahrt: Soziale Arbeit und freie Wohlfahrtspflege – ein Beitrag zu einem funktionierenden Kapitalismus? in: Sozialpsychiatrische Informationen, 41. Jg., Heft 2, 2011

höhere Sterblichkeit bedeutet.[159] Noch mehr: Der Entwürdigungsgrad von Hartz IV ist noch größer als der der klassischen Sozialhilfe, jetzt noch einmal getoppt durch das »Bildungspaket«, das die Arbeitslosen zu triebhaften Egoisten abwertet, während die Millionengehälter der Manager leider vom »Sachzwang« diktiert sind. (Ich erinnere an den arbeitslosen Toten von Speyer, der sich, in seinem Hartz IV auf Null gekürzt, logisch – sein »Sachzwang« – verhungern ließ.)

Dadurch ist aber die Arm-Reich-Schere so schreiend ungerecht geworden, dass sie – die Epoche des Feudalismus in den Schatten stellend – selbst dem Dümmsten wehtut, wodurch dann doch die Dinge in Bewegung zu kommen scheinen. Wie immer beginnt die Bewegung nicht oben, sondern unten. Es gibt heute wieder so viele Bürgerinitiativen zugunsten der Armen und Arbeitslosen wie zur Zeit des Frühkapitalismus. Dabei weiß man, dass allein schon die Vermittlung neuer Gesprächspartner oder sozialer Beziehungen die Arbeitslosen schon messbar gesünder leben lässt. Noch hilfreicher natürlich ist die Vermittlung eines neuen Arbeitsplatzes wie zum Beispiel im »Bürgerservice Trier« (www.bues-trier.de), wo zu diesem Zweck seit 25 Jahren 320 engagierte Bürger inzwischen zahlreiche Zweckbetriebe unterhalten – bis hin zu einem Fotovoltaik-Projekt (Der Paritätische, 2/2009). Und da ist die große, fast flächendeckende Tafel-Bewegung – zwiespältig, weil die Bürger, während sie sich von Herzen gern engagieren, sich doch zugleich schämen, dass in einem Land, das im Luxus schwimmt, dies notwendig sei; zumindest werden die meisten bei der ohnehin fragwürdigen »Anerkennungskultur« am Ende des Jahres den fälligen Blumenstrauß aus den öffentlichen Händen nicht gern entgegennehmen, da die Betroffenen eigentlich währenddessen etwas anderes hätten tun wollen. – Und darauf satteln schließlich auch die staatlichen Programme auf, die natürlich in Richtung Dienstleistungsbranche gehen, ob es dabei um die Qualifizierung von Langzeitarbeitslosen zu »Pflegeassistenten« geht oder um die »Bürgerarbeit«, mit der manche Orte zum Beispiel in Sachsen-

---

159 Antje Richter u. a. (Hg.): Dünne Rente – Dicke Probleme, Frankfurt: Mabuse 2008

Anhalt (etwa **Bad Schmiedeberg**) ihre Arbeitslosenquote halbieren konnten. – Gleichwohl kann aus all diesen hilfreichen Initiativen nur dann ein politischer Schuh mit dauerhaftem Erfolg werden, wenn sie verbunden sind mit der Forderung, das Recht auf Arbeit in die Verfassung aufzunehmen – dies auch in Umsetzung der UN-Behindertenrechtskonvention.
Und: Gemeinwirtschaft wird zur »Nachbarschaftswirtschaft«! Jedenfalls gab es dazu im September 2010 eine Tagung – ausgerechnet von den Philosophen in Darmstadt; Info: Prof. Dr. Gernot Böhme, Rosenhöhweg 25, 64287 Darmstadt

So, jetzt wissen die vielen Unternehmer unter meinen Lesern, was sie in ihrer jeweiligen Branche zu tun haben und wie sie ihre weniger weitsichtigen Unternehmer-Kollegen mitziehen können. Es muss ja nicht jeder gleich ein solcher Inklusions-Vorzeige-Unternehmer wie Rupert Voß sein, der mit der »Work and Box Company« (www.hand-in.de) mit Hilfe des Boxsports und der Arbeitsvermittlung die Hälfte seiner straffälligen Jugendlichen resozialisiert hat.[160]

Zugleich müssen wir aber unseren nüchternen und skeptischen Blick wachhalten; denn es könnte ja sein, dass all diese zauberhaften Inklusionstendenzen zugunsten der Kooperation von Gemein- und Marktwirtschaft nur eine »Konjunktur-Blase« darstellen, nur der Drohung der finsteren Bevölkerungsschrumpfung geschuldet, während der man notgedrungen die lästigen Alten und Behinderten als Betriebsmitarbeiter in Kauf nimmt, um bei nächster Gelegenheit zurückzurudern. Dafür nun ist das Bewusstsein hilfreich, dass die Industrieepoche unwiderruflich vorbei ist und dass wir auf zunächst nicht absehbare Zeit im Dienstleistungsjahrhundert leben werden, das zugleich eine Mischungs- und eine Tätigkeitsepoche ist. Dann aber ist es sinnvoll, sich von den Mentalitäten und Institutionen der ausgrenzenden Trennung zu verabschieden, damit es nie wieder zu einer Reservearmee kommen kann, auch wenn das die früher gewohnte betriebliche Wachstumsdynamik dämpfen sollte. Das

---

160 Rupert Voß: Herzschlag – Mein Engagement für Menschlichkeit, München: Kösel 2009

könnte immerhin den Vorteil mit sich bringen, dass man mit dem zu vielen Geld oben nur deswegen nichts Vernünftiges (Reinvestition) anzufangen weiß, weil unten zu wenig Geld ist und deshalb die nächste Spekulationsblase droht[161], wenn man nämlich zugleich über Anhebung der Löhne und Absenkung des Vermögenseinkommens die Renten stabilisiert.

Hilfreich wäre zudem das nüchterne Bewusstsein, dass die Alterung der Gesellschaft nicht nur dauerhaft ist, sondern sogar noch weiter zunehmen wird. Damit wird sich auch das Geschenk des dritten Lebensalters noch weiter ausdehnen, mitsamt seiner Folgen der zweiten Karriere und der Slow-worker-Generation. Schon jetzt haben immer mehr Menschen mehrere Jobs – sei es gleichzeitig oder nacheinander. Das ist sicher zum Teil der finanziellen Not geschuldet, zum Teil ist es aber wohl auch Ausdruck dessen, was in der Dienstleistungsgesellschaft eine normale Tätigkeitsbiografie ausmacht, obwohl der Arbeit Älterer das noch industriell geprägte Arbeitsrecht oft entgegensteht[162] und das bürgerschaftliche Dienstleistungsengagement nicht selten noch gegen die Tradition sozialstaatlicher Kolonialisierung verteidigt werden muss.[163]

Hierzu noch mal Hartmut Häußermann[164]: Er beschreibt die auch wirtschaftliche Renaissance der Innenstädte, weil seit dem Pillenknick die jungen Familien aus den Vororten in die Innenstädte zurükkkehren, da sie meist im gehobenen Segment der Dienstleistungsbranche arbeiten (Produktion von Wissen und Kultur), was oft Projektcharakter hat, von Unsicherheiten und Brüchen geprägt ist und Raum- und Zeitflexibilität verlangt, vor allem wenn beide Erwachsene arbeiten. Hier ist es einfach hilfreich, wenn Arbeiten, Wohnen, Einkaufen und Freizeit in einem Funktions-Mix räumlich vermischt sind. Diese wirtschaftliche Aufwertung der Innenstädte

161 Jörg Huffschmid: Was Banken dazu treibt, hochriskante Geschäfte zu machen, in: Frankfurter Rundschau, 25.2.2009
162 Axel Börsch-Supan: Müssen, dürfen, sollen, können oder wollen ältere Menschen noch arbeiten? in: Heinz Häfner u. a. (Hg.): Altern gestalten, Berlin: Springer 2010, S. 7-20
163 Holger Wittig-Koppe u. a. (Hg.): Teilhabe in Zeiten verschärfter Ausgrenzung? Neumünster: Paranus 2010, hier S. 55-66
164 Hartmut Häußermann u. a.: Stadtpolitik, Frankfurt: Suhrkamp 2008

führt freilich leicht zur Gentrifizierung, d. h. zur Verdrängung des unteren sozialen Bevölkerungssegments in die umgekehrte Richtung, nämlich in die Vororte, wo sich dann auch eher neue Industrien ansiedeln. Insgesamt bedeutet das für die Stadtverwaltung die Chance für eine neue Wirtschaftsblüte, aber nur dann, wenn bei der Vermischung öffentlicher und privater Räume (dritter Sozialraum) die Stadt-Governance sich durchringt, Multikulturalität als eine Bereicherung zu begrüßen, und alle Anstrengungen unternimmt, auch im Wohnungsbau zu einem Minimum an sozialem Mix und sozialer Kohäsion zu kommen.

Insgesamt kann man vielleicht also sagen, dass das bisher so erfolgreiche Wirtschaftsmodell des Marktes, das aber immer seine Opfer brauchte, bei fortdauernder Dienstleistungsgesellschaft und fortschreitender Alterung der Bevölkerung sich so weiterentwickeln muss, dass es künftig ohne Ausgrenzung und Reservearmee auskommt, die Vorteile der neuen Gegebenheiten nutzt und somit den Inklusionstest besteht.

Eine solche Weiterentwicklung müsste abschließend aber auch den Globalisierungstest bestehen; d. h. der bisherige Vorsprung des Marktes im überstaatlichen Bereich müsste wieder in ein Gleichgewicht zwischen Staaten, den kulturellen Eigenheiten der Zivilgesellschaft und den Märkten eingebunden werden. In Hinblick auf den nicht demokratisierbaren Markt schlägt Habermas (a.a.O.) für Europa vor, dass nur eine echte Föderation der europäischen Staaten zu markt-korrigierenden Entscheidungen finden könne. Entsprechend müsse es für den globalen Raum so etwas wie eine »Weltinnenpolitik« geben, ohne Weltregierung, nicht von demokratischer Legitimation abgekoppelt, jedoch bei Erhalt der kulturellen Eigenarten. Vielleicht wäre es doch ein erster Schritt auf diesem Wege, wenn nach der Idee der europäischen Kommission jeder Konzern jedes Jahr neben einem Finanzbericht auch einen Nachhaltigkeitsbericht vorlegen würde – mit Bezug auf die Umwelt, auf bürgerschaftliches Engagement und auf die Menschenrechte.

8. Was haben die Verantwortlichen für Gesundheit und Soziales zu tun?

Jetzt sind also endlich auch hier die Chefetagen angesprochen. Als Leitender Arzt eines Landeskrankenhauses und als Universitätsprofessor habe ich auch lange dazugehört; jedenfalls definiere ich das so für unsere Fragestellung. Als ich meine zunehmende Entfremdung von der Basis spürte, habe ich übrigens beschlossen, stets einen kleinen Teil meines Arbeitszeitbudgets (das man in dieser Oberschicht sowieso kaum kennt) zum Beispiel als Stationsarzt weiterzuarbeiten, was sich ungemein bewährt hat. Vermutlich ist das überhaupt die wirksamste Empfehlung dieses Kapitels, zumal das - mit veränderten Inhalten – überall möglich ist.

Natürlich habe ich im Laufe der Zeit viele Menschen kennengelernt, die noch weit höher in der Hierarchie standen; nicht von ungefähr ist das Gesundheitswesen aus dem Militärwesen entstanden. Bis heute staune ich immer wieder, in welchem Ausmaß mir mit meinem Aufstieg der gesunde Menschenverstand abhanden kommen kann. Mit zunehmendem Alter kann ich inzwischen aber auch den relativen konstruktiven Sinn einer solchen Hierarchie besser erkennen: Je höher ich steige, also etwa in den Vorstand eines Wohlfahrtsverbandes, einer Ärzte- oder Psychotherapeutenkammer, einer Kassenärztlichen Vereinigung, einer Bundesarbeitsgemeinschaft, einer Kommunalverwaltung, einer privaten GmbH, natürlich auch eines Ministeriums, desto mehr werde ich dafür bezahlt, das jeweils bestehende Hilfesystem (das sich doch schon so lange bewährt hat!) gegen Angriffe und Kritik zu verteidigen – sozusagen bis zum Beweis des Gegenteils. Ich kann also nach beiden Seiten Fehler machen: Sowohl wenn ich zu früh auf unausgegorene oder populistische Neuerungen hereinfalle als auch wenn ich das schon längst Überholte zu sehr mit meiner eigenen ökonomischen Existenz verknüpfe. Der schon erwähnte Whitehouse (a.a.O., S. 141) hat hierzu Upton Sinclair zitiert: »Es ist schwer, einen Menschen zu bewegen, dass er etwas versteht, wenn sein Gehalt davon abhängt, dass er es nicht versteht.« Wahrscheinlich denkt man sich in den Chefetagen, dass man deshalb so blödsinnig viel mehr Geld verdient, als man sinnvoll ausgeben kann, weil man diesen Balanceakte beherrscht: Veränderung nicht zu früh, nicht zu spät.

Wenn ich das jetzt auf unsere Situation übertrage, also auf den Umbruch in die Dienstleistungsgesellschaft und auf unsere Beantwortung des Alterungsproblems, muss ich einräumen, dass die »Herrschenden« ihre Rolle bisher ganz gut gespielt haben. Sie haben immerhin den Bürgern und auch den Basisprofis seit 1980 hinreichend Spielraum gelassen, sodass sowohl ein neues Denken als auch die neuen Organisationsformen des Helfens sich von unten entwickeln konnten. Hier – nebenbei – ein Einschub, auf den ich erst kürzlich aufmerksam gemacht wurde: Einmal gibt es bei der Bürgerbewegung einen zeitlichen Ausreißer; denn die sogenannten »Grünen Damen«, also die Bürgerinitiativen, die es inzwischen an den meisten Allgemeinkrankenhäusern gibt, entstanden schon 1969, als in Düsseldorf die erste Regionalgruppe gegründet wurde, wozu im Übrigen schon 1976 der erste Mann gestoßen ist. Zum anderen hat vermutlich der Beginn der neuen Bürgerhilfebewegung um 1980 auch damit zu tun, dass im gleichen Zeitraum die »Grünen« sich als Partei etablierten und damit zugleich ihr ökologisches Denken (ich erinnere an Gregory Bateson) gesellschaftliche Akzeptanz fand, das sich dann auch bis in der Wiederbelebung des dritten Sozialraums konkretisieren konnte.

Wenn also auch die Verantwortlichen am weitesten weg von der Basis sind, also auch die längste Zeit brauchen, um zu verstehen, welche Veränderungen sich in der gegenwärtigen Wirklichkeit vollzogen haben, so spricht doch alles dafür, dass in den letzten dreißig Jahren so viele neue Wege sich praxistauglich gemacht haben, dass nun die Stunde geschlagen hat, all diese Wege zu prüfen und die besten davon zu verallgemeinern, damit alle Bürger davon profitieren können, schon weil sonst diese Verantwortlichen sich selbst drastische Gehaltskürzungen verordnen müssten; denn weil sie die Entscheidungsträger sind, ist ihre Schonzeit nun vorbei.

Von einem Problembewusstsein hierfür ist aber noch wenig zu spüren, immer von Ausnahmen abgesehen. Es gilt vielmehr immer noch, umso mehr, je höher man kommt: die Industriezeit ist eigentlich vorbei, aber niemand hat es gemerkt. So etwa, wenn die Repräsentanten des Gesundheitssystems weiterhin von der »Selbstbestimmung« als dem höchsten Wert für die Patienten schwafeln. Es mag ja sein, dass sie damit immer noch an ihrem schlechten Gewissen arbeiten, diese Selbstbestimmung ihren Patienten zu lange vorenthalten zu haben. Bloß mit der Alltagswirklichkeit der heute lebenden Menschen hat dies schon wieder nichts mehr zu tun, weil diese inzwischen längst wieder die Balance zwischen Selbstbestimmung und Fürsorge von ihren Ärzten erwarten, während diese mit der alleinigen Glorifizierung der Selbstbestimmung immer noch den höchsten Wert der Industriegesellschaft und zugleich auch der Marktwirtschaft bedienen, um sich in immer mehr Bereichen von ihrer Verantwortung zurückzuziehen, weshalb es inzwischen schon den internationalen Forschungszweig der »medical deresponsibilization« gibt. Hierzu Bernard Lown: »In dem Augenblick, in dem Fürsorge dem Profit dient, hat sie die wahre Fürsorge verloren.«[165]

Wenn Karl Jaspers schon in den 50er-Jahren vor der »Psychifizierung« der Medizin gewarnt hat, so ist diese bis heute, dem Expansionsgesetz des Marktes folgend, munter fortgeschritten – und zwar bis in die Verdünnungszonen von »Befindlichkeitsstörungen«, die alle möglichen nichtmedizinischen Ursachen haben können, hinein, wo Begriffe wie Krankheit, Diagnose und Therapie nichts mehr zu suchen haben, bis hin zum Markt-Konstrukt der Volkskrankheit »Depression«, obwohl alle Insider wissen, dass wirkliche psychische Krankheiten sich kaum vermehren können.[166] Und das, während sich die Zahl der Suizide, die sich die gesamte Industrialisierung entlang erhöht hatte, ab 1980 dramatisch vermindert, nämlich halbiert hat, sodass man sagen kann, dass der Suizid als Problemlösung halbwegs aus der Mode gekommen ist. Und wenn die ärztliche Selbstverwaltung die Medizin immer mehr zu einer Wunscherfüllungs-Medizin verkommen lässt, wo allein die »Individuellen Gesundheitsleistungen« die Patienten vollends zu »Kunden« machen und immerhin anderthalb Milliarden Euro privates Geld in die Ärztetaschen spülen, kann sie zwar sagen, dass jetzt auch die

---

165 Bernard Lown: Die verlorene Kunst des Heilens, Frankfurt: Suhrkamp 2004. Hierzu auch: Franz Josef Illhardt (Hg.): Die ausgeblendete Seite der Autonomie, Münster: LIT 2008
166 Klaus Dörner: Helfende Berufe im Markt-Doping, Neumünster: Paranus 2008. Hierzu auch Martin W. Schnell: Ethik als Schutzbereich, Bern: Huber 2007

Ärzte in der Dienstleistungsgesellschaft angekommen seien (»Wir sind auch nur Dienstleister wie Banker und Einzelhändler«), hat damit aber ihre Verantwortung fürs Gemeinwohl (»vom Letzten her«) weitgehend aufgegeben.[167] Dann ist die Selbstauflösung der Selbstverwaltung der Ärzteschaft schon in Reichweite, wenn es statt der strengen Institution der »Indikation«[168] nur noch weiche »Empfehlungen« vonseiten der Bundesärztekammer gibt und wenn der neue Ärztekammerpräsident erklärt, laut einer Umfrage verstünden die Ärzte nicht mehr, was »ärztliches Ethos« sei (welch Wunder – bei einer Umfrage!), und daher habe man das »Ethos« kurzerhand aus der Berufsordnung gestrichen. Ähnlich versäumen es die Wohlfahrtsverbände für den sozialen Bereich nicht, sich Schritt für Schritt der Regeln der Marktwirtschaft zu bedienen und auf diese Weise mit ihrer Gemeinnützigkeit auch die gesellschaftliche Existenz des Gemeinwohls zu riskieren.

Schließlich verfehlt die Medizin auch insofern das Prinzip der Dienstleistungsgesellschaft, die Hilfe zu den Menschen zu bringen, als sie mit ihren drei neuen Disziplinen Geriatrie, Medizinische Psychotherapie und Palliativmedizin vor allem Betten füllt, bevor man auch ambulant tätig wird. Dabei zeichnet sich die Expansionstendenz bei der Palliativmedizin, an sich nur zu begrüßen und von den Hospizbürgern immer schon gefordert, besonders ab. Einmal hat man die »spezialisierte« Variante der Palliativversorgung noch vor der »allgemeinen« Variante der Hausärzte realisiert. Und zum anderen gibt es schon jetzt die Tendenz, versorgungsbedürftige Menschen schon zu einem immer früheren Zeitpunkt zu erfassen – zumindest mit der Gefahr verbunden, irgendwann auch alle chronisch Kranken, wenn also Therapie nicht mehr greift, für palliativbedürftig zu halten, die dadurch gesellschaftlich als »Untote« gehandelt werden

---

167 Jeanne Nicklas-Faust: Ärztliches Ethos auf der schiefen Ebene? Zu beziehen über Berliner Institut für christliche Ethik und Politik, Köpenicker Allee 39-57, 10318 Berlin, www.icep-berlin.de
168 Ralph Charbonnier u.a.: Medizinische Indikation und Patientenwille, Stuttgart: Schattauer 2008

könnten (»integral palliativ care«).[169] Bei der marktorientierten Verfassung der heutigen Medizin warnen daher Gronemeyer und Heller, dass das Sterben – menschheitsgeschichtlich erstmals – ein neues Geschäftsfeld für Mediziner werden könne, die Hospizbürger an den Rand gedrängt würden und es so zu einer Medikalisierung, Institutionalisierung, Professionalisierung und Ökonomisierung des Sterbens kommen könne.[170] Ähnlich sorgen sich der Verfassungsrechtler Wolfram Höfling und Eugen Brysch (Deutsche Hospiz Stiftung) darum, dass das Sterben zu einer Angelegenheit von Experten werden könne, wofür dieses jedoch, schon seines existenziellen Tiefgangs wegen, denkbar ungeeignet sei.[171] Allmählich mehren sich auch wieder die Zeichen, dass diejenigen Profis, die für die Begleitung der Sterbenden verantwortlich sind, sich mehr für ihr kostenminderndes »sozialverträgliches Frühableben« einsetzen; nicht nur in Holland und Belgien und bei uns ab 1914 und ab 1939, sondern auch heute. So ist kürzlich eine Anleitung[172] erschienen, wie man sich kostenlos »durch freiwilligen Verzicht« auf Essen und Trinken töten kann – natürlich unter Hinweis auf »Würde = Selbstbestimmung« und mit der Empörung über die »seelenlose Apparatemedizin« begründet, obwohl deren früherer Missbrauch weitgehend Vergangenheit ist. Solchem Streben leistet auch der naive Gebrauch der »Patientenverfügung« Vorschub. Und der ärztlich unterstützte Suizid, in der Schweiz akzeptiert und bei uns unlängst vom Ärztetag abgelehnt, ist ja nur möglich, wenn ich als Experte das subjektive »Unwertgefühl« des Anderen mir zu eigen mache und es dadurch fachlich objektiviere: Es gibt eben dann doch »lebensunwertes Leben«, was wir uns doch mit dem Grundgesetz geschworen hatten, auszuschließen.

169 M. Kojer, K. Heimerl: Palliative Care ist ein Zugang für hochbetagte Menschen, Z. Palliativmed 10, 154-161, 2009
170 Reimer Gronemeyer, Andreas Heller: Stirbt die Hospizbewegung am eigenen Erfolg? in: A. Heller u. a. (Hg.): Wenn nichts mehr zu machen ist, ist noch viel zu tun, Freiburg: Lambertus 2007
171 Wolfram Höfling, Eugen Brysch (Hg.): Recht und Ethik der Palliativmedizin, Münster: LIT 2007
172 Boudewijn Chabot, Christian Walther: Ausweg am Lebensende, Reinhardt-Verlag 2010

Was also sollen alle diese Verantwortlichen, Präsidenten, Vorstände, Experten, Funktionäre (gilt als Schimpfwort) oder Manager (beliebtes Wort, obwohl es eigentlich nur die Abhängigkeit von Aktionären signalisiert), was sollen alle diese Leute tun, um ihre Jahrhundertaufgabe – Umbruch zur Dienstleistungsepoche und Altenintegration – korrekt, also im Dienste der Allgemeinheit und des Gemeinwohls, zu erfüllen?

1. Zunächst haben sie alle mehr volks- als betriebswirtschaftlich zu denken oder dies neu zu lernen; denn natürlich weiß auch ich, dass diese oberste und unumgehbare Forderung heute als Lachnummer gilt, habe es am eigenen Leibe oder – besser – an den Leibern der Betroffenen oft genug leidvoll erlebt, dass die eigenen Betriebs-(und Gehalts-)Interessen sich gegen das Gemeinwohl durchgesetzt haben. Diese »Interessenkorruption« ist heute umfassender denn je, ist der größte Kostentreiber und bringt ihren Opfern unendliches unnötiges Leid. Hier stehen auch die öffentlichen Träger den privaten Trägern kaum etwas nach, wenn ich nur an das schamlose Hickhack der örtlichen und der überörtlichen Sozialhilfeträger denke. Erschwerend kommt hinzu, dass ich mich in meiner Entscheidungsfindung heute kaum noch auf die »Experten« mit ihren objektiven Wissenschaftsergebnissen stützen kann; denn ich finde, wenn ich nur lange genug suche, für fast alle meine Interessen die dazu passenden empirisch seriös gesicherten Forschungsergebnisse. Die Autorität der Wissenschaft ist insofern weitgehend dahin. Da aber die volkswirtschaftliche Perspektive durch nichts zu ersetzen ist und ich ihr irgendwie ja auch folgen will, komme ich diesem Ideal vielleicht mit Hilfe der folgenden Empfehlungen doch ein wenig näher.

2. Hilfreich ist hier schon die Wiederentdeckung meines historischen Denkens, das ja nicht zufällig so unmodern geworden ist. Ich meine das Denken in Epochen statt in Legislaturperioden, wofür dieser Text ja eine Art Lehrbuch sein möchte. Konkret geht es hier nicht nur um den linearen Fortschritt, sondern auch um den Kontrast zwischen den Prinzipien der Industriegesellschaft und denen der Dienstleistungsgesellschaft, soweit sie sich bisher schon abzeichnen, also um den Bürger-Profi-Mix, um die konsequente Ambulantisierung des Helfens im Dienstleistungsjahrhundert[173], Mischungsgesellschaft,

Tätigkeitsgesellschaft, Sozialraumzentrierung (Personzentrierung wäre schon genauso falsch wie Institutionszentrierung), Wiederbelebung der Gemeinwirtschaft, Inklusion im Sinne der ökologischen Normalverteilung der Menschen, unabhängig vom Leistungswert, sowie die Perspektive, die Menschen eher als Beziehungswesen und nicht mehr nur als isolierte Individuen wahrzunehmen.[174] In diesem Sinne will mein Buch auch »volkswirtschaftlich« sein.

3. Als Zielsetzung aller therapeutischer, pädagogischer oder sozialer Bemühungen findet man in der letzten Zeit mit Vorliebe Ausdrücke wie »Steigerung der Lebensqualität«. Dieser Qualitätsbegriff ist so genial nichtssagend, dass man dahinter seine Herkunft aus der Autoindustrie gut verbergen kann, wo es in Wirklichkeit um die Standardisierung, die Vergleichbarkeit und damit um die Quantifizierung von Produkten oder Prozessen geht (daher »Steigerung«); mit wirklicher Qualität im Sinne von unvergleichbarer Einzigartigkeit hat das aber wenig zu tun. Sie sollten sich daher dessen lieber enthalten und als Zieldefinition entweder auf die alte »Integration« (die selbst für Akut-Kranke gilt) zurückgreifen, von wo aus Sie ohnehin den Sprung zu der uns fremden, weil angelsächsisch-skandinavischen »Inklusion« wagen müssen, ohne die die Hilfekultur der Dienstleistungsepoche nicht zu haben ist, egal, wie lange das dauert.

173 Hier ist es ganz witzig, wenngleich natürlich auch künstlich, was man für den Nutzwert der Bürgerhilfe in einer Modellrechnung herausgefunden hat, nämlich dass man mit dem Einsatz von einem Euro Kosten im Landkreis Cham auf einen Bürger-Nutzen von 7,24 Euro und in der Stadt Würzburg von 6,38 Euro kommt: Egon Endres, Gerhard Kral: Wert und Nutzen des bürgerschaftlichen Engagements, in: ConSozial 2008, München: Allitera 2009, S. 103-116

174 Hierzu die Interpretation der OECD-Studie zum Schülerverhalten durch den Pädagogen Klaus Hurrelmann, wonach es seit etwa zehn Jahren den Trend gibt, dass die Schüler wieder mehr Disziplin, aber auch Respekt zeigen, um auf dem Arbeitsmarkt, wo jetzt auch wieder Persönlichkeitswerte gelten, Fuß zu fassen. Nur etwa 20% könnten oder wollten da nicht mitmachen, würden aber durch ihr zum Teil extremes Verhalten die öffentliche Wahrnehmung der Jugend in den Medien zu Unrecht bestimmen. Frankfurter Rundschau, 24.5.11

4. Natürlich haben Sie sich auch um ein Menschenbild für die Dienstleistungsepoche zu bemühen, zumindest soweit ein solches uns heute schon bekannt sein kann. Dazu gehört das weiterhin große Bedürfnis der Menschen nach Selbstbestimmung, jedoch nicht mehr – wie früher – isoliert, sondern (wie mehrfach schon thematisiert) in Spannungsfeldern zu anderen komplementären Grundbedürfnissen: einmal zum Grundbedürfnis, Bedeutung für Andere zu haben oder helfensbedürftig zu sein, zum anderen zum Grundbedürfnis nach Fürsorge und Sicherheit und zum Dritten (um auf eines der perversen Potenziale der Dienstleistungsepoche anzuspielen) zum Verbraucherschutz oder der Rolle des Verbrauchers auch in der neuen Hilfekultur: Denn dass ich Pillen »verbrauche«, mag ja noch angehen, dass ich aber meinen Arzt, meinen Psychotherapeuten oder meine Krankenschwester »verbrauche« zeigt schon die perverse Seite der Konsumentenrolle, und vollends wird sich mein Bürgerhelfer oder Nachbar hohnlachend weigern, sich von mir »verbrauchen« zu lassen. Darüber hinaus brauchen Sie dummerweise für die Entwicklung eines Menschenbildes auch die philosophisch-anthropologische Reflexion. Dazu gehört etwa die von niemandem mehr bestrittene »Weltoffenheit« des Menschen, die ich mir zum Beispiel von einer Patientenverfügung nicht stehlen lasse und dafür lieber mein »Recht auf Risiko« wahrnehme. Weiterhin scheint sich die postsäkulare Situierung des Menschen von Jürgen Habermas (a.a.O.) – wie Ihnen auch schon bekannt – für die Dienstleistungsepoche zu bewähren und insbesondere die exzentrische Position des Menschen von Helmuth Plessner (a.a.O.), die beide den Menschen von etwas außer ihm, also vom Anderen her (vom anderen Menschen, von einem Werk und vielleicht auch von Gott her) bestimmt sein lassen. Dem entspricht nicht nur die »Weltoffenheit«, sondern auch ein Bedenken von Verfassungsrechtlern, wenn sie argumentieren: Da Freiheit und Gleichheit nur als zwei Seiten einer Medaille verstanden werden können, wir aber seit 200 Jahren vor allem die Freiheit glorifiziert haben, könnte es für uns bekömmlich sein, für die nächsten 100 Jahre mal wieder mehr auf die Gleichheit zu setzen, und zwar in Kombination mit der Brüderlichkeit der Solidarität oder Nachbarschaftlichkeit, was man dann vielleicht spaßeshalber »Fraternalismus« nennen könnte.

Wenn man jetzt noch das ökologisch-systemtheoretische Menschenbild der »integrierten« Medizin von Thure von Uexküll[175] und – für die mehr sozialpädagogische Sicht – »Gemeinschaft und Gerechtigkeit« des Pädagogen Micha Brumlik und des Soziologen Hauke Brunkhorst[176] hinzunimmt, dann empfiehlt sich für all diese Menschenbild-Überlegungen besonders die Lektüre der italienischen Philosophin Vallori Rasini[177], die insbesondere Helmuth Plessner und Viktor von Weizsäcker miteinander vergleicht.

Abschließend zu meiner Menschenbild-Empfehlung habe ich von dem Psychiater Hans Lauter, der mit als Erster die Alterung und die Demenz ernst genommen hat, einen so leicht lesbaren und zugleich historisch-anthropologisch umfassenden Text gefunden, dass ich mir hier ein längeres Zitat daraus erlaube[178]:

»Zur gleichen Zeit, als sich die Diskussionen um das Arzt-Patient-Verhältnis von der alleinigen Vorherrschaft des Autonomieprinzips freimachten und sich wieder stärker an dem Leitgedanken der ärztlichen Verantwortung orientierten, wurden auch die philosophischen Grundlagen des Verantwortungsbegriffs unter einer gewandelten Perspektive betrachtet. Seit der Tradition der griechischen Philosophie war das neuzeitliche Denken von dem Bestreben geleitet, sich von dem Schein des unmittelbar Sinnlichen und von illusionären Vorurteilen zu befreien und eine allein am Maß der Wahrheit ausgerichteten Vernunft zur Richtschnur menschlichen Denkens und Tuns zu erheben. Das autonome Subjekt sollte sich die Welt untertan machen und in einem transzendentalen Akt auch den Anderen erken-

175 Thure von Uexküll, Wolfgang Wesiack: Theorie der Humanmedizin, München: Urban+Schwarzenberg 1988
176 Micha Brumlik, Hauke Brunkhorst: Gemeinschaft und Gerechtigkeit, Frankfurt: Fischer 1993
177 Vallori Rasini: Theorien der organischen Realität und Subjektivität, Würzburg: Königshausen + Neumann 2008
178 Hans Lauter: Verantwortung für den Anderen: Gedanken zur sittlichen Grundlage ärztlichen Handelns, Vortrag anlässlich des 150-jährigen Bestehens des Christophsbads Göppingen, zu beziehen über Hans Lauter, Beltweg 6, 80805 München

nen, durchschauen und verbessern, um die Geschichte an ihr erfüll-
tes und befriedetes Ende zu führen.

Es bedurfte im 20. Jahrhundert zweier Weltkriege, um diese
Fortschrittlichkeit des selbstherrlichen Subjekts in Frage zu stellen.
Nach dem Ersten Weltkrieg waren es die Philosophen des Dialogs,
welche die Bedeutung der Zweisamkeit menschlicher Existenz und
der Wechselseitigkeit intersubjektiver Beziehungen erkannten. Sie
hoben die Tatsache hervor, dass – wie es Martin Buber (Ich und Du,
Heidelberg: Lambert Schneider 1974) ausdrückte – der Mensch erst
im ›Du‹ zu seinem ›Ich‹ gelange. Noch sehr viel radikaler war der
nach dem Zweiten Weltkrieg entstandene Denkansatz des jüdisch-
französischen Philosophen Emmanuel Levinas (Totalität und
Unendlichkeit, Versuch über die Exterriorität, Freiburg: Alber 1980).

Sein Entwurf bezog sich nicht auf das Phänomen der interindivi-
duellen Begegnung, sondern stellte im Gegenteil die absolute
Andersartigkeit des Anderen in den Vordergrund. Er ging davon aus,
dass die (alte K. D.) ontologische Philosophie den Anderen über-
haupt nicht als solchen erfasst, ihn vielmehr immer nur auf das Selbe
reduziert, neutralisiert, in Besitz nimmt und enteignet. Gegenüber
einer solchen Bemächtigungsphilosophie betonte Levinas die absolu-
te, unüberbrückbare Distanz, die zwischen der eigenen Subjektivität
und dem Anderen bestehe und die dessen Unverfügbarkeit und
Würde verbürgt. In einem von der Sphäre menschlicher Endlichkeit
weit getrennten Raum des Unendlichen entzieht sich der Andere dem
imperialistischen Zugriff meines eigenen Erkennens, Verstehens und
aktiven Handelns. (Fußnote: Er ist aus dieser Sicht ein »Homo
absconditus«, der der Erkenntnis seines Seins ebenso unzugänglich
ist wie der »Deus absconditus« – jener unvorstellbare, unbegreifba-
re, unerreichbare mosaische Gott der Bibel, von dem sich der
Mensch kein Bild machen darf.) Aber sein (des Anderen, K. D.)
schutzloses Antlitz berührt mich, nimmt mich unbedingt in Anspruch
und setzt mich ihm aus. Sein Ruf fordert mich auf, ihn nicht allein zu
lassen, nicht zu verwerten, nicht zu töten, ihm passiv folgend für ihn
einzutreten und – ihm antwortend – Verantwortung für ihn zu über-
nehmen.«

Im Lichte solcher Gedanken wirkt mein kategorischer Imperativ des Gemeinwohls oder des Sozialraums vielleicht noch verständlicher, weswegen ich ihn hier noch einmal wiederhole: »Handele in deinem Verantwortungsbereich mit dem Einsatz all deiner Ressourcen so, dass du stets mit dem Letzten beginnst, bei dem es sich am wenigsten lohnt.« Überflüssig zu erläutern, dass es den »Letzten« natürlich objektiv nicht gibt, wohl aber subjektiv, weil jeder medizinische oder soziale Akteur natürlich seine Hitliste vom sympathischsten bis zum abstoßendsten, nicht-wählbaren Menschen hat; und das »Lohnen« signalisiert das kategorische Verbot, Menschen nach ihrem Leistungswert oder sonstigen Eigenschaften zu bewerten oder zu bevorzugen.

5. Diese – nächste – Empfehlung betrifft die Heime, die im Dienstleistungsjahrhundert weitestmöglich durch demenzfreundliche Kommunen[179] bzw. Inklusions-Sozialräume zu ersetzen sind. Wegen ihrer besonderen Bedeutung ist ihnen aber das ganze nächste Kapitel gewidmet.

6. Wenn Sie nun durch Befolgung meiner Empfehlungen zu einer entsprechenden Grundhaltung für Ihren Verantwortungsbereich gefunden haben, bergen doch die immer neuen Fortschritte immer wieder die Gefahr, Ihr Eigeninteresse über das der Anderen zu stellen, vor allem wenn sie durch gutes Marketing leuchtende Augen hervorrufen. Hier empfiehlt es sich, immer mal wieder an den Engel von Paul Klee zu denken, der ja beileibe nicht gegen jeden Fortschritt war, wohl aber vor den übertriebenen Erwartungen der falschen Fortschritte warnte, die aber heute fast unvermeidlich sind, schon weil die Forscher ohne übertriebene Erwartungen kein Forschungsgeld bekommen hätten. Daher ist stets zunächst gesunde Skepsis angesagt. Derzeitiger Fortschritts-Tabellenführer ist die Neurobio-

179 Burkhard Werner: Pflegemanagement: Kommunikation und interaktive Beziehungen zwischen zu Pflegenden und Pflegekräften, Vortrag beim Deutschen Pflegekongress 2011, zu beziehen über Kath. Hochschule, Karlstraße 63, 79104 Freiburg, www.kh-freiburg.de; hier bezieht sich Werner vor allem auch auf eine der ersten qualitativen Studien des »Heimlebens« von Ursula Koch-Straube: Fremde Welt Pflegeheim, Robert Bosch Stiftung, Bern: Huber 2007

logie mit ihren bildgebenden Verfahren, mit deren Hilfe etliche besonders von sich begeisterte Neuro-Forscher bereits die Willensfreiheit des Menschen demontiert und ihn zu einer Maschine erklärt haben, was schon einmal vor 100 Jahren schließlich zur Kritik der »Hirnmythologie« geführt hat. Hier ist wohltuend abwägend das Buch des Psychiaters und Philosophen Thomas Fuchs, für den das Gehirn für den Menschen als Beziehungswesen ein »Beziehungsorgan« ist, das zwischen der Lebenswelt des Subjekts, dem Organismus und seiner Umwelt ständig vermittelt, um unter den vielen Möglichkeiten die jeweils bestmögliche Problemlösung zu finden.[180]

Ähnlich aufregend ist der Fortschrittsboom der Psychotherapeuten, die, je mehr sie sich vermehren, desto mehr weitere Arbeitsplätze für sich fordern und die umso höhere Heilungsquoten haben, je relativ gesünder ihre psychisch kranken Patienten sind. Als ich 2009 bei der Hessischen Psychotherapeutenkammer anregte, jeder Psychotherapeut solle einmal im Jahr seiner Kammer mitteilen, wie viel Prozent der ihn aufsuchenden Klienten er abgelehnt habe, weil sie für seine therapeutischen Techniken nicht krank genug seien – es müssten mindestens 30% sein –, erhielt ich allgemeinen Beifall, was mich schon wieder mit ihnen fast versöhnt hat, weil dies zumindest ein Problembewusstsein für ihr Dilemma signalisierte, nur dass niemand sich traut, die immensen Kostensteigerungen dieses Freibeuter-Systems zu kontrollieren (das zudem erwiesenermaßen auf Kosten der schwer psychisch Kranken geht) – auch die Kostenträger selbst nicht.[181] Dabei könnten auch Psychotherapeuten deutlich mehr auf wirkliche Pathologie einwirken, wenn sie die Menschen mehr als Beziehungswesen auffassten, sich weniger im Stil des 19. Jahrhunderts in das Innenleben von Individuen verbohrten und sich mehr den Beziehungen, der Lebenswelt und dem Sozialraum der Menschen öffneten.

180 Thomas Fuchs: Das Gehirn – ein Beziehungsorgan, eine phänomenologisch-ökologische Konzeption, Stuttgart: Kohlhammer 2010; auch der Biologe Gerald Hüther gehört zu den abwägenden Skeptikern. Für Joachim Bauer sprechen die neurobiologischen Befunde dafür, dass das Gehirn unter dem Strich auf Ausgleich und Kooperation zwischen den Menschen ausgerichtet ist (Schmerzgrenze, München: Blessing Verlag 2011).

Ein Lieblingsfortschritt, vor allem bei Behinderten, ist auch das »persönliche Budget«, nur dass es zu sehr auf Körperbehinderte zugeschnitten ist, wo es okay ist, während geistig und seelisch Behinderte mit ihren Beziehungsstörungen nicht so leicht davon profitieren können.

Frühdiagnosen zum Beispiel bei Demenz scheinen den Wünschen aller zu entsprechen; doch gilt es zu bedenken, dass von diesem Zeitpunkt an das Geschehen eher nur noch medizinisch definiert wird, was die familiäre Lebenswelt auch fremdbestimmen und damit überfordern kann.[182]

Ähnliche Pferdefüße gibt es auch bei Fortschritten etwa wie der Patientenverfügung (wie schon erwähnt), beim Versorgungsmodell der »integrierten Versorgung«, die neue Abhängigkeiten mit sich bringt und das bessere Modell des Sozialraumbudgets vergessen lässt, und selbst beim »Hirntodkonzept« als Voraussetzung für eine Organspende, das zuerst vollmundig und »naturwissenschaftlich« zum Tod des Menschen erklärt wurde, während es sich jetzt zeigt, dass die Menschen dann doch noch nicht so ganz richtig tot seien.

7. Schließlich noch ein empfehlendes Wort zur Prävention, die einerseits ebenfalls mit zu großen Erwartungen behängt wird (besonders fatal in der NS-Medizin) und von der die Gesundheits- und Sozialwissenschaftler gern behaupten, sie könnten dazu mehr beitragen als die Medizin.

Dass die Prävention vielleicht schon am ehesten in der Dienstleistungsepoche angekommen ist, mag sich daran zeigen, dass der Sozialraum inzwischen als ein ebenso wirksames Setting für Prävention gilt wie etwa der Arbeitsplatz oder die Schule. So bestehen inzwischen »Regionale Knoten« mit bestimmten, wechselnden

---

181 Klaus Dörner: Ist Irren menschlich? – Strukturwandel im Gesundheitswesen, Hess. Ärzteblatt, 4:246-249, 2009. Die meisten aufklärenden Untersuchungen über diesen Missstand stammen von Heiner Melchinger, z. B.: Richtlinienpsychotherapie im Alter – Anspruch und Wirklichkeit, Vortrag auf dem DGGPP-Kongress, 11.-13.5.2011 in Berlin. Und der Nervenarzt Heyo Prahm warnt vor einer Ideologisierung des Heilens und fordert daher eine neue Psychiatrie-Enquete (in: NeuroTransmitter 5:22-27, 2011).

182 Peter Wißmann: Nicht mehr rückgängig zu machen, in: Dr. med. Mabuse, März 2010

Gesundheitsprojekten in allen Bundesländern.[183] Dem entsprechen viele Untersuchungsbefunde, wonach intensive Beziehungen mit Freunden und Bekannten, die Einbindung in eine Gruppe und vor allem die Verantwortlichkeit für andere Menschen die Gesundheit hebt und sogar die Sterberate senkt, weshalb statt der Kontrolle von oben die »Prävention von unten« zur Hebung der Verfügung über die eigenen Lebensbedingungen zu verstärken ist. Norbert Schmacke schließlich erinnert an den Walisischen Bergarbeiter-Arzt Julian Tudor Hart und sein »Inverse Care Law«, wonach die je Gesünderen fortlaufend mehr und die je Kränkeren weniger medizinische Angebote erhalten; er warnt vor den permanenten Grenzüberschreitungen der modernen Medizin mit uneinlösbaren Erwartungen und auf Kosten der Schwächeren, und er plädiert für die Umkehr der heutigen Gegebenheiten, dass nämlich chronisch Kranke und Menschen am Lebensende weniger Therapie und mehr Linderung sowie verlässliche Pflege brauchen.[184]

Soweit also meine Empfehlungen, deren Befolgung – natürlich situativ abgewandelt – Sie, die Entscheidungsträger der Hilfekultur, ziemlich sicher im Dienstleistungsjahrhundert ankommen lässt und für Ihren Verantwortungsbereich zukunftsfähig machen wird. Als Belohnung dafür, dass Sie sich mir so lange ausgesetzt haben, möchte ich Ihnen zum Abschluss dieses Kapitels zwei Bonbons schenken; wenn Sie die auspacken, werden Sie darin zwei Beispiele aus ganz unterschiedlichen Aufgabenbereichen finden, wie Sie schon jetzt meine sicher manchmal sperrigen Überlegungen in die Praxis umsetzen können – allein durch Nachahmung von etwas, was es schon gibt und sich hinreichend bewährt hat.

---

183 Für den Kooperationsverbund »Gesundheitsförderung bei sozial Benachteiligten«, Friedrichstraße 231, 10969 Berlin, www.gesundheitliche-chancengleichheit.de
Zur Sozialraumorientierung auch Heiko Waller: Gesundheitswissenschaft (Stuttgart: Kohlhammer 2002) und Rolf Rosenbrock, Claus Michel: Primäre Prävention (Berlin: Med.-Wiss. Verlagsgesellschaft 2006)
184 Norbert Schmacke: Grenzen der Machbarkeit von Gesundheit, Wider die Totalisierungstendenz des modernen Medizinbetriebs, Med. Klinik 101: 428-32, 2006

Das erste Beispiel-Bonbon ist meine »best practice« zur Frage, wie man heute eine psychiatrische Pflichtversorgungsregion optimal betreibt, indem man von den neuen und zukunftsfähigen Prinzipien ausgeht, also etwa vom Bürger-Profi-Mix, vom Sozialraum, von der (entspezialisierten) Mischung, von der Inklusion für alle, von der Priorität der »Letzten«, hier der Alten und der Chronischen, sowie von dem Menschenbild, wonach Menschen nicht nur das Grundbedürfnis nach Selbstbestimmung, sondern auch das nach »Bedeutung für Andere« (also zum Beispiel auch ein Arbeitsbedürfnis) ausleben müssen, um ausgelastet und damit gesund zu sein.

Ich meine die schon mehrfach erwähnte psychiatrische Abteilung des Johanniter-Krankenhauses, Am Runden Berge 3, 21502 Geesthacht, versorgungsverpflichtet für den Landkreis Herzogtum Lauenburg, Leitender Arzt Dr. Matthias Heißler. Diese Abteilung bestand ursprünglich aus drei Stationen, natürlich diagnostisch gemischt belegt. Wenn Sie dort mal vorbeischauen, kommen Sie aus dem Staunen nicht heraus. Das fängt schon damit an, dass alle (überwiegend ja akute) Patienten ihre jeweilige Station wie ihren Haushalt betreiben, auch was die Zubereitung aller Mahlzeiten angeht – also ein völlig anderes, normalisiertes Wohn- und Arbeitsgefühl. Keiner der Patienten kann nach der (schnellen) Entlassung in das berüchtigte schwarze Loch der Untätigkeit und Einsamkeit zurückfallen; denn alle, die es brauchen, gehen nach der Entlassung in ihre – Ihnen schon bekannte – Zuverdienstfirma, von denen es zwölf in sozialräumlicher Verteilung gibt, betrieben von zwölf Ergotherapie-Praxen, die – in Absprache mit den Krankenkassen – u. a. auch als Zuverdienstfirmen funktionieren. Für die Alten und Dementen gab es schon bald zehn ambulant betreute Wohnpflegegruppen oder – wie sie dort treffender benannt werden – »Haushaltsgemeinschaften«, natürlich nur für Menschen, die vom Schweregrad her eine 24-Stunden-Präsenz brauchen – als Alternative zum Pflegeheim. Zudem gab es den Trägerverein »Arbeit nach Maß«, zuständig nicht nur für Arbeitsmöglichkeiten, sondern im Laufe der Zeit immer mehr für passende Wohnmöglichkeiten (Anmietung oder später auch Kauf von Wohnungen), sodass man inzwischen voll Stolz sagen kann, dass man mit Hilfe dieser »Immobilientherapie« jedem Bedürftigen in kurzer Zeit den für ihn geeigneten Wohnraum vermitteln könne.

Und zu diesem schon imponierend vollständigen Versorgungsniveau kam nun vor einigen Jahren – als zweiter Paukenschlag – der Vertrag mit den Krankenkassen über ein »regionales Budget« (Sozialraumbudget) – immerhin auf fünf Jahre angelegt –, was entsprechende Verfahrenssicherheit mit sich bringt. Weil nun aber von diesem Zeitpunkt an nur noch das Ziel mit den Kostenträgern vereinbart ist, es jedoch dem Gesamtteam freigestellt ist, wie man das Ziel erreichen will, passiert etwas Zauberhaftes: Alle eher noch statischen Bausteine des bisherigen Systems werden dynamisch, geraten – wie Tänzer – in Bewegung, entwickeln neue Synergien und erproben immer neue Tanzfiguren miteinander, dass einem schon beim Zuschauen schwindelig wird, und niemand sich vorstellen kann, dass dieser Reigen je wieder institutionell erstarrt. Das fängt schon mit den Betten, der stationären Zitadelle, an: Hatte man bisher für 186.000 Einwohner 50 Betten, was schon wenig genug war, so kommt man jetzt mit 20 Betten (nur noch eine Station) aus. Und dies zu einem Zeitpunkt – und jetzt bitte ich besonders die Krankenkassen-Chefs die Ohren zu spitzen –, wo 20 Kilometer weiter westlich, nämlich in Hamburg, die Psychiatrie-Experten wissenschaftlich nachgewiesen haben, dass ihr ohnehin schon opulenteres stationäres System (mit vielen künstlichen Spezialstationen) dringend um weitere 400 Plätze (!) ausgeweitet werden müsse – natürlich vor allem für die neuen, eher gesünderen psychisch Kranken, für die das ohnehin Gift wäre.

Wie ist nun das Wunder in Geesthacht möglich, wovon zum Beispiel Hamburg lernen könnte: Die berufsgemischten Teams der jetzt aufgelösten Stationen verwandeln sich in »mobile Kriseninterventions-Teams« (home treatment), jeweils für einen Sektor verantwortlich, fahren dorthin, wo sich die Indikation für eine stationäre Aufnahme abzeichnet, lernen den psychisch Kranken (ob ein junger Mensch mit Schizophrenie oder ein alter mit Demenz) mitsamt seiner Lebenswelt, seinen Angehörigen, Nachbarn, Freunden, Arbeitgebern in seinem Sozialraum kennen und bleiben so lange bei ihm, bis das ihn haltende Netz seine Krise erübrigt hat, was natürlich nicht immer, jedoch erstaunlich oft gelingt. Darüber hinaus hat man noch ein breites Spektrum an anderen Alternativen zur stationären Aufnahme entwickelt; so gibt es längst ein System von Gastfamilien für Demente oder Chroniker (vom Letzten her), von denen ein Teil sich auch als

»Krisenfamilie« zur Verfügung stellt (Bürger-Profi-Mix) bis in die Akut-Psychiatrie hinein.

Es geht aber noch weiter: So sind die zehn ambulanten Wohnpflege-gruppen (Haushaltsgemeinschaften) ja nicht nur sozialraum-inte-griert, sondern dort sind auch jeden Tag die Reha-Profis (Physio-therapeuten, Ergotherapeuten und Logopäden) zu Gast, und ein Arzt von der Institutsambulanz schaut nach dem Rechten. Nun also liegt es nahe, die Mischung noch weiter zu treiben und reha-bedürftige Körperkranke (Schlaganfall oder Zustand nach schwerer Operation) für ihre Rehabilitation eine Zeit lang dort wohnen zu lassen, wobei auch das normale Wohn- oder Haushaltsmilieu förderlich ist. Man nennt das: Rehabilitation »in vivo« statt »in vitro« (also in einer ent-fernten, künstlichen Spezialinstitution). Diese Inklusions-Strategie hat sich so bewährt, dass einzelne Haushaltsgemeinschaften sich im Umkreis Satellitenwohnungen zugelegt haben, um so über hinrei-chende Kapazitäten zu verfügen. Man ist also auf dem Weg, dass jeder Sozialraum (jedes Stadtviertel oder jede Dorfgemeinschaft) nicht nur ein »Pflegeherz« (in Form einer ambulanten Wohnpflegegruppe), vorzuweisen hat, sondern auch ein lokales »Reha-Herz« – in der eigenen Nachbarschaft.

Die Mischungspolitik ist aber damit noch nicht am Ende; denn in den Haushaltsgemeinschaften sind inzwischen weitere (vor Kurzem waren es 37) Zuverdienstarbeitsplätze oder teilweise auch schon reguläre Arbeitsplätze für (jüngere) psychisch Kranke oder Behinderte entstan-den – jetzt also auch in der zukunftsträchtigen Dienst-leistungsbranche. Diese »slow worker« stellen gerade auch für die Dementen eine Kostbarkeit dar, weil sie – im Unterschied zu den Profis – Zeit mitbringen. Deshalb nennen die Geesthachter diese Hilfe-Subkultur auch gern »Sensible begleiten Sensible«. Und neben-bei tragen all diese neuen Mischungspfade auch dazu bei, dass die ambulant betreuten Haushaltsgemeinschaften kostengünstiger sind als ein durchschnittlicher Pflegeheimplatz, weshalb sie – nach anfäng-licher Fremdheit – auch von den Familien gern angenommen werden.

Wie geht es Ihnen nun nach der Lektüre dieses Kurzbericht-Bonbons? Einige mögen beruhigt sein zu lernen, dass man auch ohne erbitterte

Verteidigung betriebswirtschaftlicher Eigeninteressen in Form von Institutionen offenbar ganz gut davon leben kann, während sich zugleich die Freude an der Arbeit vervielfacht. Anderen mag beim Lesen in Anwendung auf den eigenen Verantwortungsbereich eine Fülle neuer eigener, auch weiterführender Fantasien gekommen sein. Jedenfalls sind vertiefende Informationen zu dem Bericht über die angegebene Anschrift zu beziehen, wenn auch die Geesthachter vorhaben, ihre Erfahrungen der Öffentlichkeit in absehbarer Zeit zu verraten, möglicherweise unter der Überschrift »Postpsychiatrie«. Die zauberhafte Ironie dieses Begriffs verstehen Sie jetzt besser: in Weiterentwicklung der Psychiatrie diese über sich hinauszutreiben, sodass etwas ganz Anderes entsteht und doch Psychiatrie bleibt; übrigens eine ähnliche Ironie, wie Habermas (a.a.O.) seinen Begriff des »Postsäkularen« versteht. Im Übrigen haben die Geesthachter »Postpsychiatrie« – in hanseatischer Tradition - aus dem naheliegenden England übernommen, wo er wohl 2004 geprägt wurde.[185] Das also war das erste Bonbon.

Mit dem anderen Bonbon schenke ich Ihnen ein in der Praxis vielfältig bewährtes Konzept für Aus-, Fort- oder Weiterbildung, wofür die meisten von Ihnen direkt oder indirekt auch verantwortlich sind – natürlich mit dem besonderen Zungenschlag des Ziels der meist noch ausstehenden »Umprofessionalisierung«, damit die diversen helfenden Berufe für die besonderen Aufgaben des Jahrhunderts gebildet werden, in dem sie bereits leben.

Ich wähle dafür eine Sprache, mit der man erfahrungsgemäß Pflegeberufler ganz gut erreichen kann, von der Pflegedienstleistung bis zur Pflegehelferin. Das ist hier von besonderer Bedeutung, da man – neben dem Gehalt – am ehesten mit dem Bildungsstand die sich verkürzende berufliche Verweildauer verlängern kann; denn tun wir hier nicht genug, können wir 2050 nicht mal mehr 20% des

---

185 Bracken P.: The radical possibilities of home-treatment: postpsychiatry in action. In: Brimblecombe N. (2004): Acute mental health care in the community. London N1 2UN. – Ähnlich das feinsinnig-skeptische Buch von Asmus Finzen: Warum werden unsere Kranken eigentlich wieder gesund?, Bonn: Psychiatrie-Verlag 2002

Bedarfs an professionell Pflegenden abdecken.[186] Ich habe aber auch erfahren, dass diese »community care«-Sprache auch für alle übrigen helfenden Berufe bekömmlich ist, bis hin zu den stolzen Ärzten und Psychotherapeuten, für die eine solche Umprofessionalisierung besonders wirksam ist. Nicht zu vergessen, dass es inzwischen auch einen expandierenden Berufsbildungsmarkt für einen Teil der Bürgerhelfer gibt. Nur als Beispiel bildet das Wohlfahrtswerk für Baden-Württemberg in zwei Jahren zum staatlich anerkannten »Alltagsbetreuer« aus, wobei – bei fehlendem Schulabschluss – nach bestandener Ausbildung der Hauptschulabschluss zuerkannt wird.[187]– Gelegentlich hört man auch schon mal den Scherz: Unabhängig von unserer professionellen Spezialität sind wir in der neuen Hilfekultur alle »Life space worker«, also »Raumpfleger« (wobei ich hinzufügen würde) und »Zeitpfleger«, nämlich bezogen auf die »Bedeutung für Andere«, mit der jeder seinen Tagesablauf anreichert.

Ich stelle Ihnen nun mein Konzept in Form von Thesen vor, und zwar in der »Ich-Form«, etwa so: »Ich als Pflegeleitung oder Fachkraft (oder Sozialarbeiter oder Ergotherapeut) bin zukunftsfähig, wenn …«. Teilweise verwende ich den Begriff »Einheit«, womit angedeutet sein soll, dass die These unabhängig vom beruflichen »Tatort« (Klinik, Heim, Ambulanz) gilt. Jede These könnte etwa eine Unterrichtseinheit füllen. Die Begründungen der Thesen fallen kurz aus, weil eigentlich dafür mein ganzes Buch steht. Und am Schluss jeder These gibt es ein Beispiel, etwa ein fürs Lernen einschlägiger Ort oder eine hilfreiche Frage.
So, jetzt geht es los mit den Thesen oder Lernzielen:

1. Ich bin zukunftsfähig, wenn ich nicht mehr nur betriebs-, sondern auch volkswirtschaftlich denke.
Mit meiner Tätigkeit, so winzig die auch sein mag, leiste ich einen Beitrag zur gesamtgesellschaftlichen Hilfekultur. Zugleich stelle ich

---

186 Tobias Hackmann: (Zu)viele geben auf, in: Pro Alter 3/2010, S. 61-65
187 In der Zeitschrift dieser Institution: Verwirrende Vielfalt, in: Weitwinkel Nr. 2/2009

mich in einen langfristigen Epochenwechsel, etwa: seit 1980 Ende der bisher gewohnten großen Wachstumssprünge der Wirtschaft, daher Kostenkrise, daher Rationalisierungs- und Vermarktlichungs-Gesetze des Staates, die, weil aufs Helfen nur marginal anwendbar, zur Qualitätsverschlechterung und in die Effizienzfalle führen; daher auch seit 1980 zivilgesellschaftliche Gegenbewegung.

Beispiel: Mit diesem Problembewusstsein kann man gerade junge Menschen auch politisch begeistern und dadurch mit ihrer Berufs-wahl identifizieren, weil sie gern das Ganze, die Gesellschaft verän-dern und sei ihr Beitrag dazu noch so klein.

2. Oberstes Ziel allen Helfens ist immer die Inklusion.
Damit ist die (Wieder)herstellung der Normalverteilungskurve und des Miteinanders von Menschen mit und ohne Hilfebedarf (von hilfs-bedürftigen und helfensbedürftigen Bürgern) gemeint. Daher ist Institutionalisierung von mir stets entweder durch Alternativen zu ersetzen (Hilfe zu den Menschen bringen, home treatment) oder möglichst kurz zu befristen.
Beispiel: »Solange ich von Profis umzingelt bin, bin ich noch nicht integriert.«

3. Zukunftsfähig bin ich, wenn ich meine Fachkompetenz auch zurücknehmen kann.
Es ist eine echte Kunst, mit der kalkulierten Rücknahme meiner Verantwortung und Kompetenz zum richtigen Zeitpunkt und im richtigen Maße in Vorleistung zu treten; denn nur dadurch kann der Hilfsbedürftige sein Selbsthilfepotenzial und können die Bürger als Nachbarn ihr Fremdhilfepotenzial optimal mobilisieren (ohne Not tun sie das nämlich nicht); nur so kann ich Entwicklung fördern.
Beispiel: Die Begründerin der Themenzentrierten Interaktion, Ruth Cohn: Wenn ich jemandem weniger gebe als er braucht, ist das Diebstahl; gebe ich ihm aber mehr als er braucht, ist das Mord, weil – vergleichsweise – irreversibel.

4. Ich bin in dem Maße zukunftsfähig, wie ich dem neuen Steuerungsprinzip des Bürger-Profi-Mix folge.
Das bedeutet überall: »So viel Bürger wie möglich, so viel Profi wie nötig«. Beweis, dass ich diese neue Kompetenz draufhabe: Ich emp-

finde das Abgeben eigenen Könnens an Andere zunächst als narzisstische Kränkung, dann aber nicht mehr, weil ich mich auf das alte Subsidiaritätsprinzip besinne. Oder: Ich bin in der Dienstleistungsgesellschaft insofern angekommen, als ich zunächst Anderen »diene« und dann in dieses »Dienen« mein professionelles »Leisten« einbette. Ich werde dann z.B. Angehörige nicht mehr »einbeziehen«.

Beispiele: Im Landkreis Schwandorf ist die neue Hilfekultur auf drei Ebenen organisiert: Auf der ersten Ebene gibt es an allen 40 Kirchengemeinden 40 Krankenpflegevereine, wo Bürger als Nachbarn tätig sind. Auf der zweiten Ebene gibt es vier Vereine, wo besonders engagierte Bürgerhelfer – auch gegen Geld – tätig sind. Und erst auf der dritten Ebene gibt es die vier Sozialstationen der Caritas, wo die Pflegeprofis jetzt mit neuen Rollen das Ganze koordinieren. Allein dadurch konnten die üblichen 30% Bürger, die sich ihren letzten Wunsch, zu Hause zu sterben, erfüllen, auf 60% verdoppelt werden.[188]

Ein anderes Beispiel: In der Region Nordbaden haben hinreichend viele palliativ fortgebildete Hausärzte, ambulante Pflegedienste und die regionalen Hospizgruppen ein Bündnis gebildet, mit dem sie den Bedarf an Palliativmedizin abdecken.[189]

5. Auch die Akquisition hinreichend vieler Bürgerhelfer gehört zu meinen neuen Kompetenzen.

Sie gelingt erstaunlicherweise fast immer, wenn man es richtig macht, d. h. wenn man den Bürgern gerade nicht moralisch kommt, sondern bei ihren realen Alltagsbedürfnissen abholt (zum Beispiel zu viel Zeit, zu wenig »Bedeutung für Andere«, zu wenig Auslastung = Gesundheit; sowie bei der Tatsache, dass in der Dienstleistungsgesellschaft viele Menschen einen Zweitjob brauchen). Laut Emnid engagiert sich ein Drittel der Bürger von sich aus, wobei aber das Neue darin bestehe, dass ein zweites, das mittlere Drittel sich zwar nicht von sich aus, wohl aber auf Ansprache engagiert, dann aber eher noch stabiler dabeibleibt, weshalb die Methode des Klinken-

---

188 Caritas-Sozialstation, Werthstraße 44, 92421 Schwandorf
189 Peter Engeser: Das Pamino-Projekt, Das Nordbadische Palliativnetz, in: Der Mensch, Zschr. für Salutogenese und anthropologische Medizin 40: 32-35, 2010 (Bezug: Am Mühlenteich 1, 37581 Bad Gandersheim)

putzens sich fast immer als erfolgreich erweist, wie ich in Gütersloh selbst erfahren habe.

Beispiel: In Hamburg hat im Zuge der dezentralen Ambulantisierung der geistig Behinderten auf die Frage, was man denn (nach schriftlicher Vorankündigung) nach dem Klingeln sage, jemand seine Klinkenputz-Erfahrungen so beschrieben: »Hallo, wir sind die neuen Nachbarn (und dann): Was können wir für Sie tun?« – In dieser Umdrehung des konventionell zu Erwartenden liegt der ganze Unterschied zwischen alter und neuer Hilfekultur!

6. Zu meiner Zukunftsfähigkeit gehört auch, dass ich meine Verantwortung – über die hilfsbedürftigen Personen hinaus – territorial auf deren Sozialraum beziehe.

Der dritte Sozialraum, also das Stadtviertel oder die Dorfgemeinschaft, ist nicht nur der einzige Sozialraum fürs Gemeinwohl und damit für die Inklusion, sondern auch der einzige Raum, für den die Bürger helfensbedürftig sein können. Wenn wir Profis uns nun im Sinne des Bürger-Profi-Mix mit den Bürgern synchronisieren wollen, sind wir dazu verurteilt, unseren für die Tradition sehr kleinen Sozialraum als diejenige Einheit zu definieren, in der man die neue Hilfekultur einzig organisieren kann; insofern gilt: »Nachbarschaft ist die Lebendigkeit des Sozialraums«.

Beispiel: Für das neue Menschenbild des Menschen als Beziehungswesen gilt daher der schwerwiegende und tiefgründige Lehrsatz: »Von meiner immer zu knappen Zeit habe ich als Profi mindestens 50% nicht für den eigentlich Hilfsbedürftigen zu verausgaben, sondern für die Menschen drumherum, die Angehörigen, Freunde, Nachbarn, Bürgerhelfer und die sonstigen Sozialraumbewohner; dazu kann dann durchaus auch meine Verantwortung für den fehlenden Tante-Emma-Laden gehören.« Man kann das auch vornehmwissenschaftlich begründen, so der ökologische Philosoph Gregory Bateson: »Im Umgang mit Menschen ist der Kontext immer wichtiger als der Text.«

7. Im Sozialraum-Kontext habe ich nie nur Spezialkompetenz, sondern immer auch Generalkompetenz – in der neuen Hilfekultur.

Dabei war ich doch immer so stolz auf meine Spezialisierung – auch eine narzisstische Kränkung! Ausgeglichen wird sie durch den

Gewinn, dass ich im Laufe der Zeit mich auch auf alle Hilfsbedürftigen des Sozialraums verstehe, ob psychisch krank, geistig behindert, dement, hirnorganisch geschädigt oder selbst im Wachkoma, was sekundär den Horizont erweitert, den Spaß an der Arbeit vermehrt und die Identifizierung mit meiner Sozialraum-Verantwortung fördert. – Und dies schon wegen der vielen möglichen Synergien zwischen den verschiedenen Hilfebedarfsgruppen.

Beispiel: Besonders lehrreich hierfür ist ein Besuch bei den 70, diagnostisch immer gemischten, ambulant betreuten Wohnpflegegruppen in Bielefeld: Verein Alt und Jung, Huchzermeierstraße 7, 33611 Bielefeld, www.altundjung.org

Zu erinnern sei aber auch an die vielen jungen psychisch Kranken in den Haushalten der Dementen in München (Weiße Feder) und in Geesthacht. Gefallen findet man auf diese Weise aber auch an den aus England und den Niederlanden importierten Ex-In-Projekten, wo fortgebildete psychisch Kranke als Psychiatrie-Erfahrene einen Arbeitsplatz in einem psychiatrischen Team beanspruchen, bei uns zum Beispiel u.a. in Bremen, Hamburg.

8. Daraus resultiert: Hilfsbedürftige brauchen mindestens so viel Bedeutung für Andere wie andere Bürger.

Auch das tut meinem alten Profi-Herzen weh: Wollten wir doch immer nur was Gutes für die Hilfsbedürftigen tun! Aber da diese immer mehr nehmen müssen (nämlich Hilfe) als geben können, der Mensch jedoch das Gleichgewicht zwischen Nehmen und Geben braucht, um sich sinnvoll und gesund zu fühlen, scheint auch da etwas dran zu sein.

Beispiel: Etwa in Wohngruppen gilt das für alle drei Sozialräume: Im privaten Sozialraum zum Beispiel durch die Kultivierung der Haushaltsführung; im dritten Sozialraum der Nachbarschaft (Viertel, Dorfgemeinschaft) zum Beispiel Pflege der Grünflächen, Ausführen eine Hundes oder Präsenz in der Wohnung des dementen Nachbarn; und im öffentlichen Sozialraum in Form diverser Tätigkeiten auf dem allgemeinen Arbeitsmarkt. Gut zu lernen auch wieder in Bielefeld oder – bezogen auf geistig Behinderte – Ev. Stiftung Alsterdorf, Alsterdorfer Markt 4, 22297 Hamburg, www.alsterdorf.de.

Kurzfassung in einem Slogan: Wie wir in Gütersloh, bezogen auf die Zuverdienstfirmen der Langzeitpatienten, gesagt haben: »Bei uns findet betreutes Wohnen am Arbeitsplatz statt«, so sagen die Betreiber der Berliner Dementen-WGs: »Bei uns findet Pflege am Küchentisch statt«.[190]

9. *Um den kategorischen Imperativ des Gemeinwohls kommt meine Zukunftsfähigkeit nicht herum.*
Zur Erinnerung lautet er: »Handle in deinem Verantwortungsbereich so, dass du mit dem Einsatz all deiner Ressourcen immer beim Letzten beginnst, wo es sich am wenigsten lohnt.«
Das ist sicher die moralisch schmerzhafteste Überforderung, aber dann doch wieder pragmatisch machbar, wenn man beherzigt, dass kein Mensch ihn zu Lebzeiten immer befolgen kann, was aber für das Ergebnis auch nicht nötig ist, weil es schon genügt, wenn man ihm folgt, wenn man gerade die Lust und die Kraft dazu hat; denn dann sind die »Letzten« irgendwie eingestreut und sammeln sich nicht am Ende in dann unerträglicher Konzentration.
Beispiel: Als wir diesen Zusammenhang begriffen hatten, haben wir in Gütersloh bei jeder neu zu belegenden Wohngruppe immer einem dieser 15 % schwer erträglichen, nicht-wählbaren »Letzten« das erste Wohnrecht gegeben und die Plätze um ihn herum mit weniger schwierigen Langzeitpatienten besetzt. Daraus hat sich für uns erstaunlicherweise im Laufe der Zeit durch wechselseitige Einwirkung in aller Regel eine erträgliche Mischung ergeben. Gemessen an der einzigen Alternative, nämlich der Konzentration der »Letzten« auf engem Raum, hat sich dieses Vorgehen dann doch bewährt – trotz unserer moralischen Bauchschmerzen.

10. *Um zukunftsfähig zu sein, muss ich schließlich auch mein Heim in Bewegung bringen können.*
Dafür reicht sicher nicht eine Unterrichtseinheit. Aber es gehört etwa dazu, dass hierfür eine »gesunde Mischung« der Heimbewohner – auch diagnostisch – förderlich ist, während jede Homogenisierung eher tödlich ist. Sodann ist es gut, wenn man die fällige Deinstitutionalisierung in lauter kleine und machbare Schritte zerlegt, etwa die Vermehrung der Kontakte zwischen der »Sonderwelt« und der übri-

---

190 Klaus Pawletko, Freunde alter Menschen e.V., Hornstraße 21, 10963 Berlin, www.freunde-alter-menschen.de

gen Welt. Auch empfiehlt es sich, dafür zu sorgen, dass immer auch
»Fremde« am Heimleben beteiligt sind, sodass kein, auch für die
Profis gefährliches, Inzuchtmilieu entsteht. Weiterhin wird das Heim
sichtlich lebendiger, wenn zu jedem Zeitpunkt ein Bewohner »zu
neuen Ufern unterwegs« ist (»keiner« ist ebenso schlecht wie »zu
viele« zur gleichen Zeit). Und schließlich gewinnt ein Heim erstaunlich an Lebendigkeit, wenn der Heimleiter nicht nur betriebswirtschaftliche Verantwortung hat, sondern zugleich auch Basis-
Bezugsperson für mindestens einen Bewohner ist und bleibt; dann
mutiert nämlich der Vorgesetzte von selbst zu einem auch fachlichen
Vorbild.

Beispiel: Im Ortsteil Rhynern von Hamm gibt es ein Pflegeheim, in
dem tagsüber meistens mehr Bürgerhelfer als Profihelfer tätig sind,
sodass man sagen kann, dass die Bürger dieses Ortsteils sich allmählich »ihr« Heim angeeignet haben, was das Milieu so prägt, dass die
Heimleitung die Bürger in alle Entscheidungen einbezieht. Im Übrigen kann ich dann wohl auch unser Buch über den Gütersloher
Prozess der Inklusion sämtlicher 435 Langzeitpatienten empfehlen:
Ende der Veranstaltung, Anfänge der Chronisch-Kranken-
Psychiatrie, Neumünster: Paranus 2001. – Welche grandiosen
Rückfälle in industriegesellschaftliches Verwertungsdenken es auch
heute noch gibt, dazu gab es vor kurzem den Plan, dass das
Bezirkskrankenhaus Lohr (in Abstimmung mit dem Bezirk), ein leer-
stehendes Gebäude in ein geschlossenes Heim verwandeln wollte, mit
dessen Hilfe vorgesehen war, die umliegenden Krankenhäuser von
ihren »Falschliegern« (so die ebenso offizielle wie inhumane
Bezeichnung für diese »Letzten«) zu befreien.

Kurzformel: »Nur Bürger können andere Bürger – dauerhaft – integrieren.«

*11. Meine Zukunftsfähigkeit beweise ich schließlich auch mit mei-
nem politischen Geschick, wie ich meinem Verantwortungsbereich
zur Finanzierungsform eines Sozialraumbudgets verhelfe.*
Dies ist nun mal meines Wissens die einzige Finanzierungsform, mit
der ich den Sozialraum, für den ich verantwortlich bin, gemeinwirtschaftlich betreiben kann, dabei der meisten Kontrollen (durch
Markt oder Bürokratie) enthoben bin, weil nur das Ziel mit den
Kostenträgern vereinbart wird, die Wege dazu mir aber freigestellt

sind, und wo ich nicht mit dem Profitabelsten, sondern mit dem »Letzten« beginnen kann, ohne dafür finanziell bestraft zu werden. Ich kann nun auch zwei Personalbudgets bilden: ein großes für die Profihelfer und ein noch so kleines für die Bürgerhelfer. *Beispiel*: Hier kann ich für den Krankenkassenbereich auf Geesthacht verweisen; im Sozialhilfebereich sind damit kürzlich gute Erfahrungen im Vogelsberg-Kreis und im Main-Kinzig-Kreis, wenn auch ohne dauerhafte Etablierung, gemacht worden, was deutlich macht, wie viele harte Bretter noch zu bohren sind, um dieses Modell volkswirtschaftlicher Vernunft, das sich in der Jugendhilfe zum Beispiel in Hamburg und Husum bewährt hat, zu verallgemeinern.

Es ist nun mal so in der Aus-, Fort- und Weiterbildung: Die Vermittlung neuer Techniken, auch für die neue Hilfekultur, braucht nicht viel Zeit, weil sie im Wesentlichen über Informationen gelernt wird. Aber das Wichtigste bei der Umprofessionalisierung ist die innere Erarbeitung einer anderen Grundhaltung, und das braucht Zeit, schon weil viele (innere) Widerstände zu überwinden sind. Eben diesem grundlegenden Bildungsanteil dienen meine elf Thesen.[191]

Sie, als die Verantwortlichen auch für die Bildung, sehen also: es ist noch viel zu tun, dennoch ist es für mich ebenso tröstlich wie reizvoll, dass auch hier die neuen Ufer für eine neue Hilfekultur immerhin schon in Sicht sind.

9. Was haben die Verantwortlichen für Heime zu tun?

Wie wir schon gesehen haben, führte vor allem die Institutionalisierung (und Professionalisierung) des Helfens – als menschheitsgeschichtliche Ausnahme – zum Hilfesystem der Industriegesellschaft. Dies war so gut begründet, dass wir alle, hätten wir im

---

191 Ähnlich war es bei unserem Buch: Klaus Dörner, Ursula Plog: Irren ist menschlich, Bonn: Psychiatrie-Verlag, zuletzt 2002. Sein geradezu verrückter Erfolg verdankt sich dem Umstand, dass etwa ein Fünftel von ihm den Techniken gewidmet war, aber vier Fünftel der Grundhaltung.

19. Jahrhundert gelebt, voller Begeisterung dabei mitgewirkt hätten; denn die so segensreiche wissenschaftlich-technische Rationalisierungs-Revolution konnte damals nur in Institutionen stattfinden. Daher das – fabrikanaloge – flächendeckende System von Krankenhäusern, Anstalten und Heimen. Fortschritt musste damals heißen: stationär vor ambulant. Was den gesellschaftlichen Dauersegen dieser Neuerung angeht – Leistungssteigerungsgesellschaft durch Ausgrenzung der Leistungsminderwertigen –, so wurde anfangs die Anstalt, später das Heim zur Zitadelle des industriellen Hilfesystems.

Ob die menschheitsgeschichtliche Ausnahme des Heimsystems heute fortdauern soll oder nicht, danach sind wir alle gefragt: Die Hilfsbedürftigen und ihre Familien, die staatliche Sozialversicherung und Sozialhilfe, die Verantwortlichen für das Gesundheitswesen und für die Armut, die Wirtschafts-Verantwortlichen und hier nicht zuletzt die Wohnungswirtschaft, die konfessionellen und später auch die anderen Wohlfahrtsverbände mit ihren Trägerinteressen sowie spätestens seit der Privatisierung des Heimsystems alle Investoren oder sonst wie Marktverantwortlichen. Es handelt sich also um eine echte Querschnittsfrage, deren Beantwortung – so oder so – die gesamte Gesellschaft betrifft. Gesellschaften mit oder ohne Heimsystem unterscheiden sich daher auch in vielen anderen Aspekten, sind also unterschiedliche Gesellschaften.

Wenn aber die Auswirkungen dieser Frage derart tiefgreifend sind, dann spricht die Tatsache, dass wir uns heute ernsthaft dieser Frage stellen, dafür, dass wir sie uns aus einer anderen Epoche, nämlich der Dienstleistungsgesellschaft, stellen; denn erst das verschafft uns die Distanz, die Vorteile und die Nachteile einer vergangenen Epoche gegeneinander abzuwägen, ja, die Nachteile und die Schattenseiten der Industriegesellschaft überhaupt wahrnehmen zu können, nachdem wir sie bisher vor lauter Fortschrittsbegeisterung mit großer Selbstverständlichkeit ausgeblendet hatten. Daher beginne ich dieses Kapitel mit der einseitigen Darstellung dieser Schattenseiten des Heimsystems, bevor ich aufzeige, über wie viele kleine pragmatische Schritte wir Verantwortlichen testen können, ob und in welchem Ausmaß wir wieder eine Gesellschaft ohne Heimsystem werden könnten.

Dabei fange ich mit mir selbst an, schon weil Ärzte – zumindest früher – in ein neues Forschungsfeld in der Regel mit einem Selbstversuch eingestiegen sind. Solange ich nur auf den Stationen (und der Tagesklinik) der Psychiatrischen Universitätsklinik gearbeitet hatte, machte es mir nicht das Geringste aus, für einen Patienten einen Platz in einer Anstalt oder in einem Heim zu finden, wenn der Chef zum Urteil »austherapiert« kam; denn er war fortan nicht mehr Gegenstand meines fachlichen oder gar menschlichen Interesses. So wäre es vermutlich bis heute ohne einen Hauch schlechten Gewissens weitergegangen (die Patienten waren mehr Fälle als Menschen), wenn mir nicht zweierlei widerfahren wäre. Einmal übernahm ich in Nebentätigkeit ein paar Wochenstunden im psychiatrischen Dienst des Gesundheitsamts Altona, weil Psychiater damals dort nicht hingingen. Dort lernte ich zum ersten Mal, wie chronisch psychisch Kranke (Psychose, Sucht, Demenz) in ihrem Alltag und Sozialraum leben; für mich wurden dies die ersten zwischenmenschlichen Begegnungen in der Psychiatrie. Zum anderen prägten mich noch gerade die 68er-Jahre; denn ich gehörte zur ersten Generation psychiatrisch Tätiger, die so viel biografischen Abstand zur psychiatrischen Euthanasie-Mordaktion hatten, um sich ihr auch wieder nähern zu können. Wieder fielen mir ein paar industriegesellschaftlich geprägte Schuppen von den Augen, indem ich erstmals darüber erschrecken konnte, dass die T4-Mordzentrale in Berlin fast nur aus Psychiatrie-Ordinarien (lauter Liberale und wissenschaftlich renommierte Personen) bestand, während sich die Mordaktion gerade nicht auf die therapiefähigen psychisch Kranken insbesondere der Uni-Kliniken bezog, sondern lediglich die chronisch psychisch Kranken und damit die in Anstalten und Heimen ausgegrenzten Leistungsminderwertigen und Störenden betraf; die Therapie der Therapiefähigen wurde vielmehr mit den damaligen Möglichkeiten nach Kräften gefördert. Zwangsläufig musste mir erstmals die Idee kommen, dass hier ein Zusammenhang besteht, dass also der institutionelle Ausgrenzungsanteil des industriellen Hilfesystems nur die erste Stufe der gesellschaftlichen Entwertung der »Unheilbaren« war, die sich über Zwischenstufen der lebenslangen Unterbringung und der Zwangssterilisierung (ab 1892) fortsetzte, um sich danach bis zu deren Ermordung in Kriegszeiten zu radikalisieren. Als sich dann für mich herausstellte, dass die psychiatrischen Täter sich nach dem

Krieg vor Gericht mit Vorliebe damit verteidigten, es habe sich um Mitleidstötungen für die bedauernswerten Anstaltsartefakte gehandelt, die leider vom (doch garantierten) therapeutischen Fortschritt nicht mehr profitieren konnten, und damit bei den Richtern bis in die 1970er-Jahre (danach nicht mehr!) Verständnis fanden, stieß ich auf den etymologischen Bedeutungswandel von »Mitleid«: Bis zum 19. Jahrhundert wurde dieses Wort überwiegend verbal gebraucht – als »mitleiden« im Sinne von »Leiden teilen«; erst während der Industrialisierung im 19. Jahrhundert erfolgte der Bedeutungswandel zum substantivischen »Mitleid«, das jemand in der distanzierten Betrachtung eines Anderen, der leidet, empfindet und zwar im Sinne von »Selbstmitleid« (»Ich kann das Leiden von Anderen nicht mehr mit ansehen«).[192]

Als ich in meiner inneren Entwicklung so weit war und den Gedanken denken konnte, dass nach der industriellen Logik Menschen erst mal in Sachen zu verwandeln sind, d. h. in »Fälle« von »Krankheiten«, die man dann auch wissenschaftlich-technisch bekämpfen darf, um zu segensreichen therapeutischen Erfolgen zu kommen (der Begriff »Pflegefall« hat sich bis heute durchgehalten), war mir klar, dass ich nur in einer Einrichtung der Vollversorgung arbeiten wollte, also dort, wo die »Heilbaren« und die »Unheilbaren«, die Ersten wie die Letzten, dieselbe Chance hätten, mir bekannt und vertraut zu werden. Und da es damals noch nicht so viele psychiatrische Abteilungen am Allgemeinkrankenhaus gab, bin ich 1980 in einem der typischen Landeskrankenhäuser, nämlich in Gütersloh, gelandet. Der dortige Ärztemangel war wieder ein Glücksfall für mich. So konnte ich nicht nur ärztlicher Leiter des Gesamtkrankenhauses werden, sondern auch Abteilungsleiter für die 435 Langzeitpatienten (mit einer Verweildauer von zwei bis fünfzig Jahren), was man später in den Heimbereich umbenannt hat.

---

192 Ich habe diese und spätere einschlägige Bildungserlebnisse zusammengefasst in: Tödliches Mitleid, Neumünster: Paranus 2002. Heute frage ich mich, ob der permanente Anstieg der Suizidziffern während der Industriegesellschaft und ihr dramatischer Absturz (Halbierung) seit 1980 auf menschheitsgeschichtliches Normalmaß auch etwas zu tun haben könnte mit dem Epochenumbruch zur Dienstleistungsgesellschaft, indem der Motivanteil des doppelmoralischen »Selbstmitleids« auch im Verhältnis zu mir selbst wieder abgenommen hat?

So war ich einer der letzten ärztlichen Leiter eines Großheims, das man später im Zuge der Vermarktlichung des Sozialen und damit der Versachlichung von Menschen – wie fast überall – der Oberaufsicht des Kaufmännischen Leiters unterstellt hat: also Leitung nicht mehr durch einen Arzt oder eine Pflegekraft, sondern durch denjenigen, der für die Verwaltung aller Sachwerte zuständig war! Allein schon ein solcher Umgang mit Menschen verschlägt mir bis heute die Sprache!

Zudem übernahm ich die Rolle des Stationsarztes einer der kleineren Langzeitstationen (35 Betten). Dies aber war die absolute Voraussetzung für die Entstehung der Intimität zwischenmenschlicher Beziehungen zu jedem einzelnen dieser »Unheilbaren«, die auf diese Weise ihre eigene Person wiederentdecken konnten: Wir schrieben ihre Krankengeschichten in Lebensgeschichten um, lernten ihre Familien kennen, fuhren jedes Jahr in ein fremdes Land als »Urlaubsmaßnahme« und sorgten so für ihre »Rehistorisierung« und die Erweiterung ihrer Welt-Erfahrung – mit der Folge, dass sie im Laufe von siebzehn Jahren alle ihre eigene Wohnung und – wenn sie es brauchten – über Zuverdienstfirmen ihre eigene Arbeit fanden, wobei nur für 15 % von ihnen, die eine Betreuung rund um die Uhr brauchten, die Wohnung oder die Wohngruppe den Status eines dezentralisierten Heims hatten – ein Zugeständnis des Sozialhilfeträgers, nach Möglichkeit in der Heimatregion.

Zugleich gelang es uns, in der Stadt wie im Landkreis Gütersloh und in den beiden anderen Landkreisen unseres Einzugsbereiches die Bürger in hinreichendem Maße in inklusionsbereite Nachbarn zu verwandeln, ohne die nichts von all dem hätte gelingen können. Entscheidend war aber die Veränderung unserer Grundhaltung: In gegenseitiger Kontrolle hat die kleine Gruppe der hierfür bezahlbaren Mitarbeiter (Pflegende, wenige Sozialarbeiter und noch weniger Ärzte) sich gegenseitig erzogen, auf alle uns gewohnten therapeutischen, auch rehabilitativen Absichten zu verzichten. An deren Stelle trat etwas, das man am ehesten als Freundschaft bezeichnen kann, was Gegnerschaftlichkeit keineswegs ausschloss, schon um reine Machtausübung und damit Feindschaft zu verunmöglichen. Auf diese Weise die gleichwohl allgegenwärtige Institution zu negieren, wie Basaglia[193] es ausdrückt, war einerseits mühsam, weil ungewohnt, andererseits aber wieder ganz einfach, weil wir nur dem Normalisierungsprinzip zu folgen hatten, wie wir währenddessen immer wieder von den Schweden und Norwegern lernen durften, die ja ihre ganzen Länder in derselben Zeit praktisch heimfrei gemacht hatten.

Wir lernten bei dieser Gelegenheit, dass ein Heim so fest in der Gesellschaftsordnung verankert ist, dass es jedem Angriff von außen oder auch von oben trotzt, dass es vielmehr nur von innen, also von dem politischen Willen derer, die dort arbeiten, aufgelöst oder besser überflüssig gemacht werden kann. Der beste Beweis dafür ist der Umstand, dass unsere katamnestische Nachuntersuchung dieses Inklusionsprozesses, mit der wir durch Befragung aller Ex-Patienten uns kontrollieren wollten, ob wir in jedem Einzelfall wirklich ver-antwortlich gehandelt haben, dass also das Buch »Ende der Veranstaltung«[194] das unbekannteste aller meiner Bücher geblieben ist, weil kaum ein anderer Heimbetreiber sich auch nur kritisch damit auseinandersetzen wollte – aus der Sorge, er würde dabei Hinweise finden, es ähnlich machen zu können und sich dadurch selbst zu schädigen.

Hilfreich bei alledem war es sicher, dass wir am Beispiel der vielen einzelnen Menschenschicksale in eine Dauerreflexion über die unheimliche und menschenverachtende Gewalt des Heims eingetre-ten sind, die dazu führt, dass Menschen, die von sich aus die Heimexistenz nie gewählt hätten, schon nach relativ kurzer Zeit jeden Glauben an sich selbst verloren haben, sich dank der dortigen Überversorgung für zu behindert halten, es je wieder verlassen zu können (in Gütersloh waren es anfangs über 90%), bis die Weite der Welt für sie auf eben dieses Heim zusammenschrumpft, bis Zukunftswünsche und Vergangenheitserinnerungen zugunsten einer sich ewig wiederholenden und bedeutungslosen Gegenwart aufgege-ben werden und bis sie in eigentlich sogar gesunder Anpassung an das, was ihnen täglich von uns eingeredet wird, dass es für sie keine

193 Franco Basaglia: Die negierte Institution, Frankfurt: Suhrkamp 1971
194 Klaus Dörner (Hg.): Ende der Veranstaltung, Anfänge der Chronisch-Kranken-Psychiatrie, Neumünster: Paranus 2001

Alternative geben könnte – man kann auch sagen: als Identifikation mit dem Aggressor – von sich selbst behaupten, dieser Heimplatz sei der beste Lebensort für sie, den sie freiwillig nicht wieder aufgeben würden. So hatten wir zu lernen, dass auch subjektiv ehrliche Selbstbestimmung dann keine ist, wenn sie durch strukturelle Gewalt erzwungen ist. Beweis: Nach ihrer Integration in mehr oder weniger normale Wohn- und Arbeitsverhältnisse kamen etwa 80% dieser »auf Lebenszeit Untergebrachten« mit geringer ambulanter Betreuung (Schlüssel 1:12 und ganz nebenbei 50% Kostenersparnis) zurecht, und keiner konnte mehr verstehen, wieso er anfangs an der – durchaus bequemeren – Heimversorgung festgehalten hatte.

Insgesamt konnten wir für einen Einzugsbereich von eine Million Einwohnern und ohne irgendwelche Sonderbedingungen empirisch beweisen, dass eine Gesellschaft spätestens seit 1980 – für alle bekömmlich – ohne ein Heimsystem auskommen kann, wenn sie es nur will. Und das ist nicht mal etwas Besonderes, wenn man an Schweden und Norwegen denkt, wobei all dies erst mal nur für das Heimsystem für psychisch Kranke und Behinderte gilt, während allerdings Dänemark einen ähnlichen Beweis für die Altenpflegeheime erbracht hat.

Zwischenfazit: Es gibt – vorsichtig ausgedrückt – kaum einen Menschen, der wegen seines Hilfebedarfs nach hinreichender Aufklärung über alternative ambulante Versorgungswege – zumindest seit 1980 (vorher war das anders) – von sich aus das Heim wählen würde. Dabei sind wir – nebenbei – in normal großen Heimen des Sozialwerks St. Georg, in denen wir in dieser Zeit mitgearbeitet haben, zu ähnlichen Ergebnissen gekommen sind (zum Beispiel Fredeburg).

Nun ist es eine Sache, über solche Zusammenhänge in allgemeiner Form und damit eher unverbindlich zu diskutieren, eine andere Sache ist es, wenn die erwähnte historische Dauerreflexion einige hundert konkrete Menschen betrifft, die einem vertraut sind und zu denen freundschafts-ähnliche Beziehungen bestehen. Wir haben uns also fortdauernd des Straftatbestandes der Freiheitsberaubung im Amt schuldig gemacht, ohne dass sich je ein Gericht dafür interessiert hätte. Dasselbe Gericht würde mir sofort eine Strafanzeige zustellen, wenn ich bei einem akut-kranken Heilbaren die Frist für die freiheitsentziehende Maßnahme auch nur um einen Tag überschritten hätte – durchaus mit Recht –, während Jahrzehnte der Freiheitsberaubung für hunderte Bürger weder die Gerichte noch die dafür eigentlich vorgesehene Heimaufsicht interessiert. Gilt also die Gleichheit vor dem Gesetz?

Oder gilt immer noch die Trennungsgesellschaft, die zwischen Leistungsstarken und Leistungsminderwertigen, zwischen Heilbaren und Unheilbaren, unterscheidet, eklatant verfassungswidrig ist und das Leben der Bürgerinnen und Bürger immer noch nach der Verwertbarkeit klassifiziert – vor, während und, nur wenig gemildert, nach der NS-Zeit. Wer sich in dieser Hinsicht auch nur einige Male schuldhaft verstrickt hat, läuft für den Rest seines Lebens mit einem grenzenlosen Schamgefühl herum – für mich schleierhaft, dass die Verantwortlichen aller Art offenbar besten Gewissens damit leben können; denn wenn man es früher auch nicht wissen konnte, heute kann man es wissen, wie berechtigt die Frage ist, ob Menschen in Heimen, veranstaltete Menschen, mehr Menschen oder verwaltete Sachen sind und ob die Menschen- und Bürgerrechte auch ihnen zukommen. Denn es gilt auch heute, und ich trete gern den Beweis dafür an: Es gibt kaum ein Heim, in dem nicht mindestens 30 % der Behinderten sofort in eigenen Wohnungen (und mit eigener Arbeit) bei ambulanter Betreuung leben könnten. Wie sehr das Heimsystem, nach den Gegebenheiten der Industriegesellschaft durchaus gerechtfertigt, in der heutigen Dienstleistungsgesellschaft als fragwürdig angesehen werden muss, dazu jetzt eine kleine Beispielsammlung:

Zunächst ist es kein Zufall, dass gerade in Gütersloh 1983 der bundesweite »Arbeitskreis für die Erforschung der NS-Euthanasie« gegründet wurde, der bis heute zweimal im Jahr tagt und damit die Dauerreflexion dieses Themas kultiviert.

So haben wir dort von dem Historiker Dirk Blasius[195] gelernt, dass

---

195 Dirk Blasius: Der verwaltete Wahnsinn, Frankfurt: Fischer 1980. Der Begriff »Freigabe« mag an die spätere Kampfschrift (1920) von Karl Binding/Alfred Hoche erinnern: Die Freigabe der Vernichtung lebensunwerten Lebens, Wiederauflage im Berliner Wissenschafts-Verlag 2006

schon die Durchsetzung des Heimsystems während der Industria-lisierung nur gegen große Widerstände vieler Familien erfolgen konn-te; nicht selten wurden die Angehörigen gerichtlich dazu verurteilt, ihre psychisch Kranken oder Behinderten dem Fortschritts-versprechen einer Anstalt oder eines Heimes »freizugeben«.

Mit Hilfe dieses Arbeitskreises entstanden nicht nur Monografien über fast alle Landes- und Bezirkskrankenhäuser während der NS-Zeit, sondern zum Beispiel auch die empirische Untersuchung »Hungersterben«[196], aus der hervorgeht, dass institutionalisierte psy-chisch Kranke und Behinderte in Deutschland von 1914 bis 1949 (mit Ausnahme der Jahre 1924-28) berechtigte Angst habe mussten, am Hunger und seinen Folgen zu sterben.

Immer wieder hatten wir theoretisch, aber vor allem auch praktisch Gelegenheit, von Erving Goffman zu lernen, der aus Kenntnis der deutschen KZs und nach Untersuchung psychiatrischer Anstalten in den USA (die größte von ihnen mit 7000 »Insassen«) seinen Begriff der »totalen Institution« entwickelt hat, womit alle Stilelemente gemeint sind, die dazu beitragen, dass alle meine Bedürfnisse unter einem Dach befriedigt werden, und zwar von einer Autorität verfügt, die für mich unbeeinflussbar ist. Je länger ich einem solchen unna-türlichen, fabrikanalogen und daher für Menschen ungeeignetem Regime unterworfen bin und je größer und anonymer eine solche Institution ist, desto mehr werde ich in meiner Person geschädigt, egal, wie lieb und human die dort Tätigen sind, zumal auch diese von der strukturellen Schädigung betroffen sind.[197]

Schließlich haben wir das Buch des weltweit bekannten Behinderten-Forschers Wolf Wolfensberger: »Der neue Genozid an den Benachteiligten, Alten und Behinderten«[198] ins Deutsche übersetzt. Wolfensberger beschreibt hier in minutiöser Alltagsforschung eine unendliche Zahl von Situationen, jede für sich ganz harmlos, in denen vor allem in Institutionen verantwortliche Ärzte, Pflegende

196 Heinz Faulstich: Hungersterben in der Psychiatrie 1914-1949, Freiburg: Lambertus 1998
197 Erving Goffman: Asyle, Frankfurt: Suhrkamp 1973
198 Gütersloh: Verlag Jakob van Hoddis 1996, heute als Buchkopie zu beziehen über www.paranus.de

oder Verwalter die ihnen anvertrauten Hilfsbedürftigen (durch symbolische Handlungen, Demütigungen, Behandlungsvorenthaltungen, unnötige Psychopharmaka usw.) so geschädigt haben, dass allein durch die Summierung all dieser unschuldigen Umfangsformen am Ende ihr Tod stand. Das »Neue« dieses »Genozids« sieht er darin, dass es heute nicht mehr so sehr um das direkte Töten gehe, das man einzelnen Personen zuordnen könne, sondern um indirektes, gleichwohl tödliches Teamwork in Institutionen, wofür er den Begriff »Totmachen« (deathmaking) benutzt. Niemand hat so wie er den heimlichen und eigentlich auch unbeschreiblichen Subtext struktureller Gewalt in Institutionen öffentlich gemacht. Aufgrund seiner natürlich nur groben Schätzungen kommt er zu dem Ergebnis, dass jedes Jahr in den USA ziemlich gleich viele Menschen durch deathmaking zu Tode kommen, wie dies für Nazi-Deutschland gegolten hat. Weil Außenstehende diese Analyse schlicht nicht glauben und nur Insider, sofern sie noch ehrlich mit sich selbst umgehen, die verborgene Wahrheit ahnen können, empfehle ich, mit der Lektüre des leichter nachzuvollziehenden Anhangs zu beginnen: Er besteht aus »Richtlinien für Angehörige und Freunde von alten und behinderten Menschen«, wenn sie es wünschen, dass diese nach notwendiger körpermedizinischer Behandlung das zuständige Allgemeinkrankenhaus noch lebend verlassen. Schon hierbei werden Ihnen die Augen übergehen (S. 110-137).

Man kann also schon jetzt sagen: Mein »Eintritt« (so nannte man das früher) in ein Heim ist mit einer Fülle – auch lebensbedrohlicher – Risiken verbunden. Merkwürdig nur, dass bisher noch niemand auch nur auf die Idee gekommen ist, dass ich ein Recht hätte, zuvor über diese Risiken aufgeklärt zu werden, wie das in Kliniken selbstverständlich wäre.

Es gibt aber auch noch das – wenn auch seltene – Risiko, nach meiner Institutionalisierung dort von einem Profihelfer (meist Pflegende, seltener Ärzte) direkt und unfreiwillig getötet zu werden.[199] Auch in Gütersloh wurden wir 1990 von einem solchen Ereignis heimgesucht, als ein bis dahin anerkannter pflegerischer Mitarbeiter sich als Serientäter entpuppte. Meine erste schmerzliche Lehre: Offenbar kann keine Institution eine solche Tat bei sich für möglich halten

(»Bei uns doch nicht!«); deshalb gibt es fast immer Frühwarnsignale, die aber von den Verantwortlichen – so damals auch von mir – ebenso regelmäßig übersehen werden. Aus demselben Grund gab es bis dahin weltweit keine Untersuchung über dieses Thema. Da unsere Institution nun die Möglichkeit eines so grausamen Verbrechens nicht mehr leugnen konnte, weil es ja gerade bei uns passiert war, haben wir dies im doppelten Sinne als Chance begriffen. Wir haben einmal Karl Beine gebeten, eine solche Untersuchung[200] durchzuführen. Daraus ergab sich zum Beispiel, dass weltweit zwischen 1970 und 2006 52 Täter aus helfenden Berufen meist als Serientäter verurteilt worden sind – in der Regel in Pflegeheimen oder in internistischen Klinikabteilungen. Die Taten waren in der Häufigkeit, auch über Dekaden, relativ konstant, weshalb erlaubt sein dürfte, hier von einem institutionstypischen Delikt zu sprechen, zumal die Täter ihr Tun fast immer mit »Mitleid« (= Selbstmitleid) begründeten.

Zum anderen haben wir die Tatsache, die Möglichkeit einer solchen Tat – zumindest kurzfristig – nicht leugnen zu können, dazu genutzt, mit Hilfe einer berufsübergreifenden Arbeitsgruppe möglichst allen Mitarbeitern die sogenannte GAU-Frage zu stellen: »Wenn Sie wüssten, dass in einem Jahr einer Ihrer Mitarbeiter Patienten/Bewohner Ihrer Station töten würde, was würden Sie heute tun, um dies unwahrscheinlicher zu machen?« Die Antworten auf diese Frage waren – in dieser Sondersituation – so ehrlich und fantasievoll, dass wir sie möglichst breit publiziert und für die Fortbildung empfohlen haben.[201]

Nach Veröffentlichung unserer Nachuntersuchung zur Integration sämtlicher Langzeitpatienten haben wir eine von vielen Menschen

---

199 Ich spreche hier nicht von den Ländern wie den Niederlanden, Belgien oder der Schweiz, wo ich mir von meinem Arzt den Tod geben lassen darf, sondern nur von unfreiwilligen Tötungen. Und ich spreche auch nicht von solchen Tötungen, die in der Wohnung des Hilfsbedürftigen erfolgen, die es natürlich auch gibt, denen aber im Unterschied zur Institution meist eine rationalere Motivation zugrunde liegt, etwa Geldgier oder Erbschleicherei.
200 Karl Beine: Krankentötungen in Kliniken und Heimen, Freiburg: Lambertus 2010
201 Claudio Kürten/Klaus Dörner (Hg.): Erfolgreich behandeln – armselig sterben, Gütersloh: Verlag Jakob van Hoddis 1999, jetzt Neumünster: Paranus

unterschriebene Petition an den Bundestag gerichtet, er möge eine »Heim-Enquete« durchführen.[202] Wie von uns schon vorausgesehen, war die Heimlobby natürlich besser und schneller als wir; sie hat, wie wir später erfuhren, den Abgeordneten diese Initiative als abwegig ausgeredet. Umso erfreulicher, dass wenige Jahre später eine vergleichbare Initiative aus dem Bundestag heraus gekommen ist: »Bundesinitiative Daheim statt Heim« (www.bi-daheim.de), getragen von mehreren Abgeordneten und initiiert von Silvia Schmidt, MdB – auch ein kleines Zeichen dafür, dass wir uns in einem epochalen Umbruch befinden.

Nun beginnt es sich allmählich herumzusprechen, dass die Heime nicht besser werden, je größer sie sind, wie es der Industrie-Logik entsprach, sondern je kleiner sie werden; zumindest sind sie dann zwischenmenschlicher und persönlicher und weniger strukturell schädigend. Insofern haben bei Gelegenheit der Föderalisierung der Heimgesetze einige Landesbehörden in ihren Durchführungsverordnungen gewagt, die Obergrenze für die Größe von Pflegeheimen auf zum Beispiel 80 Betten festzulegen, was ich noch für ziemlich markt-liberal halte, während dies bei den Heimträgern einen Sturm der Entrüstung und in dessen Folge zum Teil einen Rückzug der Landesbehörden auslöste, weil das Einvernehmen mit den Trägern wichtiger war als das Schicksal der Betroffenen. Kommt hinzu, dass im Heim-Rahmengesetz des Bundes nun auch offiziell die Heimbetreiber »Unternehmer« und die Heimbewohner »Verbraucher« heißen. Damit ist zumindest semantisch klargestellt, dass Menschen in Heimen nicht nur – wie bisher – Gegenstände bürokratischer Verwaltung sind, sondern nun auch Marktteilnehmer. Denn ich kann mir ja noch vorstellen, dass ich meine Pillen verbrauche, aber dass ich meine Krankenschwester oder meinen Arzt verbrauche, stößt schon an eine Grenze, die vollends überschritten wird,

---

202 Beate Röttger-Liepmann, Elisabeth Hopfmüller: Initiative zur Einrichtung einer »Enquete der Heime«. Dokumentation einer Tagung am 21.3.2002, zu beziehen über Uni-Institut für Pflegewissenschaft, Universitätsstraße 25, 33615 Bielefeld, www.uni-bielefeld.de/gesundhw/ag6/ipw
Für die Öffentlichkeitswirkung wählten wir die Metapher »Wir Heimbetreiber sind Geiselnehmer« – mit einem Achtungserfolg.

wenn ich auch noch meine immer notwendiger werdenden Bürgerhelfer »verbrauchen« soll. Hier sollte der dritte Sektor des Gemeinwohls – selbst im Interesse des Marktes – Grenzen durchsetzen können.

Apropos Pillen: Insbesondere Pflegeheime scheinen absolut beratungsresistent hinsichtlich der Zurückhaltung bei der Gabe von Psychopharmaka zu sein und zugleich absolut ohnmächtig gegenüber den Marktinteressen der Pharmaindustrie hinsichtlich des riesigen und immer noch wachsenden Alten-Marktes. Die vielfältig belegten gesundheitlichen Schäden gerade der Alterspflegebedürftigen und Dementen interessiert die Heime ebenso wenig wie deren deutlich erhöhte Sterblichkeit unter Psychopharmaka. Wie sollte es auch anders sein, wenn die Heimleitung nun auch offiziell betriebswirtschaftlich als Unternehmer handeln darf und die fachliche Verantwortung erst untergeordnet auf der zweiten Stufe beginnt, was dazu führt, dass die Bewohner jetzt nicht nur als Verbraucher, sondern auch selbst als Ware gehandelt werden. Für die Übersterblichkeit im Heim braucht man heute nicht mehr die hässliche Hungerkost; man kann sie vielmehr jetzt feinsinniger und profitabler mit chemisch-therapeutischen Mitteln erzielen. Die strenge Bindung an die ärztliche Indikation war gestern.[203]

Wo die Pharmaindustrie punktet, darf die Geräteindustrie nicht zurückstehen: Unter dem Stichwort »Ambient assisted living« (AAL) erleben wir heute einen Boom an Geräten, insbesondere für den Alten-Markt. Zweifellos sind dabei viele Produkte, die gerade für alte Menschen unmittelbar hilfreich sind. Es fehlt aber weitgehend die Autorität, die vollständig unabhängig von der Dynamik des Marktes die Grenze zu ziehen und zu bewachen versteht, von wo ab es überwiegend um Marktinteressen und den Ersatz teurer zwischenmenschlicher Beziehungen durch Roboter-Technik geht, wodurch sich zudem Heimplätze deutlich mehr verbilligen lassen als die meistgewünschte Betreuung in der eigenen Wohnung. Im schlimmsten Fall

203 Claudia Wilhelm-Gößling: Neuroleptikaverordnungen bei dementen Alterspatienten, in: Nervenarzt 69: 999-1006, 1998; dies.: Eine deutliche Häufung der Todesrate, zu beziehen über Verf. Med. Hochschule, Carl-Neuberg-Straße 1, 30625 Hannover

bahnt sich hier die Wiederholung der Automatisierung der industriellen Güterproduktion an, jetzt bezogen auf die Bearbeitung solcher Menschen, deren Wertschätzung ohnehin so gering ist, dass man sich kaum jemanden vorstellen kann, der ihre Sache parteiisch und mit der notwendigen Entscheidungskompetenz vertritt. Die Ebene der Heimträger scheint jedenfalls schon überwiegend mit großer Begeisterung für das einzutreten, was man in der Vergangenheit immer schon den »Fortschritt« zu nennen gewohnt war. Vielleicht brauchen wir auch hier die Hilfe von Paul Klees »Engel«.[204]

Als weitere Zwischenbilanz können wir sagen, dass die größten Gefahren für die Heimbewohner immer schon von uns Profis, also von denen ausgegangen sind, die unmittelbar oder mittelbar für sie Verantwortung tragen und sie als Nachteilsausgleich schützen sollen. Das gilt schon für die Unterversorgung, die Diebstahl ist, und ebenso für die Überversorgung, die Mord ist – beides nach Ruth Cohn. Der Schutz, der ihnen das Heim gewähren soll, war – wie bereits dargestellt – von Anfang an doppelmoralisch. Er sollte sie angeblich vor der kalt-egoistischen Industriegesellschaft schützen; gemeint war damit aber mindestens ebenso sehr das Gegenteil, dass die Gesellschaft der Leistungsstarken vor den Leistungsminderwertigen und Störenden geschützt werden sollte. Ein Schutz bestand auch nie gegenüber stärkeren gesellschaftlichen Kräften – nicht gegenüber staatlich-bürokratischer Administration, die sie, die Heimbewohner, kasernierte, homogenisierte und standardisierte und ihnen damit die Würde nahm – und auch nicht gegenüber den Interessen des Marktes, wie wir gerade gesehen haben.
Und die Heimaufsicht, mit der der Staat sie wohlmeinend unter Staatsschutz stellte, kümmerte sich zwar – mit Recht – um die Hygiene und um den Brandschutz (denn das Feuer ist bis heute eine der häufigsten Todesursachen im Heim), jedoch nie um die entscheidende Frage, ob nämlich die Einschränkung ihrer bürgerlichen Freiheitsrechte entweder überhaupt je notwendig oder der Anlass

---

204 Zum Beispiel Heike E. Krüger-Brand: Die Zielgruppe ist da, der Markt noch nicht, in: Deutsches Ärzteblatt, Jg. 108 vom 11.2.2011; vgl. auch »Wenn der Roboter das Wasser reicht« epd sozial, 29/2011

dafür schon lange entfallen war. So zynisch kann man in der Tat nur mit »Minderwertigen« umgehen, die es aber doch ebenso wenig geben darf wie Menschen, die dazu instrumentalisiert werden, für den Vorteil und den Profit anderer Leute die Betten zu füllen, wie es heute immer noch die Regel ist. All diese Elemente von Freiheitsentziehung, Schutz und Sicherheit geraten daher ständig in die Gefahr, zum Selbstzweck und zur strukturellen Gewalt zu werden und damit die Institution zu einer totalen zu machen. Das wenigstens hat die pragmatischen Engländer auf die Idee gebracht, Menschen in Heimen nicht nur ein Grundrecht auf Sicherheit zuzubilligen, sondern dies, weil es alleine mörderisch wäre, durch ein komplementäres Grundrecht auf Risiko auszubalancieren. Man könnte hinzufügen: Wenn die größten Gefahren für institutionalisierte Menschen gerade von ihren Profihelfern – einzeln oder im Kollektiv – drohen, dann sei, zu deren Kontrolle, auch eine hinreichende Zahl von Bürgerhelfern erforderlich.

Ein weiteres aufzuklärendes Risiko ergibt sich ausgerechnet aus den Forschungsinteressen der Wissenschaft. Von Anfang an diente die Ausgrenzungsfunktion der Heime – zum Teil auch der Krankenhäuser – auch der Abgrenzung, weil auf diese Weise die Insassen sich in einem ideal kontrollierbaren Raum befänden, wo man – wie in einem Labor – diverse Experimente durchführen könnte. Auch diese Tradition reicht bis in die Gegenwart. So wurde 1998 bekannt, dass in einem Behindertenheim in Eisingen (bei Würzburg) ein großer Teil der dortigen geistig Behinderten buchstäblich zu Objekten humangenetischer Reihenuntersuchungen gemacht wurden, nicht nur ohne jegliche Information oder Zustimmung, sondern auch so heimlich, dass nicht einmal die Heimleitung davon erfuhr. Die hermetische Abschottung des Innenlebens der Sonderwelt eines Heims machte es möglich, dass es hier zu einer gelungenen Konspiration zwischen der Heimärztin und dem humangenetischen Institut kam. Nur dem Misstrauen einiger Angehöriger war es zu verdanken, dass dieser über mehrere Jahre reibungslos funktionierende Skandal öffentlich bekannt wurde. Man staunt![205]

---

205 Klaus Dörner, Ulrich Spielmann (Hg.): Geistige Behinderung, Humangenetik und Ethik, St. Josefs-Stift Eisingen 2001

Zu dem externen Expertenteam, das diesen Fall untersuchen sollte, gehörte auch der Kölner Verfassungsrechtler Wolfram Höfling. Dieser stellte sich meines Wissens erstmals die Frage, ob der Institutionstyp Heim überhaupt mit dem Grundgesetz vereinbar sei. Denn zweifellos fällt das Heim ebenso unter die Rechtsfigur des »besonderen Gewaltverhältnisses« wie zum Beispiel das Kloster, das Gefängnis, das Militär oder das Beamtenverhältnis. Das Grundgesetz kennt aber nur allgemeine Gewaltverhältnisse, d. h. eine Gewalt, der alle Bürger ausnahmslos unterworfen sind, wie etwa die Steuerpflicht und – bis vor Kurzem – die Wehrpflicht, während besondere Gewaltverhältnisse, denen also nur besondere Bevölkerungsgruppen unterliegen, mit der heutigen Verfassung nicht vereinbar sind. Da das aber praktisch nicht ohne Weiteres umzusetzen ist, hat das Bundesverfassungsgericht in mehreren Urteilen in den 70er-Jahren entschieden, dass ein besonderes Gewaltverhältnis dann verfassungskonform ist, wenn es und solange es »absolut erforderlich« sei. Überträgt man das auf das Heim, so war es zweifellos etwa für die Epoche der Industriegesellschaft alternativlos erforderlich.

Für die heutige Epoche der Dienstleistungsgesellschaft gilt dies aber nicht ohne Weiteres; denn es gibt inzwischen hierzu viele und auch lange bewährte ambulante Alternativen – zumindest für das Behindertenheim, möglicherweise auch für das Pflegeheim. Für die Praxis bedeutet das aber, dass alle Heimbetreiber verfassungsgemäß verpflichtet sind, gewissermaßen Tag und Nacht nach ambulanten Alternativen zum Heim zu suchen, es sei denn, sie stellten sich außerhalb des Grundgesetzes oder sie machten auf andere Weise deutlich, dass sie die Heimbewohner nicht für menschliche Wesen halten, für die dasselbe gilt wie für alle anderen Bürger. Seit nun auch noch die UN-Behindertenrechtskonvention bei uns geltendes Recht ist, spitzt sich diese Grundsatzfrage noch einmal aktuell zu, sodass mit sehr viel schärferer Verbindlichkeit über empirische Untersuchungen, Modellregionen oder über eine Bundestags-Enquete zu klären ist, ob die grundgesetzlichen Voraussetzungen für Heime noch gegeben sind. Immerhin warnt Höfling davor, dass hier (nun doch ähnlich wie beim ärztlich assistierten Suizid) »unausgesprochene Lebenswerturteile« zum Beispiel für Ärzte wirksam und handlungsleitend werden.[206]

Zwar können wir es inzwischen schon als einleuchtend empfinden, dass wir uns strafbar machen, wenn wir das Grundrecht der Selbstbestimmung ohne Notwendigkeit für Heimbewohner einschränken, auch wenn jeder weiß, dass dies jeden Tag zehntausendfach geschieht, und nicht nur Heimbetreiber, sondern auch die Gerichte sich über eine solche Übersensibilität totlachen, weil man doch weiß, dass Heimbewohner irgendwie anders sind als andere Menschen – wir haben sie daher die »Auch-Menschen« genannt. Heute müssen wir aber zusätzlich lernen, dass darüber hinaus in der Dienstleistungsgesellschaft das zur Selbstbestimmung komplementäre »Grundrecht auf Teilhabe« (SGB IX) noch weit umfassender und noch häufiger Heimbewohner in ihrer Person schädigt, wenn es ohne Notwendigkeit eingeschränkt wird; denn da zum Teilhaberecht auch die Zugehörigkeit gehört, muss jedem klar sein, dass verheimten Menschen die Zugehörigkeit zu ihrer Wohnung, Familie, Nachbarschaft, Kirchengemeinde, Kommune und zum Arbeitsmarkt in der Regel vollständig entzogen wird, was eben ohne absolute Erforderlichkeit ebenfalls strafbar ist. Auch wenn das jeder weiß, der es wissen will, lohnt sich die Lektüre einer empirischen Untersuchung aus der ethnologischen Pflegeforschung, die dem einen oder anderen vielleicht doch eher unter die Haut geht.[207]

Die meines Wissens besten und auch methodisch sorgfältigsten empirischen Studien über die Sonderwelt Heim verdanken wir den Freiburger Hochschulen, und zwar sowohl der Ev. Hochschule (Prof. Thomas Klie) als auch der Kath. Hochschule (Prof. Burkhard Werner). Gerade aus pflegerischer Perspektive hat insbesondere Letzterer die Sonderwelt Heim unter diversen Aspekten vermessen und transparenter gemacht. Das betrifft zum Beispiel die gesellschaftliche Funktion der Institutionalisierung ebenso wie der

---

206 Wolfram Höfling: Staatliche »Altenpolitik« – der grundrechtsgeprägte Sozialstaat auf dem Rückzug? in: Kölner Schriften zur Kriminologie, 9:43-51, 2005, Münster: LIT; vgl. auch Paul Wolters, Beate Röttger-Liepmann: Rechtliche Bedingungen für die Betreuung psychisch Kranker und dementer Menschen in Heimen unter Einbeziehung des »besonderen Gewaltverhältnisses«, Uni Bielefeld, Fak. f. Gesundheitswissenschaften, Mai 2000
207 Ursula Koch-Straube: Fremde Welt Pflegeheim, Bern: Huber 2002

Deinstitutionalisierung, die erhöhte Mortalität im Heim oder die positive Korrelation zwischen Heim und Suizid, ohne dass damit die Frage nach den Ursachen schon hinreichend aufgeklärt wäre. Am meisten hat selbst mich noch erschüttert die wohl erste Vergleichsuntersuchung der Situation der Pflegenden, je nachdem, ob sie nun in der Demenz-Spezialabteilung eines Heims arbeiten oder in einer ambulant betreuten Demenz-Wohnpflegegemeinschaft: »Psychische Belastungen und Beanspruchungen Pflegender in der Schwerstpflege«.[208] Hier geht es also nicht um die Schädigung der Heimbewohner, sondern um die gesundheitliche Schädigung der pflegerischen Mitarbeiter. Der Unterschied zwischen den beiden Gruppen war zugunsten der ambulanten Wohngruppen in allen denkbaren Parametern (wie Arbeitsplatz-Verweildauer, krankheitsbedingte Fehltage, Zeitdruck, aber auch Sozialraumbezug oder Identifizierung mit der Arbeit und dem Arbeitsplatz) derart dramatisch, dass jeder Arbeitgeber, selbst wenn sich die Ergebnisse bei einer Wiederholung auch nur zur Hälfte bestätigten, schon aus Gründen seiner Fürsorgepflicht gehalten ist, seinen Betrieb vom stationären auf ein ambulantes setting möglichst schnell umzustellen, wie dies ja auch schon das Ev. Johanneswerk Bielefeld, mit vierzig Pflegeheimen der größte Anbieter in Westfalen, mit Erfolg vorgemacht hat.

Wie wir ebenfalls dem letzterwähnten Beitrag von B. Werner entnehmen konnten, scheint es hinsichtlich der Größe einer Einrichtung eine schlichte Regel zu geben, die zugleich dem gesunden Menschenverstand entspricht: Je größer die Einrichtung, desto schädlicher für Bewohner wie Mitarbeiter; je kleiner und damit menschengemäßer, desto weniger schädlich ist sie, weshalb die ambulant

---

208 Wie die übrigen Arbeiten, so ist insbesondere der letzterwähnte Text zu beziehen über Zschr. Pflegewissenschaft, PrInternet, hps-Verlag, 4/2011 oder eben über Burkhard Werner, Kath. Hochschule, Karlstraße 63, 70104 Freiburg. – Wenn ich auch die Methode der Heim-Skandalisierung nicht sonderlich mag, weil folgenlos (»Schwarze Schafe gibt es überall«), so ist hierzu doch die Lektüre des folgenden Buches hilfreich, weil sie verständlicher macht, über welche Situationen es zu den gesundheitlichen Schäden bei den Mitarbeitern kommt: Claus Fussek, Gottlob Schober: Im Netz der Pflegemafia – Wie mit menschenunwürdiger Pflege Geschäfte gemacht werden. München: Bertelsmann 2007

betreuten Wohngruppen eben am günstigsten sind. Im scharfen Kontrast dazu beobachten wir seit einiger Zeit die Tendenz, dass in fast allen Bundesländern immer mehr Behindertenheime sich um die Eröffnung einer geschlossenen Abteilung bemühen, um auf diese Weise ihre Größe zu rechtfertigen oder auszubauen und zugleich damit noch ein gutes Werk tun, indem sie die »schwierigen« Bewohner/Patienten aus der weiteren Umgebung, die das natürlich gerne sieht, bei sich versammeln und in einer geschlossenen Station konzentrieren (von den »Falschliegern« in Unterfranken war schon die Rede). Das verstößt zwar gegen jede international anerkannte Professionalität im Umgang mit chronisch psychisch Kranken, weil diese empfiehlt, die überall vorkommende Minderheit der sog. »Schwierigen« eben nicht zu konzentrieren, sondern sie über möglichst viele »Nicht-Schwierige« zu verteilen; aber wer interessiert sich schon dafür, wenn es dabei um ein neues Geschäftsfeld geht. Gegenüber dieser fatalen, jedoch modischen und natürlich wieder mal menschenunwürdigen Tendenz hat der Parlamentarische Ausschuss für Psychiatrie des Landes Sachsen-Anhalt aus der Feder von Felix Böcker, Naumburg, eine kritische Denkschrift vorgelegt.[209] Allein schon die dort gestellten 34 Prüffragen (S. 35-47) entlarven den fachlichen, ethischen und rechtlichen Unsinn geschlossener Heim-Anteile. Besonders beherzigenswert ist dabei ein Gedanke: Wenn ein psychisch kranker Bürger als so »schwierig« empfunden wird, dass er einer geschlossenen Unterbringung bedarf, muss er eine beträchtliche Selbst- oder Fremdgefährdung vorweisen, was wiederum für diese Zeit sein Recht auf Diagnostik und Therapie auslöst. Da aber kein Heim einen Therapieauftrag hat, ist der betreffende Bürger unweigerlich für diese Zeit, egal, wie lange diese dauert, ärztlich der zuständigen psychiatrische Klinik zuzuweisen.

Weiterhin muss man sich nach alledem nicht wundern, dass die gesetzliche Patientenverfügung, über deren Zielrichtung man ohnehin streiten kann, kaum auf dem Markt, auch schon wieder für die Sonderwelt Pflegeheim (»besonderes Gewaltverhältnis«) abgewan-

---

209 Ausschuss für Angelegenheiten der psychiatrischen Krankenversorgung des Landes Sachsen-Anhalt (Prof. Dr. Felix Böcker): Geschlossene Unterbringung im Heim, 2008. c/o Landesverwaltungsamt, Maxim-Gorki-Straße 7, 06114 Halle

delt wird, obwohl jeder weiß, dass Menschen in einer Institution in ihrer freien Willensbildung eingeschränkt sind: Modellregion sind die vier Pflegeheime der Stadt Grevenbroich, wo die (vom Bundesforschungsministerium großzügig geförderte) Firma »beizeiten begleiten« (der Name wurde markenrechtlich geschützt; denn man will auf dem ganzen Heim-Markt Geschäfte machen) tätig wird, indem speziell geschulte Berater eingeflogen werden, die möglichst alle Bewohner zu einer Patientenverfügung überreden sollen. Das Ergebnis ist – oh Wunder – fast immer dasselbe, nämlich dass man im Notfall keine lebensverlängernde Therapie oder Wiederbelebung wolle. Nun sind die meisten Bewohner wegen Demenz nicht mehr einwilligungsfähig. Für diese hat man sich die »Vertreterverfügung« ausgedacht, wonach die Bevollmächtigten oder Betreuer schon mal vorab den »mutmaßlichen Willen« des Betroffenen für den Notfall aufschreiben sollen, eine Erfindung, die es aus guten Gründen im Gesetz gar nicht gibt. Auch wenn inzwischen ein Pflegeheim und eine Hausarztpraxis wegen Zweifeln an der Gesprächsführung der Berater aus dem Projekt ausgestiegen sind, wird es sicher erfolgreich und mit der Empfehlung der Verallgemeinerbarkeit zu Ende geführt.[210]

Zum Schluss dieser (längeren) ersten Halbzeit dieses Kapitels eine besonders zynische Kleinigkeit: Wie schon seit Jahrzehnten viele andere, hat jetzt auch das Kuratorium Deutsche Altershilfe (KDA) die Bundesregierung und andere Verantwortliche noch einmal aufgefordert, im Pflegesystem Fehlanreize zugunsten der Heimträger abzustellen. Denn einmal würden dort, wo die Kommunen fürs Ambulante und die überörtlichen Sozialhilfeträger fürs Stationäre zuständig sind, die verschuldeten Kommunen den Bürgern gern empfehlen, in ein Heim zu gehen, auch wenn dies gar nicht angezeigt sei. Ein analoger Fehlanreiz besteht auch bei den Krankenkassen: Solange jemand ambulante Pflege brauche, müssen sie die Kosten übernehmen. Beraten sie aber die Bürger so, dass ein Heim für sie doch besser wäre, können sie die Kosten an die Pflegeversicherung wegdrücken. Da außerdem – auch bei objektiv gleichem Pflege-

210 Klaus-Peter Görlitzer, in: BioSkop 50, 2010

bedarf – mein Anspruch auf Pflegekassenerstattung bei ambulanter Pflege deutlich geringer ist als im Pflegeheim, werden ich oder meine Angehörigen durch einen entsprechend höheren Eigenanteil bestraft. Die Forderung nach gleichen Startbedingungen an alle, egal, ob ambulant oder stationär, wäre also ein Gebot der Fairness. Das wussten alle Bundesregierungen der letzten Jahrzehnte, haben aber bis heute nicht die Kraft gefunden, gegenüber den Stärkeren am Markt das Gerechtigkeitsgebot durchzusetzen.[211]

Das war meine – nicht Anklage –, sondern vielmehr Klage, Lebensklage, mit Herzblut geschrieben. Und wenn doch Anklage, dann Kollektivanklage, mit der ich stets bei mir selbst beginne. Lieblingsargument derer, die das Heim verteidigen (weniger aus Geldgier, da sind wir alle ziemlich gleich, sondern weil sie zu lange von der industriellen Erfolgsstory des Heimsystems geprägt sind): »Empörend, wie Sie mit Ihrer überzogenen Kritik die vielen Heim-Mitarbeiter und ihre tolle selbstlose Arbeit kränken und entwerten!« Bei mir leider ziemlich wirkungslos, weil ich selbst siebzehn Jahre »Heimarbeiter« war, nicht nur als Leiter, sondern auch als Basis-Profi; denn für uns galt die Regel, dass es für die Weltreise jedes einzelnen Heimbewohners aus der Sonderwelt in die bürgerliche Normalwelt schon der großen Ängste wegen nur einen Reisebegleiter geben dürfe (egal, welchen Berufes), der für alles zuständig ist, vom Ausfüllen des Sozialhilfeantrags über die Beziehungen zur Familie und zu den neuen Nachbarn bis zum Finden und Möblieren einer Wohnung; mit arbeitsteiliger Spezialisierung musste es jetzt vorbei sein. Dass für diese »Weltreise« jeder neben dem Profi- auch einen Bürger-Reisebegleiter braucht, konnten wir in den 1980er-Jahren – profizentriert – noch nicht sehen; heute weiß man das.[212]

Gerade diese persönliche, angstteilende, auch intime (und unprofessionelle) zwischenmenschliche Beziehung war es, mit der die Heimbewohner mich auf ihre Seite gezogen und mich gelehrt haben, sie Anderen gegenüber verstehbar zu machen und überhaupt vom

211 epd sozial, 25/2011
212 zum Beispiel im Diakonie-Heim Maroldsweisach, www.diakonie-has.de

»Letzten« her zu denken und zu handeln (kategorischer Imperativ des Gemeinwohls). Ich möchte das symbolisch verdichten mit der Äußerung eines von ihnen: Der 70-jährige Erich Paul, nach der Klempnerlehre vierzig Jahre Anstalt, auf einer Kroatien-Reise vom erstmaligen Anblick des Meeres erschüttert: »Ist es erlaubt, das Meer mit den Füßen zu betreten?« Hier hat jedes Wort seine auch rührend-schreckliche Bedeutung!

Dieser lange Vorlauf war mir nötig, um jetzt in der kurzen zweiten Halbzeit auf die Kapitel-Frage einzugehen, was die Verantwortlichen für Heime heute zu tun haben. Als Voraussetzung unterstelle ich hier nur etwas, worin wir uns wohl alle einig sein werden: 1. Heime können immer nur das Zweitbeste sein. 2. Deshalb haben wir stets nach dem noch Besseren für jeden Einzelnen zu suchen. 3. Wie weit wir mit der Verüberflüssigung des ganzen Heimsystems kommen, kann und darf heute noch niemand wissen. Und 4. Da es sich dabei um eine gesellschaftliche Veränderung epochalen Tiefgangs handelt, sind wir uns auch darin einig, dass ideologische Schnellschüsse verboten sind, weil sie nur neue Opfer bringen, weshalb ein solcher Suchprozess auch fünfzig oder siebzig Jahre dauern kann, so sehr ein erkennbar unnötiges Unrecht eines einzelnen Bürgers mich heute oder jeden kommenden Tag auch schmerzen mag.

Es geht also – wie immer – um die Übersetzung der großen Überzeugungen und Unrechtsgefühle in viele kleine pragmatische Schritte, wobei auch hier die Bateson-Regel gilt, dass »der Kontext immer wichtiger als der Text ist«, das Ziel also nicht frontal anzugehen ist, sondern wir zunächst die Aufgabe haben, die Voraussetzungen dafür zu schaffen und das Terrain zu sondieren, also »Raumpfleger« zu sein.

Ich beschränke mich daher hier auf ein paar Thesen, die sich bei meinen vielen Heimberatungen bewährt haben, auf nicht zu viele, aber auch nicht zu wenige Widerstände stoßen, wobei für jedes einzelne Heim – je nach seinem Entwicklungsstand – wieder anderes gilt. Außerdem haben sich viele Handlungsstrategien schon aus den anderen Kapiteln ergeben:

1. Sie sind als Heim-Verantwortlicher hinreichend selbstbewusst und daher zukunftsfähig, wenn Sie sich bewusst machen, dass die Heime selbst schon längst (etwa seit Beginn des 20. Jahrhunderts) mit dem Rückbau der industriebedingten Institutionalisierung von Menschen begonnen haben: a) Nicht je größer, sondern je kleiner, desto besser. b) Nicht die grüne Wiese, sondern die Ortsintegration. c) Um 1970 hat sich ein ganzes Heimsegment, nämlich das der Kinder- und Jugendheime, nicht ganz, aber weitgehend ambulantisiert. d) Seit den 1960er-Jahren hat speziell das Pflegeheim (laut Kuratorium Deutscher Altershilfe) gleich fünf Generationen oder Leitbilder durchlaufen: die Verwahranstalt, das Krankenhaus, das Wohnheim und das Leitbild der Familie, zunächst stationär und dann ambulant.[213] e) Zu erinnern sei schließlich auch noch daran, dass der weltweite Beginn der Deinstitutionalisierung über das Normalisierungsprinzip 1934 von dänischen Bürgern und Angehörigen ausging, als Spätwirkung wohl verantwortlich dafür, dass in Dänemark die Pflegeinstitutionen weltweit am meisten in Bewegung geraten sind, übrigens angestoßen vom dänischen Staat, indem dieser den Mut hatte, einen – durchaus nur befristeten – Heimbaustopp zu verfügen.[214]

2. Als Heimbetreiber sind Sie zukunftsfähig, wenn Sie – wie alle anderen – Ihre Verantwortung territorial umdefinieren, sie also an einem Sozialraum, in dessen Versorgungsdienst Sie treten, und damit auch am Bürger-Profi-Mix orientieren. Dabei ist freilich eine Richtungsumkehr bedeutsam: Das Heim ist nicht nur für die übrigen Bürger zu öffnen, sondern – noch wichtiger – der Sozialraum für die Heimbewohner.

3. Ihr Heim sollte sich (nach Möglichkeit) einen eigenen ambulanten Pflegedienst zulegen, der für denselben Sozialraum zuständig ist. Damit wird der Übergang zwischen stationär und ambulant fließend, ist nicht mehr institutionell erschwert und auch betriebswirtschaft-

---

213 Stiftung trias: Zukunftsfähige Wohnformen und Pflege, Martin-Luther-Straße 1, 45525 Hattingen, www.stiftung-trias.de
214 Leider bisher nur auf Dänisch zu lesen: Birgit Kirkebaek: Normaliseringens periode, Sozpolverlag, Poppelallé 23, DK-2840 Holte

lich günstiger. Außerdem werden sich Ihre Mitarbeiter dafür durch eine längere Verweildauer bei Ihnen bedanken, da Sie nun leichter ambulante und stationäre Erfahrungen sammeln können. Sollte das nicht gehen, wäre ein Vertrag mit einem anderen ambulanten Pflegedienst, der sozialräumlich gleichsinnig verpflichtet ist, zu empfehlen.

4. Weiterhin ist das Verhältnis zwischen Profi- und Bürgerhelfern zu überprüfen und auf das Anspruchsniveau der Dienstleistungsgesellschaft zu heben. Es geht jetzt nicht mehr nur um die Ehrenamtlichen, die fürs Vorlesen oder für Spaziergänge gut sind; sondern Bürgerhelfer sind in alle möglichen Tätigkeiten einzubeziehen, um – für die Zukunft – die Möglichkeiten des Bürger-Profi-Mix voll auszuschöpfen. Sie sollten neue Bezeichnungen für sie erfinden, die ihre positive Bedeutung zum Ausdruck bringen; man kann sie zum Beispiel als die »Integrationsspezialisten« bezeichnen. Um ein eigenes Gruppengefühl zu vermitteln, kann man sie ermutigen, sich selbst zu organisieren, zum Beispiel im zugehörigen »Nachbarschafts-Café«. Das Beispiel Rhynern (bei Hamm) zeigt, wie weitgehend die Bürger des Sozialraums sich mit »ihrem« Heim identifizieren können.

5. Sie sind umso zukunftsfähiger, ein je breiteres Funktionsspektrum Sie abdecken. Das muss durchaus nicht mit räumlich-struktureller Entmischung (nach industrieller Logik) verbunden sein. Das Spektrum sollte von der Hospizfunktion bis zur Rehafunktion reichen. Beides betrifft die vielleicht wichtigste Regel für Heime: »Es muss immer mindestens einer zu neuen Ufern unterwegs sein – zum Sterben wie zur Integration!« Dies ist entscheidend für die Dynamik, die Lebendigkeit des Heims. Deshalb wären sowohl Pflegeheime als auch Behindertenheime eher als »Übergangsheime« zu bezeichnen.

6. Demselben Zweck, nämlich der Heimlebendigkeit, dient die Orientierung an dem eigentlich als frühmodern angesehenen Leitbild der »gesunden Mischung«, weil sie halt wieder für die Postmoderne, die postsäkulare Dienstleistungsgesellschaft, attraktiv ist. Die Menschen mögen zumindest auf Dauer keine Spezialisierung und keine Monokultur, denn erst diese bewirkt das tödliche Ausgrenz-

ungsgefühl. Zum Glück darf man heute wieder sagen: Je bunter, wie das Leben, desto besser. Das gilt für alle Parameter, insbesondere für das Lebensalter und für die diagnostische Zuordnung. Es sind nicht die schlechtesten Heime, wo man gar nicht so recht erkennen kann, ob es Pflege- oder Behindertenheime sind; stattdessen ist die Zugehörigkeit der Bewohner zu ein und demselben Sozialraum wesentlich menschengemäßer und lebensdienlicher. Natürlich weiß ich auch, dass dies angesichts der großen Zahl der Dementen eine Herausforderung darstellt, die man aber, so bald wie möglich, annehmen sollte, auch wenn es dafür noch kein Patentrezept gibt. Ich erinnere mich an ein Pflegeheim in Dortmund-Nord, wo die Dementen den ganzen Tag über in einem großen Gemeinschaftsraum (der Kapelle des ehemaligen Krankenhauses) waren, um dort ständig wechselnden Tätigkeiten, vor allem Haushaltstätigkeiten nachzugehen und die Nicht-Dementen ihre Ruhe hatten; allerdings fand man nicht wenige von Letzteren dann doch wieder im »Dementen-Großraum«, weil sie eben auch deutlich tätigkeitsbedürftiger waren, als die fachliche Sicht dies für erlaubt hielt. All dies ist mit dem schon oft erwähnten anderen Grundbedürfnis nach Bedeutung für Andere ziemlich gut verständlich zu machen: »Ich brauche – wie alle anderen Menschen – meine Tagesdosis an Bedeutung für Andere!« Dies leitet unmittelbar über zum nächsten Punkt.

7. Erst wenn der äußere und innere Kontext (Verhaltensweisen und Grundhaltung) bei Ihnen und Ihren Mitarbeitern so weit entwickelt sind, hat es zukunftsfähigen Sinn, dies auch im strukturellen Umbau Ihres Heims zum Ausdruck zu bringen, etwa indem Sie ein oder zwei Stationen in stationär betreute Hausgemeinschaften von familienähnlicher Größe umwandeln. (Man kann auch, wie in Bottrop, ein ganzes 100-Betten-Heim in zehn Hausgemeinschaften umwandeln.) Den Charme entfalten diese Hausgemeinschaften aber erst dann, wenn sie, von der Zentralverwaltung abgekoppelt, als autarke Haushalte geführt werden, der kompletten Selbstversorgung (vom Einkaufen und Kochen bis zum Waschen und Putzen) ausgesetzt. So entstehen Haushaltsgemeinschaften, in denen alle Bewohner und alle Profi- und Bürgerhelfer ihren mal kleineren, mal größeren Beitrag zu leisten haben. In dem Maße, wie das gelingt, sind alle abends rechtschaffen müde und ausgelastet, weshalb dies als Konzept im

Wesentlichen reicht (»Bei uns findet Pflege am Küchentisch statt«).
Es erübrigt sich dann weitgehend das ohnehin oft künstliche und ver-
krampfte Unterhaltungs- und Freizeitangebot, zu sehr nach der industriellen Logik (die Profis leisten und die Bewohner konsumieren), oft
genug betrieben, um Besuchern von außen mit dem »tollen Angebot«
zu imponieren. Selbst die standardisierten und oft für teures Geld
eingekauften Beziehungskonzepte verlieren viel von ihrer Bedeutung;
denn an die Stelle tritt das Gemeinschaftskonzept oder die
Arbeitsgemeinschaft »Haushaltsführung« und damit die Normalisierung des Lebens, wie alle anderen Bürger eben auch leben, wobei
selbst der Schwächste und Bettlägerige etwas dazu beitragen kann –
entsprechend dem Menschenbild der UN-Behindertenrechtskonvention; denn wie wir wissen: »Jeder Mensch braucht nicht nur,
sondern will auch seine Bedeutung für Andere, wenn möglich, bis zu
dem Tag seines Todes.« Ich finde es hoffnungsvoll, wie viele Heime
dabei sind, sich auf diesem oder zahlreichen ähnlichen Wegen
zukunftsfähig zu machen; ich erwähne hier nur die »Elefantenrunde«
der vier großen Heimkonzerne (Bremer Heimstiftung, Ev.
Johanneswerk, Stiftung Liebenau und Caritas-Betriebsführungs- und
Trägergesellschaft), die sich zwecks wechselseitiger Befruchtung zum
»Netzwerk: Soziales neu gestalten« (= SONG)[215] zusammenge-
schlossen haben. Von diesem Bündnis stellt Thomas Klie (Ev.
Hochschule Freiburg) fest: SONG stellt eine Art Kontrapunkt zu
Formen der Industrialisierung der Versorgung und Pflege dar, wes-
halb der dort kultivierte Welfare-Mix (= Profis, Bürger, Familie,
Staat) das Gegenstück zu Tendenzen der Produktorientierung,
Leistungsnormierung und der verfehlten, aber teuren Vergabe von
»Pflegenoten« darstelle.[216]

8. Da Institutionen, wenn sie nicht tödlich sein wollen, zu ständigem
Aufbruch verurteilt sind, Aufbrüche aber immer auch Umbrüche
sind, dient es weiterhin Ihrer Zukunftsfähigkeit, danach oder statt-

215 SONG: Zukunftsquartier – Lebensräume zum Älterwerden, Gütersloh:
    Bertelsmannstiftung 2008, www.netzwerk-song.de
216 Thomas Klie: Pflegesystem kommt an seine Grenzen, in: Anstifter (Zeitschrift der
    Stiftung Liebenau) 3/2010

dessen Ihre hoffentlich inzwischen hinreichend kleine Heimplatzzahl um eine ambulant betreute Haushaltsgemeinschaft auszuweiten und damit den ersten Schritt in die Ambulantisierung zu wagen. Zwischen der stationären Hausgemeinschaft und der ambulanten Haushaltsgemeinschaft besteht scheinbar nur ein kleiner Unterschied, der aber doch von grundsätzlicher Bedeutung sein kann: Ich habe immer wieder Pflegende nach dem Unterschied zwischen der stationären und der ambulanten WG-Version befragt; sie meinten überwiegend, im ersten Fall käme man doch nicht ganz aus den standardisierten Institutionsabläufen heraus, während es im letzteren Fall von Bedeutung sei, nach allen Seiten hin nicht von Profis, sondern von Nachbarn »umzingelt« zu sein, weshalb hier das Integrationsgefühl stärker sei, das Mehr an menschlicher Zuwendungszeit der Profis, durch das Haushaltsführungskonzept buchstäblich erwirtschaftet, noch stärker erlebnisfähig würde, was auch für die Zugehörigkeit zum Stadtviertel oder zur Dorfgemeinschaft gelte, die WG eben das »Pflegeherz« des Sozialraums sei. Schließlich seien auch die Loyalität und die Identifizierung mit dem Sozialraum weitaus befriedigender, weil normaler, als die mit ihrem Heim, vor allem, wenn die ambulant betreute Wohnpflegegruppe auch noch altersmäßig und diagnostisch gemischt sei.

Bei positiver Erfahrung muss Sie nichts davon abhalten, die eine oder andere ambulant betreute Wohngruppe hinzuzunehmen, sodass Sie quasi von selbst in die Situation hineinwachsen, wo Sie zumindest von einem Teil Ihres Versorgungsterritoriums sagen können, Sie hätten ihn zu einer »heimfreien Zone« gemacht. Der einzige Preis, den Sie dafür zahlen müssen, ist die vermutlich geringere Rendite, jedoch kompensiert durch die höhere Akzeptanz bei der Bürgerschaft ihres Sozialraums und bei Ihren Mitarbeitern, natürlich auch bei Ihren Bewohnern, was an immer mehr Beispielen zu lernen ist. Vor Kurzem hat sich etwa der Träger des Pflegeheims St. Markus (Gärtnerstraße 63, 20253 Hamburg, www.martha-stiftung.de/stm) zwei ambulante Wohnpflegegemeinschaften zugelegt.

9. Sind Sie aber erst einmal so weit, spräche nichts dagegen, das Spektrum der ambulanten Möglichkeiten durch neue Geschäftsfelder zu erweitern, sei es im Sinne der Etablierung eines kleinen lokalen Reha-Zentrums (wie in Geesthacht), sei es im Sinne der 24-Stunden-

Begleitung in der eigenen Einzelwohnung (zum Beispiel Sindelfingen) oder sei es im Sinne der Vermittlung von Gast- oder Pflegefamilien (zum Beispiel Ravensburg). So gleiten Sie geradezu in die neue Hilfekultur hinein, und es wird sekundär, ob und wie viel »Restheim« Sie wie lange noch brauchen.

10. Schließlich sind Sie noch zukunftsfähiger, wenn Sie sich einmal um ein regionales Sozialraumbudget bemühen und wenn Sie zum anderen – ähnlich wie die Konzern-Elefantenrunde – die Konkurrenz mit den anderen Heimträgern in ein Kooperationsbündnis verwandeln. Das ist nämlich auch für normal-große und normal-kleine Heime möglich. So haben sich etwa in Frankfurt die Heime zu einem »Forum für Altenpflege« zusammengeschlossen und zum Beispiel unlängst bei der Stadt angeregt, sich nicht mehr für weitere Pflegeheime einzusetzen, weil dies nur die Konkurrenz einerseits um Bewohner und zum anderen um dringend benötigte Mitarbeiter verschärfe.[217] Und im Norden von Hamburg haben sich vierzehn kleinere Heime zur »Gütegemeinschaft Pflege Hamburg-Nord«[218] zusammengeschlossen, betreiben gegenseitige Intervision, kritisieren sich oder regen sich an; sie sind zwar auch bereit, Anträge auf weitere Mitglieder zu prüfen, behalten sich aber die Zustimmung oder Ablehnung vor – und zwar nach ungeschriebenen Kriterien, sodass sie nie in einen Rechtsstreit geraten können, weil es sich ja um eine völlig private Vereinigung handelt, was mehr Vor- als Nachteile hat. Unlängst hat dieser Verein mir die Ehrenmitgliedschaft angetragen, was mich mehr geehrt hat als alles Sonstige in meinem Leben. Man könnte also – wie bei den schon ziemlich zahlreichen Verbünden der Behindertenheime – auch bei den Pflegeheimen überall des Konkurrenzverhältnis des Marktsektors in Kooperationsbündnisse des Gemeinwohlsektors, sozialraumorientiert, umwandeln und verallgemeinern.

217 Beate Glinski-Krause, FFA Pressestelle, Wiesenau 57, 60323 Frankfurt, www.ffa-frankfurt.de
218 Infos über Manfred Voepel, Asklepios Klinik Nord – Ochsenzoll, Langenhorner Chaussee 560, 22419 Hamburg

So geradezu schmetterlinghaft leicht ist es also, den Beton des industriellen Heimsystems zu verflüssigen, »heimfreie Zonen« zu schaffen und, im Dienst des Gemeinwohls, für das Dienstleistungsjahrhundert zukunftsfähig zu machen – wenn wir es nur wollen.

Wenn Sie alle Beispiele dieses Buches für Heimauflösungen oder ambulantisierungsbedingte Verkleinerungen insbesondere von Behindertenheimen, aber auch schon von (durch Bürgerinitiativen dynamisierten) Pflegeheimen zusammenziehen, werden Sie – trotz selbstverständlich auch gegenläufiger Tendenzen – in der Bilanz beeindruckt sein, wie eindeutig wir uns in den letzten drei Jahrzehnten doch schon auf den Weg gemacht haben. Dazu noch ein paar Beispiele, die mir erst jüngst bekannt wurden: In Kevelaer gibt es jetzt vier ambulant betreute Dementen-Wohnpflegegruppen (Caritas-Jahrbuch 2010). In Lindlar hat die Lebenshilfe erstmals ein ganzes Heim aufgelöst; alle 26 Bewohner sind jetzt Mieter normaler Wohnungen. Das Bielefelder Johanneswerk gibt nun eine eigene Broschüre »Johanneswerk im Stadtteil« heraus. Von den ehemals über 1000 stationären Behinderten in Mönchengladbach/Hephata leben nun 75% Wand an Wand mit nicht-behinderten Nachbarn (Hephata-Magazin 19/2008). Die Beispiele aus den neuen Bundesländern vermehren sich überproportional: So kommt nach dem »Rostocker Modell« auch diese Stadt 2011 mit wenigen Heimplätzen aus (Info: Gesundheitsamt, Paulstraße 22, 18005 Rostock). Und noch ein Beispiel von der Gegenseite der Bürgerhelfer: In Köln sind zurzeit 415 Bürgerhelfer (und drei Hauptamtliche) in zwanzig Kölner Stadtteilen, ökumenisch organisiert, ambulant wie stationär unter dem Dialekt-Titel »Kölsch Hätz« aktiv (Salzkörner/zdk 3.5.2010, www.koelschhaetz.de).

Es ist also wirklich an der Zeit, über Verallgemeinerungsmöglichkeiten nachzudenken und das heißt: auch die politisch Verantwortlichen in Bund und Ländern damit zu beschäftigen.

10. Was haben die Politik-Verantwortlichen zu tun?

Aus der Perspektive der konzentrischen Kreise (dieses Buches) sind sie zunächst mal am bedauernswertesten: All die MdBs, MdLs, all die Minister und Senatoren und die sonstigen Bewohner der politischen

Chefetagen haben naturgemäß die geringste Ahnung von unseren Problemen, sind am weitesten weg von der Erfahrungsbasis, fühlen sich daher am meisten dazu verpflichtet, dass jeweils bestehende und daher bewährte System – bis zum Beweis des Gegenteils – zu verteidigen und sind daher auch am meisten der Gefahr ausgesetzt, dem Kardinal-Denkfehler zu verfallen, den gegenwärtigen Epochenumbruch nicht wahrzunehmen, also noch mit den Begriffen der vergangenen Industriegesellschaft zu denken, während wir und Sie heute bereits in der Dienstleistungsgesellschaft leben. Dazu gleich ein illustrierendes Beispiel: Wenn man sich zwecks Revision der Sozialhilfe eines Repräsentanten der Autoindustrie bedient, muss man sich nicht wundern, wenn dieser Peter Hartz mit seiner industriellen Logik zu Werke geht. Man kann damit zwar sogar Einseitigkeiten des bisherigen Systems ausgleichen, indem man dem »Fördern« das »Fordern« beigesellt; aber man gerät in die gegenteilige Gefahr, behandelt Menschen wie Sachen, die man restlos durchrationalisieren kann, was eben für den Umgang mit Menschen schlicht falsch, weil menschenunwürdig ist. So kommt es zum Beispiel zu dem Hungertoten von Speyer: Man denkt vom Profitabelsten und nicht vom Letzten her – der Ausschuss kommt auf den Müll, und aus der Marktwirtschaft wird die Marktgesellschaft.

Ein weiteres Beispiel: Seit 2004 zahlen die Krankenkassen kein Sterbegeld mehr – im Sinne der Marktrationalisierung vernünftig. Das aber hat ungeahnte Folgen: Die Zahl der Sozialhilfe-Einfachbestattungen steigt bisher um 38% und der Verwaltungsvermerk »Abtrag«, der dafür steht, dass zwischen Tod und Bestattung keinerlei symbolische Handlung erfolgt, steigt auf 30%, während auf der anderen Seite, bei den Reichen, die skurrilsten, weil nur noch individuellen Stilblüten treiben. Ergebnis: Die Sterbekultur, bisher stets die Wiege jeglicher Kultur seit Beginn der Menschheitsgeschichte, zerfranst und verfällt. Auch dies wäre ein Anlass zur Nachdenklichkeit für die politisch Verantwortlichen, ob nicht zum Beispiel, wenn der Kirchenschutz nicht mehr trägt, so etwas wie ein Staatsschutz an die Stelle zu treten hat, es sei denn, man liquidierte die Gemeinwohlkultur.

Ähnlich ist es schließlich mit den Heimen, wie wir gerade gesehen haben: Alle Welt weiß, dass zumindest wesentlich mehr Menschen in Heimen sind, als nötig wäre, dass sie gesundheitliche Schäden, bis zur Lebensbedrohlichkeit, davontragen, dass aber gleichwohl die Heimbetreiber – marktgesteuert – ständig bestrebt sind, ihr profitables System auszuweiten. Jedes Kind würde denken: »Wenn schon sonst niemand diesen strafbaren Missstand ausräumt, muss letztlich der Staat dies – auch gegen Widerstände – durchsetzen; wofür wählen und bezahlen wir sonst unsere Volksvertreter?« Aber nichts geschieht, obwohl auch das Bundesverfassungsgericht den Staat dazu auffordert, weil nämlich das Gemeinwohl selbst das Grundrecht auf unternehmerische Berufsfreiheit aushebelt.

Noch schlimmer ist es mit den Einrichtungen des Maßregelvollzugs für psychisch kranke Straftäter. Obwohl seit Langem die meisten Straftaten rückläufig sind, wächst die »gefühlte Bedrohung« in der Bevölkerung, wofür u. a. auch die Experten sorgen, die an der Ausweitung auch dieses Systems Interesse haben; und der Staat folgt mehr der gefühlten als der realen Bedrohung.

Spätestens jetzt muss man sich fragen, ob nicht doch die vielen Untersuchungen richtig liegen, die die wachsende politische Resignation der meisten Bürger vor allem darauf zurückführen, dass die Politiker selbst sich für ohnmächtig halten gegenüber diversen gesellschaftlichen Interessengruppen, insbesondere gegenüber dem Kapital, das sie für dynamisch bewegender halten als sich selbst; wo also versteckt sich die Macht?[219]

Das mag bis zu einem gewissen Grade stimmen; denn nirgends in Europa geht die Schere zwischen Arm und Reich so weit auseinander wie bei uns, wo die Arbeitsmarktpolitik immer noch industriell auf die »Verwertung von Arbeitsnomaden« ausgerichtet ist und schließlich auch das System der Qualitätssicherung, ebenfalls von der Autoindustrie abgekupfert, für die Übertragung auf Menschen ungeeignet ist.[220] Wenn wir aber auch hier eine längerfristige historische

---

219 Zum Beispiel Joachim Klewes, Ulrich v. Alemann: »Immerhin halten sich zwischen 65 und 88% der befragten Parlamentarier für weitgehend machtlos, was gesellschaftliche Veränderungen angeht.« Frankfurter Rundschau, 9.2.2011

220 Helga Spindler: Der sozialpolitische Konsens wird aufgekündigt, in: Soziale Psychiatrie, 3/2008

Perspektive einnehmen und bedenken, dass wir es heute u. a. mit einem Epochenumbruch sowie der menschheitsgeschichtlich einmaligen Vermehrung der Alten zu tun haben, dann wird auch hinsichtlich der Beurteilung der Politik-Verantwortung das Bild mehrdeutiger und bunter.

Da ist zunächst mal festzustellen, dass der Staat sich in den letzten dreißig Jahren insbesondere hinsichtlich der Zunahme der Alterspflegebedürftigen und Dementen eher zurückgehalten hat, statt, wie in der deutschen Sozialpolitik seit Bismarck, sofort alle Aktivitäten paternalistisch bei sich zu konzentrieren, während in allen übrigen europäischen Ländern im ganzen Industrie-Jahrhundert ein gesündere Mischung staatlicher und gesellschaftlicher Aktivitäten zu verzeichnen war. Es könnte also sein, dass die gegenwärtige Zurückhaltung auch bedeuten kann, dass wir aus früheren »typisch deutschen« Fehlern gelernt haben. Denn diese Zurückhaltung ist die absolut notwendige Voraussetzung dafür, dass wir Bürger in höherem Maße individuell, familiär und kommunal zur Wiederbelebung unseres Helfensbedürfnisses verurteilt waren, was vermutlich die so eindrucksvolle Bürgerhelfer- oder Nachbarschaftsbewegung in den letzten dreißig Jahren erst ermöglicht hat, was logischerweise auch für den Bürger-Profi-Mix gilt.

Als Nächstes ist das »Teilhabegesetz« (SGB IX) zu nennen – wenigstens für mich fast ein Geniestreich, zu dem die Bundestagsabgeordneten nur zu beglückwünschen sind. Man könnte fast meinen, dass der Begriff »Teilhabe« bewusst nichtssagend gewählt wurde (im Deutschen gibt es das Wort eigentlich nur im Sinne des »stillen Teilhabers«), damit das aufregend Neuartige daran nicht so auffällt. Denn einmal hatten die Abgeordneten mit diesem Gesetz den Anschluss an das Rehabilitationsrecht gefunden und damit fast schon eine Vorstufe zum – dem Markt zuliebe sorgsam vermiedenen – »Recht auf Arbeit«, gleichwohl mit segensreichen Auswirkungen auf die engere Verbindung zwischen der Sonderwelt »Behindertenwerkstatt« und dem allgemeinen Arbeitsmarkt. Zum anderen ist die Variante der »sozialen Teilhabe« von Bedeutung, weil damit einerseits die Verbindung zum Recht auf Partizipation (zu Vereinen, Parteien, Kirchengemeinden) hergestellt ist und andererseits – noch wichtiger – die Verbindung zum »Recht auf Zugehörigkeit« (zur eigenen Wohnung, zur Familie, zum Sozialraum und zur Heimatgemeinde), was u. a. den Vorrang der eigenen Wohnung vor dem Heim – auch nach dem Wunsch- und Wahlrecht – mit sich bringt. Mit Recht haben die Behindertenverbände ForseA und ISL daher den Entwurf für ein »Gesetz zur sozialen Teilhabe« (GST)[221] erarbeitet und die Forderung nach einem »Teilhabegeld«[222]. All dies fasst der Präsident des Bundessozialgerichtes, Peter Masuch, in dem Satz zusammen: »Damit stellt das Gesetz die Eingliederungshilfe in den Dienst der Teilhabe ... Dieser Teilhabebegriff ist umfassender angelegt als der Begriff der Eingliederung ... Das spezifisch Neue an diesem Begriff lässt sich immer noch am deutlichsten mit dem Sinnspruch der Behindertenbewegung verstehen: ›Ich bin nicht behindert, ich werde behindert‹ ... Hauptziel ist es, die Selbstbestimmung und gleichberechtigte Teilhabe zu fördern.«[223]

Im letzten Satz dieses Zitats deutet sich ein weiterer Paradigmenwechsel an: Hauptziel sei nicht nur die Förderung der Selbstbestimmung (wie meistens bisher), sondern gleichrangig auch die Förderung der »gleichberechtigten Teilhabe«. Damit aber verliert die Selbstbestimmung ihre normative Monopolstellung, und stattdessen entsteht ein normatives Spannungsfeld zwischen Selbstbestimmung auf der einen und gleichberechtigter Teilhabe auf der anderen Seite. Anders ausgedrückt: Es gilt jetzt nicht mehr nur die Freiheit (so kostbar sie ist), sondern gleich radikal auch die Gleichheit, was im Kampf um die Grundrechte ein wirkliches sozialpolitisches Novum ist.

Nur eine Hürde mag zwar implizit genommen sein, was aber noch nicht explizit zum Ausdruck kommt. Ich meine zum Beispiel die Situation, wo ich als Behinderter nunmehr Vereinsmitglied werden kann. Das kann ich voll inhaltlich natürlich nur dann, wenn ich nicht nur etwas nehme (etwa Rechte), sondern wenn ich gleichermaßen dafür auch etwas gebe (etwa eigene Pflichten). Hier bleibt jedoch der

221 ForseA 3/2011
222 Netzwerk Artikel 3, Nr. 47/2011
223 Peter Masuch: Soziale Teilhabe: Reform der Eingliederungshilfe im Lichte des SGB IX in: Inforum, Zschr. der ForseA

Begriff Teil-»Habe« zumindest semantisch diesseits der Hürde stehen; d. h. es handelt sich immer noch um einen »armen« Behinderten, der immer wieder etwas »haben« will, was ich in meiner humanen Nettigkeit (kontinentaleuropäisch) zu »geben« bereit bin: Ich bin immer noch der Gebende, der Behinderte bleibt der Nehmende. So sind wir gewohnt zu denken. Der fällige Sprung über die Hürde bedeutet jedoch, dass der Mensch mit Behinderung mindestens genauso wie der Mensch ohne Behinderung ein Gleichgewicht zwischen Nehmen und Geben braucht, also dass ich von dem neuen Behinderten-Vereinsmitglied erwarten darf, dass er nicht nur etwas nimmt, sondern dass er dafür auch das gibt, was er geben kann, muss und will und erst insofern eine Bereicherung für den Verein (den Sozialraum, die Kirchengemeinde) darstellt.

Und warum? Weil nach der UN-Behindertenrechtskonvention jeder Mensch mit und ohne Behinderung als solcher nicht nur zugehörig (Inklusion), sondern auch bereichernd (Diversity) ist und insofern der jeweilige Sozialraum ohne ihn unvollständig wäre. Ich habe mir daher den Spaß gemacht, vorzuschlagen, man möge nicht vom Teil-»habe«-, sondern vom Teil-»gabe«-Gesetz sprechen, was zwar der deutschen Sprache noch etwas fremder ist, dafür aber den gemeinten Sinn besser wiedergibt, auch wenn es unserer etablierten Profi-Ideologie entgegensteht, weil wir Profis doch stets gute Menschen sein wollen, was die Behinderten gefälligst dankbar anzunehmen haben. Ich erinnere an das Heim-Kapitel, so sich verblüffend herausstellte, dass eher wir Profis als die übrigen Bürger diejenigen sind, die Behinderte oder Pflegebedürftige schädigen. So verkehrt die gegenwärtige, nicht zuletzt von der Pharmaindustrie gesponserte »Antistigma«-Kampagne, die dabei immer den bösen, behindertenfeindlichen Bürger im Kopf hat, zwar nicht immer, jedoch meistens (nach der Methode der Brandstifter, die sich als Feuerwehr ausgeben) die Wirklichkeit zynisch in ihr Gegenteil, damit wir Profis weiterhin als die »Guten« imponieren und keinen Geschäftsinteressenverlusten ausgesetzt sind.

Man erwischt sich gelegentlich bei der unnützen Fantasie, dass die vormoderne Kultur vielleicht doch nicht ganz verkehrt war, wo man den Geschäftsleuten von Herzen gern jeden Gewinn gönnte, es jedoch denen, die in den Dienst des Gemeinwohls traten (und dazu gehörten auch die helfenden Berufe), verboten war, Geld damit zu verdienen; weil dies eine Ehre war, erhielten sie einen Ehrensold (Honorar), um einigermaßen anständig davon leben zu können. Alles in allem können wir aber unseren Abgeordneten dankbar dafür sein, dass sie – überraschenderweise – mit ihrem SGB IX zwar nicht den ganzen, wohl aber den halben Weg zur UN-Behindertenrechtskonvention zurückgelegt haben, sodass wir jetzt, um deren Ziele zu erreichen, nicht mehr schlechter gestellt sind als andere europäische Länder.

Schließlich sei noch auf eine weitere außergewöhnliche Schwierigkeit hingewiesen. In dem gegenwärtigen epochalen Umbruch sind wir einer verwirrenden Fülle neuer Gegebenheiten und Forderungen ausgesetzt: So die einzigartige Vermehrung des Hilfebedarfs, die Wiederbelebung des dritten Sozialraums, das neue Verhältnis zwischen Profi- und Bürgerhelfern, die Notwendigkeit eines neuen Begriffs von Pflegebedürftigkeit, die noch gar nicht auszulotenden Folgen der neuen Teilhabeperspektive, der schwere Abschied von der Gewohnheit, sich von den heute zu sehr interessengesteuerten Experten beraten zu lassen, und nun auch noch die atemberaubenden Neuerungen der Behindertenrechtskonvention, die in sich selbst wiederum einem Sozialraumkonzept folgt. All das bedarf nicht nur der Vernetzung, sondern zuvor neuer normativer Weichenstellungen und Menschenbildanpassungen, braucht also eine Nachdenklichkeit historischen und philosophischen Tiefgangs und damit viel Zeit. Was dabei herauskommt, wenn man sich diese Zeit nicht nimmt, zeigt der »Nationale Aktionsplan der Bundesregierung« zur Umsetzung der UN-Behindertenrechtskonvention vom 20.6.2011; er ist eher eine selbstzufriedene Leistungsshow und im Übrigen bemüht, die eigentlichen Herausforderungen zu umgehen. Gerade dagegen ist aber dem Beschluss der Arbeits- und Sozialministerkonferenz (ASMK) vom 25./26.11.2009 zu danken für ihre »Eckpunkte zur Weiterentwicklung der Eingliederungshilfe für Menschen mit Behinderungen«; denn sie hat sich nicht nur schon jetzt zu mutigen Weichenstellungen durchgerungen, sondern sie setzt sich auch erkennbar der gerade von mir angedeuteten schwierigen synthetisierenden Vernetzungsarbeit aus und nimmt sich offensichtlich auch die erforderliche Zeit.

Darüber hinaus ist es erfreulich, in welchem Maße die so gewonnene Zeit aus allen Bereichen der Gesellschaft für Beiträge zur Synthese dieser vielen schwierigen Herausforderungen genutzt wird, egal, ob von selbst her oder von Regierungen und Ministerien beauftragt. So hat die Arbeitsgruppe um den Historiker Jürgen Kocka eine ganze Monografien-Reihe »Altern in Deutschland« herausgegeben, hier besonders Band 8 »Altern: Familie, Zivilgesellschaft, Politik«[224]. Dieselbe historische Perspektive, hier aber mehr als kulturanthropologische »Philosophie des Lebens«, stammt von Leopold Rosenmayr[225]. Der für mich bisher gelungenste Versuch, die UN-Behindertenrechtskonvention mit der deutschen Sozialpolitik zu synthetisieren, ist Sigrid Graumanns »Assistierte Freiheit«[226]. Für den philosophischen Hintergrund sowohl meiner Gedanken als auch der Aufgaben des Gesetzgebers unter dem Aspekt der Endlichkeit des Menschen ist der Altmeister Norbert Elias »Über die Einsamkeit der Sterbenden«[227] immer noch unvermeidbar; denn – so seine Botschaft: Man darf auch wieder abhängig sein!

Unmittelbar relevant für die gesetzgeberischen Aufgaben sind weiterhin etwa die Überlegungen des Zukunftsforschers Opaschowski: Wenn heute schon zwei Drittel der Bundesbürger generationsübergreifende Hausgemeinschaften für »besonders wichtig« halten, das Heim also in absehbarer Zeit ausgedient haben wird, sollten die Kommunen einmal verpflichtet werden, eine Wohn- oder Hausgemeinschaftsquote einzuführen; und zum anderen für den Städtebau

---

224 Jürgen Kocka u. a.: Altern in Deutschland, Band 8, Stuttgart: Wiss. Verlagsgesellschaft 2009
225 Leopold Rosenmayr: Schöpferisch Altern, Wien: LIT 2007
226 Sigrid Graumann: Assistierte Freiheit, Von einer Behindertenpolitik der Wohltätigkeit zu einer Politik der Menschenrechte, Frankfurt: Campus Verlag 2011
227 Norbert Elias: Über die Einsamkeit der Sterbenden, Frankfurt: Suhrkamp 1985: »Dass der Sinn alles dessen, was ein Mensch tut, in dem liegt, was er für Andere bedeutet, und zwar nicht nur für die Gegenwärtigen, sondern auch für die Kommenden, also eine Abhängigkeit von dem Fortgang der menschlichen Gesellschaft durch die Generationen hin, gehört sicherlich zu den fundamentalen Abhängigkeiten der Menschen voneinander.« (S. 39)

jeden fünften Quadratmeter für Baugemeinschaften/-genossenschaften vorsehen.[228] Überhaupt ist zielführend für die Kommunen das Füllhorn an neuen Projekten der Arbeitsgruppe »Soziales neu gestalten« (SONG), so zum Beispiel das in Baden-Württemberg schon vielfältig bewährte Konzept der »Lebensräume für Jung und Alt« der schon erwähnten Stiftung Liebenau; denn wenn man diese durch ein bis drei ambulant betreute Haushaltsgemeinschaften (zum Beispiel für demente Singles) ergänzt – je nach der Größe des Ortes –, so hat man mit geringem Aufwand aus seinem Sozialraum eine heimfreie Zone gemacht. So oder ähnlich setzen die dort zusammengeschlossenen Wohlfahrtsträger ihr Versprechen ein: »Rückkehr von ihrer Investoren- und Dienstleisterrolle, hin zu gemeinwesenorientierten Akteuren« – als Alleinstellungsmerkmal gegenüber den privatgewerblichen Trägern.[229]

Da sich heute Kommunen ohnehin zwecks Daseinsvorsorge und Gesundheitsförderung nicht mehr auf Spezialangebote für einzelne Diagnosegruppen beschränken können, sondern vielmehr (nach dem Motto: Inklusion kann nur die Inklusion aller sein) die Strukturen und Ressourcen ihres Sozialraums gesundheitsfördernd für alle weiterzuentwickeln haben, ist inzwischen ein Betriebsausflug zum Projekt »Gesundes Kinzigtal«[230] in hohem Maße angesagt. Beim Thema »Wohlfahrt« ist es überhaupt hilfreich, sich bewusst zu machen, dass in diesem dritten Sektor der Gemeinwirtschaft inzwischen jeder zehnte sozialversicherungspflichtige Arbeitnehmer (nonprofit) für öffentliche Güter und Dienstleistungen beschäftigt ist; das sind 2,3 Millionen Menschen; daher gilt diese Branche insbesondere in den neuen Bundesländern als Jobmotor.[231]

228 epd sozial, vom 24.7.2009
229 Infos zu den SONG-Projekten, zum Beispiel über Alexander Künzel, Bremer Heimstiftung, Marcusallee 39, 28359 Bremen, www.bremer-heimstiftung.de bzw. www.netzwerk-song.de
230 Siehe: www.gesundes-kinzigtal.de; hierzu und zu vielen anderen kommunal relevanten Ideen Helmut Hildebrandt u. a.: Die Hohe Kunst der Anreize, in: Sozialer Fortschritt, Heft 7, 2009
231 epd sozial, 27/2011

Für Bund und Länder empfiehlt es sich, jedes Jahr einmal die dänische Staatsregierung um die Liste der best practices zu bitten; denn die werden dort gesammelt, einmal jährlich parlamentarisch diskutiert und die Brauchbarsten ins Gesetzgebungsverfahren eingebracht. Ähnlich fordert Warnfried Dettling mit Recht eine aktivere »Engagement-Politik«: Keine Gesetzgebung »zu Gesundheit, Arbeitsmarkt und Pflege ohne im Gesetzestext und in der Begründung sich darüber Rechenschaft zu geben, wie und was bürgerschaftliches Engagement beitragen kann zu Aufgabe und Ziel des Gesetzes«[232]. Heiner Legewie, Zentrum Technik und Gesellschaft, Berlin, fordert zudem ein zwischen allen Kostenträgern integriertes Quartiersbudget.[233] Aber selbst die Versicherungen werden bürgeraktiv: So beginnt der Generali Zukunfts-Fonds sein eindrucksvolles »Bürgerschaftliches Manifest« quasi klassenkämpferisch mit der Aktualisierung des berühmten Zitats von Karl Marx von 1848: »Ein Gespenst geht um in Europa: Die Bürgergesellschaft.«[234]

Auch die Katholische Kirche trägt ihr Scherflein bei, so etwa mit ihren »Kleinen Christlichen Gemeinschaften« und unter dem anspruchsvollen Titel »Die Rückkehr der Verantwortung«, mit dem sie zukunftsfähiger ist als zum Beispiel die Medizin.[235] Das Landwirtschaftsministerium Schleswig-Holstein hat sich vorgenommen, aktiv für Gast- oder Pflegefamilien vor allem in ländlichen Regionen zu werben, aber jetzt nicht mehr nur für psychisch Kranke oder geistig Behinderte, sondern auch für Alterspflegebedürftige und Demente, weil dadurch nicht nur hilfsbedürftige Singles zu ihrem ersehnten Familienanschluss kommen, sondern auch mancher landwirtschaftlicher Betrieb vor dem Konkurs gerettet werden kann,

232 Frankfurter Rundschau, 13.11.2007
233 Vortrag »Welche Zukunft hat die Gemeinde?« auf der Jahrestagung der Deutsch-Polnischen Gesellschaft für Seelische Gesundheit in Lublin, in: Dialog Nr. 17, 2010, zu beziehen über Redaktion: Sabine Radtke-Götz, Am Tiefenweg 18, 33604 Bielefeld
234 Loring Sittler, Generali Zukunftsfonds, Tunisstraße 19-23, 51664 Köln, www.zukunftsfonds.generali-deutschland.de
235 Christian Hennecke u. a. (Hg.): Die Rückkehr der Verantwortung, Würzburg: Echter Verlag 2011

wobei beide Zielrichtungen sich nicht, wie Sozialprofis früher gedacht haben, stören, sondern sich im Gegenteil eher unterstützen. – Die von mehreren MdBs gestartete »Bundesinitiative Daheim statt Heim« bekennt sich zu der Forderung, Heime allmählich überflüssig zu machen, und hat damit bereits zahlreiche lokale Bürgergruppen, aber auch große Heimträger in diese Richtung bewegt[236], die letztlich auch dem Obama-Aufruf folgt »Nachbarn an die Macht!«. Verfassungsrechtlich klärt uns Prof. Gärditz, Bonn,[237] darüber auf, wie viel die Dementen uns noch beizubringen haben, etwa, dass sie heute überall vorkommen, nichts Besonderes, sondern ein »Alltagsphänomen« seien, dass sie die Kommunikationsdichte im jeweiligen Sozialraum eher intensivieren, dass sie eigentlich nur die allgemeine Tatsache besonders deutlich machen, dass im existenziellen Kern alle Menschen sich gegenseitig nicht verstehen können und dass sie vor allem genau so Subjekte grundgesetzlicher Freiheitsgarantien seien wie alle anderen Menschen, weshalb es auch keine Nutzwertunterschiede zwischen Menschen mit und ohne Demenz geben dürfe; einschlägig ist hier noch die redaktionelle Vorbemerkung, die auf die gegenwärtige Tendenz gerade auch bei Dementen hinweist, dass die für die Selbstbestimmung so gepriesene neue gesetzliche Regelung der »Patientenverfügung« unter der Hand gleichgesetzt wird mit »Behandlungsverzicht«, sodass man nun auch schon wieder vor der Patientenverfügung warnen müsse. – Natürlich bewegt die UN-Behindertenrechtskonvention auch den Bildungs- und Schulbereich. Als Ausdruck davon hat sich in Darmstadt 2009 der Verein »Politik gegen Aussonderung, BAG für Integration und Inklusion« gegründet; dessen Sozialmanifest enthält u. a. die Forderung, dass es nur eine »allgemeine Pädagogik« geben dürfe.[238]

---

236 Infos über Silvia Schmidt, MdB, Deutscher Bundestag, Platz der Republik 1, 11011 Berlin, www.bi-daheim.de
237 Klaus Ferdinand Gärditz: Verfassungsrechtliche Grundfragen des Schutzes Dementer, Zschr. f. Lebensrecht 2/2010
238 Infos über den Verein: Ruby Vivien Räcker, Dornhaldenstraße 1, 70199 Stuttgart bzw. www.politik-gegen-aussonderung.net

Schließlich ist es für die Gesetzgebung von Bedeutung, dass allein schon die Einführung eines derart fremden, neuen und fundamentalen Konzeptes wie der Inklusion auch benachbarte Problem- und Rechtsgebiete in – hoffentlich – heilsame Verwirrung stürzen muss. Bekannt, wenn auch immer gern vergessen, ist ja, dass auch offiziell mit den Behinderten der UN-Behindertenrechtskonvention auch die Pflegebedürftigen gemeint sind. Man kann, aber man muss wohl auch die ständig zunehmende Zahl der Armen (19% der Haushalte ohne Einkommen), als von Ausgrenzung bedroht und auf Unterstützung angewiesen, dem Inklusionsziel für den jeweiligen Sozialraum zuordnen. Eben dies tut höchst dezidiert seit 2004 die »Soltauer Initiative für Sozialpolitik und Ethik«. Sie will von einem »revolutionären Schub« im Zusammenhang mit der UN-Behindertenrechtskonvention erst dann sprechen, wenn mit-gemeint ist, dass Sozialpolitik nicht – wie bisher – nur eine nette Zugabe zur Wirtschaftspolitik sei, sondern – umgekehrt – Wirtschaftspolitik zu einem Teil der Sozialpolitik geworden ist: »Das wäre dann tatsächlich ein ›revolutionärer Schub‹. Denn Inklusion im Sinne der Teilhabe aller hat den gesellschaftlichen und politischen Konsens zur Voraussetzung, dass der erwirtschaftete Wohlstand dem sozialen Ausgleich dient und nicht der sozialen Spaltung und den Börsen.«[239]

Die andere Bevölkerungsgruppe, die hier immer mit-gemeint werden muss, sind die Wohnungslosen und die vom Wohnungsverlust Bedrohten. Ihnen droht der Verlust der letzten und basalen Vorbedingung für Teilhabe und Zugehörigkeit, weshalb der Gesetzgeber hier gut lernen kann, dass bei der Inklusion stets die Bürger in beiderlei Gestalt betroffen sind: einmal der Bürger als Bourgois mit sei-

---

239 »Moralisch aufwärts im Abschwung?« – Zu beziehen (und Infos) über Renate Schernus, Bohnenbachweg 15, 33617 Bielefeld bzw. www.soltauer-impulse. culturebase.org
Dem entspricht auch der Aufruf von Franz Segbers, dass die beschämende Notwendigkeit von 800 »Tafeln«, als Rückfall hinter die klassische Sozialhilfe, nur dann zu tolerieren ist, wenn die Tafel-Bewegung selbst politischer wird und für ihr Inklusionsrecht kämpft. (epd sozial, 50/2008)

nem Grundbedürfnis nach Selbstbestimmung und dem normativen Vorrang der Freiheit, und zum anderen der Bürger als Citoyen mit dem Grundbedürfnis nach Teilhabe (Teil-gabe) und dem normativen Vorrang der Gleichheit, die in unserer geschichtlichen Entwicklung ohnehin einen Nachholbedarf hat. Schon deshalb sind kommunale Initiativen wie zum Beispiel die der Stadtverwaltung von Dortmund von allgemeiner staatlicher Bedeutung, nämlich dafür zu sorgen, dass ein Bürger nie seine oder eine Wohnung verlieren kann: Als letztes Mittel kennt man in Dortmund die »einvernehmliche Beschlagnahmung« der Wohnung des Bürgers oder seiner Familie. Damit denkt man nicht nur für den Gemeinwohlbereich vorbildlich vom Letzten her, sondern man nimmt eine solche Situation auch so existenziell ernst, dass man sozusagen ein Stück »Kriegsrecht« in eine Situation einführt, die der Betroffene absolut nicht als Friedenszeit empfinden kann.

Die dritte Bevölkerungsgruppe, die bei der Inklusion stets mitbedacht werden muss, sind die Migranten, wenn es denn gilt, dass die Inklusion in einem Sozialraum stets entweder alle oder keinen zu berücksichtigen hat; es gibt nicht ein bisschen Inklusion, auch nicht nur für die diagnostische Gruppe, für die ich als Profi speziell ausgebildet bin; denn meine Verantwortung betrifft stets zunächst den Sozialraum selbst, für den ich das erträgliche Miteinander von allen Menschen mit und ohne Unterstützungsbedarf zu organisieren habe. Das gehört zu den Regeln zwar nicht der Industrie-, wohl aber der Dienstleistungsgesellschaft. Insbesondere die Asylbewerber sind hiervon betroffen, für die deutlich niedrigere Leistungssätze zur Existenzsicherung vorgesehen waren, als die Sozialhilfe sonst vorsieht. Das hat zunächst der »Deutsche Verein für öffentliche und private Fürsorge« als verfassungswidrig festgestellt, dann auch das Bundesverfassungsgericht. Es darf hier kein »Sondersystem« (»besonderes Gewaltverhältnis«) geben, was auch für die »staatlich organisierte« Ausgrenzung gilt. Menschen unterschiedlichen Güteklassen zuzuordnen und damit einen unterschiedlichen Lebenswert zuzubilligen, ist hier ein ähnlicher Skandal, wie dies schon bei der Unterscheidung zwischen Menschen mit und ohne Heim eine hundertjährige Tradition hat, ohne dass jemand auch nur auf die Idee gekommen wäre, dies als Unrecht zu brandmarken. All dies war immer schon verfassungswidrig, ist aber jetzt auch mit dem Inklusionsziel der Bundesregierung nicht mehr zu vereinbaren.[240]

All diese Gedanken, Anregungen und Forderungen, die für den Gesetzgeber beachtlich sein können, sind zugleich auch Symptome dafür, in wie breiter Front, insbesondere in den letzten dreißig Jahren, die Gesellschaft in Bewegung geraten ist. Zudem sind in derselben Zeit so viele neue Formen des Helfens entstanden, die sich zum Teil auch über längere Zeit bewährt haben, dass der Gesetzgeber sich in der Tat allmählich darauf vorzubereiten hat, diese unendlich vielen beispielhaften Neuerungen zu sammeln, kritisch zu sichten und das Gelungene und Bewährte verallgemeinerungsfähig zu machen und damit in Gesetzesform zu bringen. Das gilt auch dann, wenn einzuräumen ist, dass die Dynamik des gesellschaftlichen Erfindungsreichtums, um den neuen Herausforderungen des Dienstleistungsjahrhunderts zu entsprechen, keineswegs am Ende ist, sodass es gut möglich ist, dass die besten und praxistauglichsten Konzepte erst in der nächsten Zeit entdeckt und erprobt werden.

Hier war die Föderalisierung des Heimgesetzes ein erster Stresstest, der aus verständlichen Gründen nur zum Teil bestanden werden konnte: Die jetzigen neuen Landesheimgesetze haben einerseits zwar schon viel kreative Fantasie bewiesen; andererseits zeigen sie jedoch vielfältige Spuren der Prägung durch die Tradition institutionellen Denkens des eigentlich vergangenen Industriezeitalters: So wurde oft gewissermaßen von der Institution herunter- statt vom normalen Wohnen heraufgedacht; nicht selten hielt man zu sehr am für den Heimbereich notwendigen und bewährten Staatsschutz (Heimaufsicht) fest und konnte nicht angemessen darauf vertrauen, dass im ambulanten Bereich das auch dort erforderliche Maß an Schutz und Kontrolle durch das Miteinander unterschiedlicher Bürgergruppen (soziale Nachbarschaftskontrolle) gewährleistet sein könnte, wo man von englischer Pragmatik – Recht auf Sicherheit vs. Recht auf Risiko – hätte lernen können; und mancherorts war das Misstrauen gegen die noch fremden ambulanten Wohnformen so groß, dass man vorsichtshalber und daher viel zu früh auch ein Instrument zur

240 epd sozial, 6/2011

Qualitätssicherung mitgegeben hat, was die Gefahr mit sich bringt, dass ein solches Instrument – von der Autoindustrie abgekupfert – den Status quo festschreibt und notwendige Spielräume zur Weiterentwicklung verhindert; schließlich ist nicht zu übersehen, dass an vielen Stellen – auch hier wieder geprägt von der industriellen Tradition – zu einseitig auf die Profihelfer und zu wenig auf die Bürgerhelfer gesetzt wird, die neue Regel des Bürger-Profi-Mix noch nicht hinreichend gelernt war.

Insgesamt ist oft spürbar, dass man entgegen den Wünschen der Bürger, dafür aber im Einvernehmen mit den Interessen der großen Träger, dafür gesorgt hat, dass das Übergewicht der Institutionsformen des Helfens (Institutions-Zentrierung) erhalten bleibt. Dazu zwei Beispiele: Unlängst bekam ich einen Brandbrief aus Coburg. Dort hatte eine Frau ein Haus mit eigenen Mitteln so umgebaut, dass im Erdgeschoss eine kleine ambulant betreute Wohngruppe mit drei Wohnplätzen für Alterspflegebedürftige entstanden ist. Fachlich ein reizvolles Konzept, weil es das Miteinander einer Wohngruppe mit der Kostbarkeit des Familienanschlusses kombiniert. Aber das Gesetz sagt aus abstrakt gut verständlichen Gründen: Unmöglich! Immerhin hat der Landrat, in besserer Kenntnis der lokalen Besonderheiten dieses Projekts, den Mut gefunden, eine »befristete Genehmigung« zu erteilen.

Diese Coburger Geschichte hat man in Nordrhein-Westfalen mit einem noch größeren Schildbürgerstreich zu toppen verstanden: In einem Eifeldorf wurde eine Frau, »Tante Else«, alterspflegebedürftig und zog - wie schon lange vereinbart – in das Haus einer Nachbarin, wo sie als Hundeliebhaberin auch noch weitere Hunde vorfand. Es sollte ein »Gastfamilienstatus« sein. Die zuständige Heimaufsicht hatte gerade das neue NRW-Heimgesetz gelesen und erklärte: Da wir nun so fortschrittlich sind (Paul Klee lässt grüßen), dass wir den Unterschied zwischen ambulant und stationär nicht mehr an der Platzzahl festmachen, ist jetzt dieser Ort, wo »Tante Else« wohnt, obwohl es nur ein Einzelzimmer ist, gleichwohl ein Heim; denn wir wollen ja alles tun, um die Selbstbestimmung zu schützen. In diesem Einzelfall nützte das aber nicht; denn die Dorfbürger »empörten« sich, wurden zu »Wutbürgern« und rückten ihrem Landrat auf die Pelle. Dieser war nun noch mutiger als sein Coburger Kollege und hob den Beschluss seiner Heimaufsicht einfach auf. An wie vielen anderen Stellen im Lande wird aber solches oder etwas Ähnliches einfach hingenommen? Denn auch hier handelt es sich wieder um einen späten Ausläufer der industriellen Logik, wonach in Institutionen der Schutz über alles geht, schon gar, wenn es der Schutz der Selbstbestimmung ist; auf diese Weise wird die (an sich ja kostbare) Schutznorm zum Selbstzweck, wo man um jeden Preis schützt, selbst wenn der zu Schützende dabei umkommt. Denn auch nach der reinen Lehre der Sozialprofi-Logik kann man jemanden auch zu Tode therapieren oder rehabilitieren oder eben auch zu Tode schützen; jeder normative Selbstzweck ist mörderisch.

Gleichwohl haben Bund und Länder in den letzten Jahren unterschiedliche Formen von Zwischenbilanzen veröffentlicht, um einerseits aufzuzeigen, wie weit wir schon mit der neuen Hilfekultur gekommen sind und um gleichzeitig daran zu lernen, wie weit der Weg zur Verallgemeinerung durch gesetzgeberische Maßnahmen noch ist. So hat etwa das Bundesfamilienministerium unlängst einen »Handlungsleitfaden für Kommunen«[241] herausgegeben. Vom »Forum Seniorenarbeit Nordrhein-Westfalen« stammt ein Überblick mit vielen Praxisbeispielen, Stand 2006.[242]
An Bremen imponiert der vorbildliche Sozialraumbezug: Für alle Stadtviertel leicht erreichbar, gibt es siebzehn »Dienstleistungszentren«, wo alle Hilfen – laut Altenplan – vermittelt werden, vor allem die »Organisierte Nachbarschaftshilfe«, von der jährlich 4000 Menschen profitieren. Noch dichter ist ein Netz von dreißig »Begegnungsstätten«, von denen freilich die mobilen mehr haben, als die weniger fitten Pflegebedürftigen. Gegenüber den 76 Pflegeheimen ist die Zahl der ambulant betreuten Haushaltsgemeinschaften allerdings erstaunlich gering, vor allem für die, die nicht selbst zuzahlen

---

241 Bundesfamilienministerium: Wohnen im Alter – Bewährte Wege – Neue Herausforderungen, Publikationsversand der Bundesregierung, Postfach 48 10 09, 18132 Rostock, 2008 bzw. PDF-Download unter www.modellprogramm-wohnen.de
242 Netzwerk-sensible Seniorenarbeit, zu beziehen über Christian Carls, Forum Seniorenarbeit NRW, Diakonisches Werk, Lenaustraße 41, 40470 Düsseldorf, www.forum-seniorenarbeit.de

können. Wie wäre es, wenn man alle neunzig ambulante Pflege-dienste – im Verein mit der Wohnungswirtschaft – mit geeigneten Mitteln dazu bringt, sich mindestens eine viertelbezogene ambulante Wohnpflegegruppe (auch zum eigenen betriebswirtschaftlichen Vorteil) zuzulegen?[243]

Berlin hat an die 300 ambulant betreute Haushaltsgemeinschaften, zwar noch nicht so viele wie Bielefeld, aber immerhin versorgungsre-levant. Freilich sind sie noch mehr träger- als sozialraumbezogen; es fehlte also bisher die politische Gesamtverantwortung. Umso erfreu-licher ist es, dass jetzt der Senat zur Realisierung von »Disability Mainstreaming« das »Institut Mensch, Ethik und Wissenschaft« (IMEW) beauftragt hat, ein für Berlin geeignetes Konzept vorzule-gen. Da dies die Situation aller Behinderter und Alterspflegebe-dürftiger berücksichtigt und dazu geführt hat, dass alle Senats-behörden eigene Arbeitsgruppen gebildet haben, ist auf diese Weise ein Instrument entstanden, das die besten Voraussetzungen für die Umsetzung der UN-Behindertenrechtskonvention mit sich bringt.[244] In Bayern hat das Sozialministerium die Bevölkerung optimal über die vielfältigen Möglichkeiten des gemeinsamen Wohnens oder des generationsübergreifenden Siedelns informiert, und es gibt auch eine beeindruckende Vielfalt solcher Projekte, von denen man gut lernen kann. Allerdings hat man den Eindruck, dass dies mehr für die fitten Alten und die gesunden Generationen gedacht ist; je pflegebedürfti-

---

243 Sozialbehörde: »Der Schlüssel zum Alter« sowie »Beratung, Begegnung u. Dienstleistung im Alter« Stand 2009, Bahnhofsplatz 29, 28195 Bremen, www.soziales.bremen.de
244 Institut Mensch, Ethik und Wissenschaft (Katrin Grüber u. a.): »Disability Mainstreaming in Berlin – Das Thema Behinderung geht alle an« 2011, zu bezie-hen über IMEW, Warschauer Straße 58a, 10243 Berlin, bzw. unter www.imew.de/index.php?id=774
Bei der Realisierung der Behindertenrechtskonvention wird man dann gerade in Berlin auch noch hinreichend Anlass haben, sich mit den Ergebnissen der ver-dienstvollen Studie auseinanderzusetzen: Rubina Fock, Manfred Zaumseil u. a.: Mit der Diagnose »chronisch psychisch krank« ins Pflegeheim, Frankfurt: Mabuse 2007; denn hier wird einem noch richtig unter die Haut gerieben, in wel-chem Umfang – eben auch in Berlin – heute noch chronisch psychisch Kranke und Behinderte als Verwaltungssache be- und als Ware gehandelt werden.

ger die Menschen werden, desto weniger Beispiele gibt es dafür, am ehesten noch in Franken. Jedenfalls hat hier das Pflegeheim noch weitgehend das Monopol, auch wenn die Menschen sich das in keiner Weise mehr wünschen. Entsprechend institutions-zentriert ist auch das neue Heimgesetz für Bayern ausgefallen. Und das industriell tradierte Misstrauen gegenüber Formen des ambulant betreuten Wohnens von »Schutzbefohlenen« schlägt sich auch in dem gleich beigegebenen Qualitätssicherungs-Leitfaden nieder, der entsprechend ängstlich und für neue Entwicklungen entmutigend ist. Weil aber die Gegensätze oft dicht beieinanderliegen, sind die ambulanten Pflegedienste in Bayern oft mutiger als anderswo, wie schon die mehrfach gewürdigten Beispiele der »Weißen Feder« in München und der Caritas im Landkreis Schwandorf verraten. Und zum Glück ist jetzt auch gerade in Bayern die Wohnungswirtschaft wach geworden und sorgt – nicht nur in München – dafür, dass in den Siedlungen nicht nur Menschen ohne, sondern auch mit Demenz eine gleichgroße Chance auf lebenslange Zugehörigkeit erhalten, weshalb man auch in diesem Bundesland auf einem guten Weg ist.[245]

Für Baden-Württemberg habe ich eine andere Zwischenbilanz ausgewählt, für den Gesetzgeber vielleicht besonders lehrreich: Auf der Basis langjähriger Förderung von Nachbarschaftshilfe meldeten sich für ein Evaluations-Projekt gleich sechzehn Gruppen, in denen Alte (meist im dritten Lebensalter) sich für andere Alte (meist im vierten Lebensalter) engagieren – mit dem Ziel, dass sie möglichst »leben und sterben, wo sie hingehören«. Davon wurden fünf Gruppen genauer untersucht. Sie sind meist aus Anstößen der Kommune, von Kirchengemeinden, anderen Vereinen oder von Einzel-Initiatoren entstanden, stellen Ausdrucksformen echter Nachbarschaftsmentalität dar und sind daher auch auf jeweils einen städtischen oder ländlichen Sozialraum bezogen. Offensichtlich lässt sich die Bereitschaft hierzu in jeder Kommune mobilisieren, weshalb sie zur Grundausstattung jedes zukunftsfähigen Sozialraums gehören sollten.[246]

245 Bayerisches Sozialministerium (Winzererstraße 9, 80797 München, www.stmas.bayern.de): Wohnprojekt-Atlas 2008 – sowie: Praxisleitfaden für die Qualitätssicherung in ambulant betreuten Wohngemeinschaften

In Hamburg hat der Prozess der Ambulantisierung und Dezentralisierung der industrietypischen Institutionen auf dem Weg ins Dienstleistungsjahrhundert eindeutig mit den psychisch Kranken (Nussknacker e.V.) Anfang der 1980er-Jahre begonnen und strahlte erst allmählich auf die geistig Behindertenheime (Ev. Stiftung Alsterdorf) aus. Die weitere Ausstrahlung auf die Alterspflegebedürftigen/Dementen erfolgte entscheidend erst, als die Sozialbehörde für ambulante Alternativen zum Pflegeheim eine eigene Koordinierungsstelle[247] schuf. Seither hat der Prozess in allen Richtungen an Dynamik gewonnen. So ist etwa inzwischen auch die Wohnungswirtschaft wach geworden und übernimmt – natürlich auch im eigenen Interesse – das »Bielefelder Modell«. So hat zum anderen die Sozialbehörde Ende 2010 zu »Aktionstagen: Nachbarschaft verbindet« aufgerufen, was ein voller Erfolg auch insofern war, als sich bei der Auswertung herausstellte, dass die offensive Nutzung des Begriffs »Nachbarschaft« in der Bevölkerung keine negativen Reaktionen, was vor einiger Zeit noch zu erwarten gewesen wäre, sondern nur noch positive Assoziationen hervorrief, sodass man nun ins Auge gefasst hat, jeden einzelnen Sozialraum, jedes Stadtviertel zu ermutigen, so etwas wie ein eigenes »Nachbarschafts-Kontor« zu betreiben, um die Sozialraum-Zentrierung der Organisation des Helfens zur Allgemeingültigkeit und Selbstverständlichkeit zu verhelfen – dies auch schon als Hinweis für den Gesetzgeber.[248]

Die übrigen Nordländer weisen in der Schrittfolge eine ähnliche Dynamik auf wie Hamburg. Dazu passt, dass die neuen Bundesländer, durch einen späteren Start benachteiligt, mit ihrem gleichwohl ähnlichen Dynamisierung- und Ambulantisierungsprozess inzwischen eindeutig mit den psychisch Kranken begonnen haben (dafür sprechen die vielen beschriebenen Beispiele), sodass man davon ausgehen kann, dass dies auf die geistig Behinderten bald

---

246 Baden-Württembergisches Sozialministerium (Schellingstraße 15, 70174 Stuttgart, www.sozialministerium-bw.de): Evaluation von Seniorennetzwerken in gemeinwesenorientierten Gruppen in Baden-Württemberg – 2008
247 Sternstraße 106, 20357 Hamburg, www.koordinationsstelle-pflege-wgs-hamburg.de

ausstrahlen wird, um dann auch (hoffentlich nicht zu spät) die Deinstitutionalisierung der Alterspflegebedürftigen/Dementen zu erreichen.

Wie könnte nach diesen hoffnungsvollen Zwischenbilanzen ein Fazit aussehen? Könnte nicht allmählich die Zeit dafür reif sein, in absehbarer Zeit so etwas wie einen nationalen Heimbedarfsplan aufzustellen, für die Behindertenheime (etwa wie in Hamburg) mutiger, für die Pflegeheime noch vorsichtiger – Laufzeit etwa zwanzig Jahre? Zumindest unsere bisherigen Erfahrungen (Bremen/Blankenburg, Gütersloh, der Heimbaustopp im Johanneswerk/Bielefeld und die Vereinbarung mit den Behindertenheimen in Hamburg) sprechen dafür, dass wir das stationär-ambulant-Missverhältnis zugunsten ambulanter Inklusions-Wohnformen um 10 oder 20 oder 30% verschieben können, wenn wir es nur wollen, egal, ob einvernehmlich oder staatlich erzwungen. Denn ganz freiwillig wird es wohl nicht gehen; dazu ist die Macht der Heimträger zu gut historisch etabliert und zu groß, sind ihre Verlustängste beim Umbruch in das Dienstleistungsjahrhundert – berechtigt oder nicht – zu gewaltig. Nur die ordnungsrechtliche Staatsmacht kann die interessengesteuerte Marktmacht daran hindern, vollends zur Marktgesellschaft zu werden – wenn irgendwo, dann hier. Das wäre auch verfassungsgemäß; denn das Bundesverfassungsgericht hat längst grünes Licht dafür gegeben, dass das Gemeinwohl notfalls auch das Grundrecht der unternehmerischen Berufsfreiheit bricht. Und ist es schließlich nicht sogar so, dass das Grundgesetz uns zu einem solchen oder einem ähnlichen Schritt zwingt, damit wir – jetzt auch noch im Verein mit der

248 Infos über Hamburger Sozialbehörde, Hamburger Straße 47, 22083 Hamburg, bzw. unter www.hamburg.de/nachbarschaft-verbindet
Der forcierten Sozialraumorientierung der Stiftung Alsterdorf verdanken wir eine detaillierte Ausarbeitung der vielfältigen Aufgaben ihrer unterschiedlichen »Treffpunkte«, woran deutlich wird, dass jeder Sozialraum geradezu davon lebt, dass es in ihm auch so etwas wie einen Treffpunkt, einen Nachbarschaftstreff oder ein Nachbarschafts-Café gibt, wo alle informellen und formellen Fäden zusammen- und wieder auseinanderlaufen, also so etwas wie ein »Sozialraum-Herz«. Hierzu: Hanne Stiefvater: Treffpunkt-Konzept, 2011, alsterdorf assistenz west, Max-Brauer-Allee 50, 22765 Hamburg, www.alsterdorf-assistenz-west.de

Behindertenrechtskonvention – endlich die Ungleichbehandlungs-Perversion zumindest der letzten 150 Jahre beenden, die radikale Gleichheit von Menschen mit und ohne Behinderung realisieren und uns dadurch erst verfassungskonform machen? Ich stelle diese Kernfrage Ihrer Diskussion anheim.

Ganz zum Schluss möchte ich noch einmal an den Beginn dieses Buches zurückkehren; denn wir haben ja unsere Überlegungen mit der Selbsthilfe der Betroffenen und ihrer Familien begonnen: Da ist einmal Reinhild Agricola, die mit ihrem Ehemann, der sich in der neuen menschlichen Seinsweise des Wachkomas befindet, sieben Jahre gemeinsam zu Hause gelebt hat. Ihr Bericht[249] ist derart nüchtern, präzise, ohne jede Anklage und daher fair, dass er gerade auch als Gesetzgeber-Lektüre geeignet ist; denn auf jeder zweiten Seite lernen Sie meist nur eine Kleinigkeit kennen, mit der die geltenden Gesetze das Zusammenleben dieser beiden und vieler anderer Menschen buchstäblich unnötig erschwert haben. Ihnen werden die Augen übergehen, mit einem wie geringen Aufwand und in der Regel ohne Kosten – hier eine kleine gesetzliche Änderung, dort eine Verordnung oder ein Ermessensspielraum – Sie das Leben von Menschen im Wachkoma und ihrer Angehörigen zukunftsfähig machen können.
Und da ist ganz zuletzt Richard Taylor, in der auch neuen menschlichen Seinsweise der Demenz, aber noch in der Lage, für die Gemeinschaft der Dementen und für die zunehmende Zahl von Demenz-Selbsthilfegruppen zu sprechen – zunächst in seiner amerikanischen Heimat, jetzt auch etwa in der Schweiz und in Deutschland. Taylor, der früher mal sein Denken an Kant geschult hat, formuliert hier keinen »fachlichen«, wohl aber einen »moralischen Imperativ« des Pflegens, wo es etwa heißt, die Pflege habe nicht zu behindern, sondern zu ermöglichen, sie habe ein soziales Netzwerk zu knüpfen und sie habe nicht im Minutentakt zu erfolgen, sondern müsse ihm vor allem Zeit geben; deshalb sei sein Imperativ wirklich ein »kategorischer moralischer Imperativ«. Zum Schluss

249 Reinhild Agricola: Leben wollen – trotz Wachkoma, Sieben Jahre zwischen Bangen und Hoffen, Berlin: Wissenschaftlicher Verlag 2010

fordert er uns auf – fast wortgleich wie der 93-jährige Stéphane Hessel in seinem Bestseller »Empört euch!« (Berlin: Ullstein 2011) – »Steht auf! Protestiert! ... Es geht darum, dass Richtige zu tun, das einzig Richtige zu tun, andernfalls verwirken wird das Recht, Menschen als moralische Wesen zu bezeichnen.«[250]

Wäre es menschheitsgeschichtlich nicht doch angemessen, unser 21. Jahrhundert das »Jahrhundert der Demenz« zu nennen? Denn die Demenz verändert, wie wir jetzt wissen, die ganze Gesellschaft – und sie ver-andert jeden Einzelnen von uns[251]; denn mit diesem Kunstwort bringt Levinas zum Ausdruck, dass wir mit zwei Grundbedürfnissen leben, einmal mit dem Selbstbestimmungs-bedürfnis, das wir brauchen, und zum anderen mit dem Helfensbedürfnis, das wir auch brauchen, aber nicht von uns her, sondern vom Anderen her.

---

250 Richard Taylor: Der moralische Imperativ des Pflegens, Bern: Huber 2011
251 Der französische Philosoph und Rabbilehrer Emmanuel Levinas spricht vom »ver-andern«, wenn wir anfangen, uns vom »Anderen« her zu sehen; etwa in: Jenseits des Seins oder anders als Sein geschieht, Freiburg: Alber 1992

Psychiatrie in Bewegung...
...beweg sie mit
Mitglied werden in der DGSP!

Die **Deutsche Gesellschaft für Soziale Psychiatrie (DGSP e.V.)** ist der größte berufsübergreifende unabhängige Fachverband für alle, die in der Psychiatrie arbeiten oder ehrenamtlich tätig sind. Seit ihrer Gründung 1970 setzt sie sich dafür ein, die Behandlung psychisch erkrankter Menschen zu verbessern und ihre Integration in die Gesellschaft zu fördern.

■ **Sie wollen sich auch für eine Soziale Psychiatrie einsetzen?** In der DGSP finden Sie Gleichgesinnte.

■ **Sie brauchen Informationen?** Schauen Sie in unsere Fach- und Mitgliederzeitschrift »Soziale Psychiatrie« – sie erscheint viermal im Jahr. Darüber hinaus gibt's viele Infos, Links und Downloads im Internet.

■ **Sie suchen den fachlichen Austausch?** Sie haben die Möglichkeit dazu in aktiven Regionalgruppen, qualifizierten Fachausschüssen und unseren engagierten Landesverbänden.

■ **Sie möchten sich weiterqualifizieren?** Die DGSP bietet ihren Mitgliedern ein umfangreiches Fortbildungsangebot zu Sonderkonditionen an.

■ **Engagement, Austausch, Information, Qualifikation:** Unsere Fachtagungen zu den wichtigen und aktuellen Themen bieten alles zusammen.

■ **Sie sind überzeugt?** Dann sollten Sie...

Mitglied werden, Psychiatrie bewegen!

Mitglied werden, Psychiatrie bewegen!

DGSP
Deutsche Gesellschaft für
Soziale Psychiatrie e.V.

Deutsche Gesellschaft für Soziale Psychiatrie
Zeltinger Str. 9, 50969 Köln
Tel.: 02 21 / 51 10 02
Fax: 02 21 / 52 99 03
dgsp@netcologne.de
www.psychiatrie.de/dgsp